Christos G. Doumas

THERA / SANTORIN

Das Pompeji der alten Ägäis

Koehler & Amelang

Titel der englischen Originalausgabe:
Thera — Pompeii of the ancient Aegean
Übersetzung von Werner Posselt

Doumas, Christos G.:
Thera/Santorin: das Pompeji der alten Ägäis / Christos G. Doumas.
[Übers. a. d. Engl. v. Werner Posselt]. —
Berlin; Leipzig: Koehler & Amelang, 1991. —
159 S.: zahlr. Abb. (z. T. farb.)
Lizenz.
ISBN 3-7338-0050-8

ISBN 3-7338-0050-8
Lizenzausgabe mit freundlicher Genehmigung des Verlages
Thames and Hudson für den Verlag Koehler & Amelang
© 1983 by Thames and Hudson Ltd., London
© der Übersetzung 1991 by Koehler & Amelang Verlagsgesellschaft mbH Berlin · Leipzig
Printed in Germany
Zeichnungen Hans-Ulrich Herold · Gesamtgestaltung Jochen Busch

Inhalt

Vorwort zur englischen Ausgabe

An einem Sommertag vor etwa dreitausendfünfhundert Jahren öffnete sich der höchste Berg der idyllischen Ägäisinsel Kalliste und ließ mit Urgewalt zahlreiche Dörfer und eine blühende Stadt an ihrer Südküste in einem Regen aus Asche und Bimsstein versinken. Mit ständig wachsender Gewalt spie der Vulkan innerhalb weniger Tage oder Wochen schier unvorstellbare Mengen Lava, Gas und Lockerprodukte aus, die Kalliste teilweise unter einer sechzig Meter mächtigen Schicht begruben. Eine Aschewolke dehnte sich über Hunderte von Quadratkilometern aus. Die Mitte der Insel versank in einem Krater von gewaltigen Dimensionen, in den sich die See ergoß. So entstand ein Vulkankessel, in dem mühelos mehrere ansehnliche Schiffsverbände vor Anker gehen könnten — wären die Hänge nicht so steil und das Wasser so tief, daß kein Anker Grund fassen kann.

Heute ist diese Insel unter dem Namen Thera bekannt. Der Kraterkessel bildet ein geschütztes Hafenbecken, wo Schiffe auch heute noch vertäut werden müssen, da sie nicht ankern können. Die einst blühende Stadt nahe dem heutigen Dorf Akrotiri lag von der ausgehenden Bronzezeit um 1500 v. Chr. an bis in unser Jahrhundert unberührt unter einem Mantel aus vulkanischem Material. Ihre Wiederentdeckung durch den verstorbenen Professor Spyridon Marinatos und die von ihm und Professor Christos Doumas durchgeführten Ausgrabungen erbrachten einen der bedeutendsten archäologischen Funde der Neuzeit, der dem römischen Pompeji unter der Asche des Vesuvs gleichkommt, auf das sich die Aufmerksamkeit der europäischen Gelehrtenwelt des achtzehnten Jahrhunderts richtete.

Bereits dreißig Jahre vor der Entdeckung des bronzezeitlichen Akrotiri hatte Marinatos in einem inzwischen berühmt gewordenen Artikel erklärt, daß der Untergang der minoischen Zivilisation auf Kreta durch den mit einer Flutwelle verbundenen Ausbruch des Vulkans auf Thera im oder um das 15. Jahrhundert v. Chr. zurückzuführen sei. Die Beschäftigung mit dieser Frage führte ihn, wie Professor Doumas berichtet, zu älteren Hinweisen auf Thera und schließlich zur Entdeckung der wohl am vollständigsten erhaltenen prähistorischen Fundstätte Europas, wenn nicht der ganzen Welt. Ich erinnere mich noch genau an seine Begeisterung jenes Tages im Jahre 1967, als ich mit meiner Frau während des ersten Ausgrabungsjahres Thera besuchte und die farbigen Keramikkannen aufgereiht in der feinen weißen Asche stehen sah, so wie sie dreitausendfünfhundert Jahre zuvor bei Einbruch der Katastrophe verlassen worden waren. Bei einem späteren Besuch hatte ich Gelegenheit, die Freilegung des überaus lebensechten Wandbildes der Schwalben im Fluge (»Ankunft des Frühlings«) mitzuerleben; zum Erstaunen aller war es selbst nach so vielen Jahrhunderten noch vollständig erhalten und befand sich noch immer an seinem ursprünglichen Ort im Raum der Lilien. Jeder der dort Anwesenden empfand wohl, vor einem der vollkommensten Kunstwerke zu stehen, die aus vorgeschichtlicher Zeit erhalten sind.

Seit dem viel zu frühen Tod von Professor Marinatos im Jahre 1974 werden die Ausgrabungen von Professor Christos Doumas weitergeführt, der sich bereits damals außerordentliche Verdienste erworben hatte. Als führende Autorität auf dem Gebiet der Vor- und Frühgeschichte der Kykladen ist er dafür in einzigartiger Weise prädestiniert. Er festigte die wegweisenden Erfolge der Anfangsjahre und schuf eine sichere methodische Grundlage für die wissenschaftliche Erfassung dieser — mit seinen Worten zu sprechen — Ausgrabung von außerordentlicher Komplexität mit einer verwirrenden Fülle an Funden.

Die Zeit stand still an jenem Sommertag, als der Vulkan die ersten glühenden Bimssteinbrocken ausspie. Jeder, der die Stadt nicht bereits nach den ersten warnenden Erdstößen verlassen hatte, mußte nun wissen, daß das Ende gekommen war. Seitdem der Ascheregen niederging, ist nichts berührt und nichts verändert worden. Dem Archäologen bietet sich daher eine einmalige Gelegenheit. Hier steht er nicht, wie an so vielen anderen Fundstätten, vor Abfällen und Scherben, vor Trümmern und Ruinen, deren Rekonstruktion vom Streit über »Gestaltungsfortschritte« begleitet wird. Werkzeuge, Gefäße und selbst die Wände vieler Häuser stehen noch so, wie sie von ihren

Besitzern verlassen wurden, Keller und Erdgeschoßbereiche blieben erhalten, selbst größere Teile von Obergeschossen. Die Ausgrabung wird somit zu einem spannenden Unterfangen, das ganze Straßenzüge einer bronzezeitlichen Stadt dem Vergessen entreißt.

Anlaß zu Begeisterung geben vor allem die Wandmalereien von Akrotiri. Die wichtigsten bisher entdeckten Arbeiten werden von Professor Doumas in diesem Buche vorgestellt. Im Unterschied zu den Bildfragmenten aus dem minoischen Kreta, bei denen häufig die restauratorische Hand der Gebrüder Gilliéron ebenso deutlich zu spüren ist wie die Hand derer, die die Kunstwerke schufen, können wir uns hier an einigen vollständig erhalten gebliebenen Stücken freuen. In anderen Fällen wurde es, wie der Autor beschreibt, durch die Kunst der von ihm berufenen Konservatoren möglich, sie so zu restaurieren, daß die räumlichen Beziehungen des Gesamtbildes mit Sicherheit wiederhergestellt wurden.

Von nicht geringerer Bedeutung ist für den Archäologen schließlich die Möglichkeit, alle Gegenstände und Objekte, wie alltäglich sie auch seien, in ihrem ursprünglichen Verwendungszusammenhang zu erkennen.

Das Leben in einer bronzezeitlichen Siedlung kann so vollständig rekonstruiert und in allen Einzelheiten beschrieben werden. Das ist eine mühevolle Arbeit, und der Leser des vorliegenden Berichtes über die mit peinlicher Sorgfalt durchgeführten Arbeiten wird erkennen, wie glücklich wir uns schätzen können, daß Professor Doumas mit Umsicht und Tatkraft Grabungsmethoden entwickelt hat, mit denen der nicht enden wollende Strom von Informationen erfaßt werden kann, den die laufenden Untersuchungen bringen.

Das vorliegende Buch zeichnet ein umfassendes Bild von der Blütezeit Akrotiris, ohne die früheren Perioden zu vernachlässigen. In einem der letzten Kapitel des Buches geht der Autor auf die immer wieder faszinierende und umstrittene Frage nach möglichen verheerenden Folgen der Eruption des Vulkans in Thera für die minoische Kultur auf Kreta ein. Wurde Kreta Opfer dieser Katastrophe, oder ist der Untergang seiner Zivilisation anderen Ursachen zuzuschreiben? Die Antwort auf diese Frage bleibt heftig umstritten. Ich selbst zählte mich bereits auf der Ersten Internationalen Thera-Konferenz 1969 zu der kleinen Gruppe derer, die dieser Auffassung mit Skepsis begegneten. Inzwischen ist deren Zahl weiter gewachsen, und man muß meines Erachtens Professor Doumas Abgewogenheit und Wohlüberlegtheit beim vorsichtigen Umgang mit den Indizien wie auch bei seinen nüchternen Darlegungen zur Atlantis-Frage bescheinigen.

Niemand kann vorhersagen, welche Überraschungen die Ausgrabungen in Thera noch bringen werden. Vielleicht sind irgendwo die Reste des Palastes oder eines anderen herrschaftlichen Wohnsitzes erhalten. Ich kann mich nicht mit der Vorstellung abfinden, daß die Bewohner von Thera ihren Nachfahren im folgenden Jahrtausend bereits so weit voraus gewesen sein sollten, eine demokratische Regierungsform ohne — eine zentrale, vielleicht erbliche — Gewalt gehabt zu haben. Sollte sich der Herrscher zur Ausübung einer gutorganisierten Verwaltung, wie sie in Kreta und wahrscheinlich auch in Phylakopi auf Melos existierte, der Fertigkeiten von Schreibern bedient haben, dann findet man vielleicht eines Tages auch die Tontafelarchive in minoischer Linear-A-Schrift vollständig und gut erhalten, nur leicht von einer Schicht aus vulkanischer Asche umhüllt.

Ohne Zweifel wird Akrotiri noch manche Überraschung für Professor Doumas und uns alle bringen. Doch bereits heute sind Leben und Sterben dieser versunkenen Stadt für den Leser und für jeden erlebte Realität, der die Dynamik und Lebenskraft der Wandmalereien (von denen heute viele im Nationalen Archäologischen Museum in Athen zu sehen sind) wahrnimmt, der die beiderseits von bronzezeitlichen mehrgeschossigen Gebäuden gesäumte Telchinenstraße in Akrotiri hinuntergeht, der vielleicht im Licht der Morgensonne mit dem Schiff in den großen Kraterkessel einläuft und die Vielschichtigkeit der beim Einsturz vertikal zerschnittenen Felsen sieht.

Colin Renfrew
Gesamtherausgeber der Reihe
»New Aspects of Antiquity«

Danksagung

Ich möchte die Gelegenheit wahrnehmen, der Archäologischen Gesellschaft in Athen meinen Dank dafür zu sagen, daß man mich nach dem plötzlichen Ableben von Professor Spyridon Marinatos 1974 mit der Weiterführung der Ausgrabungen betraut hat. Mein besonderer Dank gilt dem Komitee der Gesellschaft und seinem Generalsekretär, Professor George Mylonas, für Ermutigung und Unterstützung bei der Lösung der vielen Probleme im Zusammenhang mit den Ausgrabungen sowie für die Genehmigung zur Verwendung von Bildmaterial für dieses Buch. Der Architektin der Grabungen, Frau Kallirhoe Palyvou-Mavroeidi, gilt mein tiefer Dank für ihren Enthusiasmus und ihren Elan. Meinen Kollegen, den Archäologen Ch. Sigalas, M. Marthari, Ch. Televandou und den künstlerischen Mitarbeitern, C. Eliakis und Y. Linardos, bin ich für nimmermüde Hilfe und Zusammenarbeit verpflichtet. Gleichermaßen tief stehe ich in der Schuld der Restauratoren der Funde, insbesondere des Leiters der Denkmalpflege, Tassos Margaritoff, der Chefrestauratoren der Fresken, Stamatis Perrakis, Panayiotis Dritsas, Andreas Stratsianis, Stavros Angelides, Iakovos Michaelides und der Keramikrestauratoren Katerina Eliogamvrou und Vasilis Alefrangis. Gleichermaßen gilt mein Dank den Studenten und allen anderen an den Ausgrabungen in Akrotiri beteiligten Mitarbeitern.

Ein ganz besonderer Dank gilt meiner Frau Alex, ohne deren Hilfe und Ermutigung dieses Buch nicht geschrieben worden wäre. Sie übernahm auch die schwierige Aufgabe der Korrekturlesung und der Verbesserung meines englischen Textes.

Christos G. Doumas

Vorwort zur deutschen Ausgabe

Seit dem ersten Erscheinen dieses Buches (in englischer Sprache) im Jahre 1983 konnten die Forschungsarbeiten in Akrotiti ohne Unterbrechung fortgeführt werden. Die dabei neu gewonnenen Erkenntnisse haben das allgemeine Bild der bronzezeitlichen Gesellschaft von Thera, das hier gezeichnet wird, noch deutlicher vor unseren Augen erstehen lassen. Durch eine systematische wissenschaftliche Untersuchung der Funde früherer Grabungen sowie der letzten Jahre verfügen wir heute über genaue Kenntnisse einiger Bereiche des Alltagslebens der Menschen jener Zeit. Die Entdeckung einer neuen Gruppe von Wandbildern in der Nähe des »Reinigungsbeckens« in Xesté 3 bestätigt die Nutzung dieses Gebäudes für öffentliche Angelegenheiten, als Ort, an dem Aufnahmezeremonien stattfanden. Auf weiteren Wandmalereien im selben Gebäude wird die überzeugende Auslegung der Verwendung des Blau bei einigen Figuren der Kunst von Akrotiri bestätigt. Blau wurde für die Darstellung kurzer Frisuren und kahlgeschorener Schädel ausschließlich bei jungen Menschen verwendet. Die Farbe diente dem Künstler als Ausdrucksmittel einer bestimmten Phase in der Entwicklung vom Jüngling zum Mann.

Die überaus reichen und wertvollen Funde sowie ihr ausgezeichneter Erhaltungszustand sind eine Fundgrube für die Wissenschaftler. Das Studium dieses Materials bringt ständig neue Erkenntnisse und bereichert unser Wissen über diese bronzezeitliche Inselgesellschaft.

Nach 1983 ist eine Vielzahl von Artikeln und Untersuchungen über Akrotiri erschienen oder befindet sich in Vorbereitung. Es seien nur die bereits vorliegenden Monographien erwähnt. Die Miniaturwandmalereien des Westhauses sind Gegenstand eines Buches von Dr. Lyvia Morgan, »Die Miniaturmalereien von Thera«, das 1988 im Verlag Cambridge University Press erschien. In einer Dissertationsschrift »Akrotiri Thera: Die Wandmalereien des Westhauses«, die 1989 an der Universität Athen vorgelegt wurde, untersucht Christina Televantou die gesamte Gruppe der Wandgemälde im Westhaus. Beide Untersuchun-

9

gen fördern neue Erkenntnisse zutage, die unser Wissen über die Welt der alten Ägäis und ihre Beziehungen zu den Völkern des Mittelmeerraumes bereichern. Die Dissertationsschrift des Architekten der Ausgrabungen, Dr. Klairy Palyvou, zum Thema »Akrotiri Thera: Baukunst und morphologische Elemente in der spätkykladischen Architektur«, die 1988 an der Technischen Universität Metsovio, Athen, vorgelegt wurde, ermöglicht uns nicht nur ein besseres Verständnis der baulichen Reste von Akrotiri, sondern bringt auch bislang unerkannte Aspekte in der ägäischen Architektur und Städteplanung ans Licht. Schließlich untersucht die Dissertationsschrift von Dr. Anaya Sarpaki über »Paläoethnobotanik des Westhauses, Akrotiri, Thera: Eine Fallstudie«, die 1988 der Universität Sheffield vorgelegt wurde, Aspekte der Umwelt, der städtischen Wirtschaft, der Ernährungsgewohnheiten, landwirtschaftliche Anbaumethoden u. a. m. aus der prähistorischen Epoche der Insel.

Durch diese und noch andauernde Untersuchungen wird die Gruppe der Wissenschaftler, die ein spezielles Interesse für die prähistorische Ägäis entwickeln, verstärkt. Sie führen die Arbeiten fort, deren Beginn mit den Namen von H. Schliemann, Sir A. Evans und S. Marinatos verbunden ist.

Christos G. Doumas

EINFÜHRUNG

An der Südspitze der Vulkaninsel Thera (Santorin) im Ägäischen Meer liegt heute das Dorf Akrotiri. Der Name ist von dem griechischen Wort für »Kap« oder »Vorgebirge« abgeleitet und beschreibt präzise die Lage des Dorfes wie auch die mehrerer anderer Siedlungen ähnlichen Namens in den Küstenregionen und auf den Inseln Griechenlands. Bereits die Venezianer hatten die strategische Bedeutung des Ortes erkannt und, als sie Thera besetzt hielten, auf dem höchsten Punkt der Insel eine Festung errichtet. Von dort aus hatten sie die Südwestseite und die Ebene im Südosten fest in ihrer Hand. Doch scheint die strategische Lage in alter Zeit noch nicht von ausschlaggebender Bedeutung gewesen zu sein, denn der Standort des bronzezeitlichen Akrotiri in der Ebene südlich des heutigen Dorfes unweit der Küste macht dies deutlich. Es scheint, daß früher die Nähe zur See und nicht die natürliche Befestigung den Ausschlag für die Wahl des ursprünglichen Siedlungsortes gab. Von allen bis heute auf Thera seit der frühen Bronzezeit bekannten Stätten war Akrotiri sowohl für die Schiffahrt und den Fischfang als auch für die Landwirtschaft am besten geeignet. Es beherrscht den ebenen Südabschnitt der Insel und ist gleichzeitig idealer Ankerplatz für Schiffe, wenn sie Schutz vor den zumeist von Norden wehenden Winden suchen. Noch heute bietet die Bucht von Akrotiri den Schiffen sichere Zuflucht vor aufziehenden Stürmen. An klaren Tagen im Frühjahr und im Herbst kann man Kreta sehen, das mehr als 150 Kilometer südlich wie »ein Ungeheuer auf dem Meere« ruht, wie es in einem griechischen Liede heißt. Akrotiri war somit seit frühester Zeit eine sichere Basis für den Handel mit Kreta.

Die genannten Gegebenheiten veranlaßten den griechischen Archäologen Spyridon Marinatos, in diesem Gebiet mit Ausgrabungen zu beginnen. Ihn ließ die Vorstellung nicht los, daß der Untergang der alten minoischen Kultur in Kreta, für deren plötzliches Verschwinden in der Mitte des zweiten Jahrtausends v. Chr. jede Erklärung fehlt, seine direkte Ursache in der Explosion des Vulkans auf Thera um das Jahr 1500 v. Chr. hat. Marinatos war mit dieser Hypothese zum ersten Mal im Jahre 1939 in der archäologischen Zeitschrift »Antiquity« an die Öffentlichkeit getreten, doch war selbst von den Herausgebern seinerzeit angemerkt worden, daß sie »durch Ausgrabungen erhärtet« werden müsse. Diese »Erhärtung durch Augrabungen« auf Thera zu finden, war Marinatos angetreten.

Der Ausbruch des zweiten Weltkrieges und später des Bürgerkrieges in Griechenland bereitete seinen Plänen zur Erforschung der Insel vorerst ein Ende. Als er in den sechziger Jahren schließlich auf die Insel zurückkehrte, galt sein erstes Bemühen der Wiederauffindung der bereits früher fixierten und teils bereits erforschten Stätten. Diese Aufgabe erwies sich als äußerst kompliziert, da von den ehemaligen Ausgrabungen nur sehr spärliche Berichte existierten und durch die landwirtschaftliche Nutzung des Geländes alle Spuren der Ausgrabungen des 19. Jahrhunderts beseitigt waren. Nur die Ausgrabungsstätte von Kamaras im Potamos-Tal östlich des heutigen Grabungsgeländes war dank der in den Archiven des Deutschen Archäologischen Instituts in Athen vorhandenen Bilddokumente unschwer zu finden. Trotz des Fehlens jeglicher archäologischer Reste konnte der Ort durch einen Vergleich der Beschaffenheit des Terrains und seiner Lage zum heutigen Dorf identifiziert werden.

Umfassende Angaben über Akrotiri enthält die 1874 von dem französischen Gelehrten Mamet in seiner Schrift »De insula Thera« veröffentlichte und mit großer Sorgfalt gezeichnete Karte. Darauf ist zu erkennen, daß Mamet seine Ausgrabungen auf Favatas am östlichen Verlauf der Rinne konzentriert hatte, wo auch gegenwärtig gegraben wird. Es gab verschiedene Gründe, die Marinatos bewogen, hier mit den Ausgrabungen zu beginnen. Die Bewachung des Geländes im alten Thera (Mesa Vouno), einer vorwiegend aus hellenistischer Zeit stammenden Siedlung im Südostzipfel der Insel, lag zu Lebzeiten des Freiherrn Miller von Gaertringen am Ende des 19. Jahrhunderts in den Händen des inzwischen verstorbenen Elias Pelekis aus Mesa Gonia. Dieser erinnerte sich, daß R. Zahn, einer der Assistenten von Gaertringens, bei Potamos gegraben hatte und dort auch fündig

geworden war. Dies erzählte er seinem Sohn, der sich später an die Geschichte erinnerte und Anfang der sechziger Jahre Favatas besuchte. Von dort brachte er eine Anzahl Scherben mit, die er dem damaligen Ephoros der Kykladen, Nikolaos Zapheiropoulos, übergab. Dieser händigte sie dem Archäologischen Museum in Thera aus, wo Marinatos sie untersuchte. Das belebte das Interesse der Archäologen an Favatas erneut.

Weitere Hinweise erhielt Marinatos von zwei älteren Bewohnern der Insel. Georgios Saliveros, oder Batzanis, aus Megalochori war damals einer der ältesten in Thera lebenden Steinmetze und Schöpfer vieler herrlicher Kirchen in etlichen Orten, darunter auch

1 Südküste Theras in der Nähe der Ausgrabungs-
  stätte Akrotiri
2 Stathis Arvanitis, Flurwächter des Dorfes, der
  Marinatos an Ort und Stelle führte
3 Das erste Team ortsansässiger Arbeiter, das
  Marinatos 1967 beschäftigte, darunter der Veteran
  Nikolaos Pelekis, der durch seinen Vater Elias von
  R. Zahns Entdeckungen erfahren hatte

in seinem Heimatdorf. Auch nach seinen Kindheits-erinnerungen hatte »der Freiherr« bei Potamos gegra-ben, auch er wußte von der Existenz von archäologi-schen Funden im Gebiet von Favatas. Und schließlich kamen Hinweise von Stathis Arvanitis, vordem Flur-wächter von Akrotiri, der Marinatos an einen Ort bei Favatas führte, an dem der Boden nachgegeben hatte. Von Stathis Arvanitis erfuhr der Professor, daß sich an einigen Stellen eigenartige Steine dem glatten Schnitt der Pflugschar entgegenstellten. (Später stellte sich heraus, daß es sich um die Sturze der Fenster über dem Eingang des Westhauses handelte.) Marina-tos ahnte sofort, daß die Senkung des Bodens nur von eingestürzten Dächern und Stockwerken der Häuser herrühren konnte. Ausgestattet mit diesen zu-sätzlichen Informationen, begann Marinatos eine nä-here Untersuchung des Gebietes von Favatas und fand bestätigt, was er von Pelekis, Batzanis und Arvanitis gehört hatte. Ferner erkannte er, daß es sich bei den runden Trögen, aus denen die einheimische Bevölke-rung ihre Tiere tränkte, um sehr schwere bronzezeitli-che Mörser aus Vulkangestein von der Insel handelte.

4 Ausgrabungen durch R. Zahn in der Nähe des heutigen Geländes zu Beginn unseres Jahr-hunderts. Im Hintergrund das heutige Dorf Akrotiri

Da sie so groß und schwer waren, konnte ihre Herkunft nur in der unmittelbaren Umgebung zu suchen sein.

Nach Auswertung all dieser unterschiedlichen Informationsquellen begann Marinatos schließlich im Jahre 1967 mit den Ausgrabungen in Akrotiri. Bereits ein kurzer Blick auf die Abbildungen in diesem Buch beweist die Großartigkeit der Funde. Es zeigte sich, daß Marinatos für seine Ausgrabungen die richtige Stelle gewählt hatte. Damit begannen systematische Ausgrabungen, die bis heute bei weitem nicht abgeschlossen sind.

Die Archäologische Gesellschaft Griechenlands hat die Arbeiten von Beginn an großzügig mit öffentlichen Mitteln gefördert. Anfangs erhielt Marinatos Unterstützung durch eine kleine Gruppe seiner Studenten, einen Architekten und den Vasenrestaurator Zacharias Kanakis sowie durch ortsansässige Helfer. Im Herbst 1968 stieß der Autor zu dieser Gruppe und übernahm ihre Leitung nach dem Tode von Marinatos im Jahre 1974.

Heute stehen die Dienste eines Architekten ganzjährig zur Verfügung. Jede Ausgrabungskampagne (Ende Juni bis Ende September) sieht etwa ein

5 Die Ausgrabungsstätte Akrotiri zu Beginn der Ausgrabungen entlang des Grabens (1967)

Dutzend Archäologen vor Ort. Ferner haben sich Spezialisten, darunter Paläoethnobotaniker, Metallurgen, Zoologen, Chemiker, Biologen und Geographen — um nur einige von ihnen zu nennen — den Vulkanologen und Geologen angeschlossen.

Nach Marinatos' Tod waren die Ausgrabungsarbeiten für kurze Zeit unterbrochen und wurden dann 1976 wieder aufgenommen. Es werden Jahrzehnte, wenn nicht Jahrhunderte vergehen, bis sie dereinst ihren Abschluß finden können. Das heutige Ziel der wissenschaftlichen Arbeit ist es nicht, mit spektakulären Funden aufzuwarten; diese gibt es ohnehin. Vielmehr setzen wir konzentriert und zielgerichtet die Erkundung aller bisher freigelegten Gebäude fort,

denn keines von ihnen ist bislang vollständig erforscht. Damit verbunden ist die Konservierung und Restaurierung der Funde. Das vorliegende Buch bildet dabei eine Art Zwischenbericht und möchte die Leistungen und das Leben der Menschen der Ägäis vor dreieinhalb Jahrtausenden einer breiteren Öffentlichkeit nahebringen.

Bevor wir uns aber den Problemen der Ausgrabungen selbst widmen, halten wir einen Moment inne und werfen einen Blick auf die Geschichte der Insel Thera in der Ägäis, denn der Schlüssel zum Verständnis von Akrotiri liegt im Verständnis des geologischen, mythologischen und archäologischen Hintergrundes der Inseln Griechenlands.

6 Dieser große Krater entstand beim endgültigen Einsturz des zentralen Teils der Insel. Hier ein Blick von Süden

7 Der Blick nach Osten erfaßt das überdachte Ausgrabungsgelände des bronzezeitlichen Akrotiri in der Bildmitte.

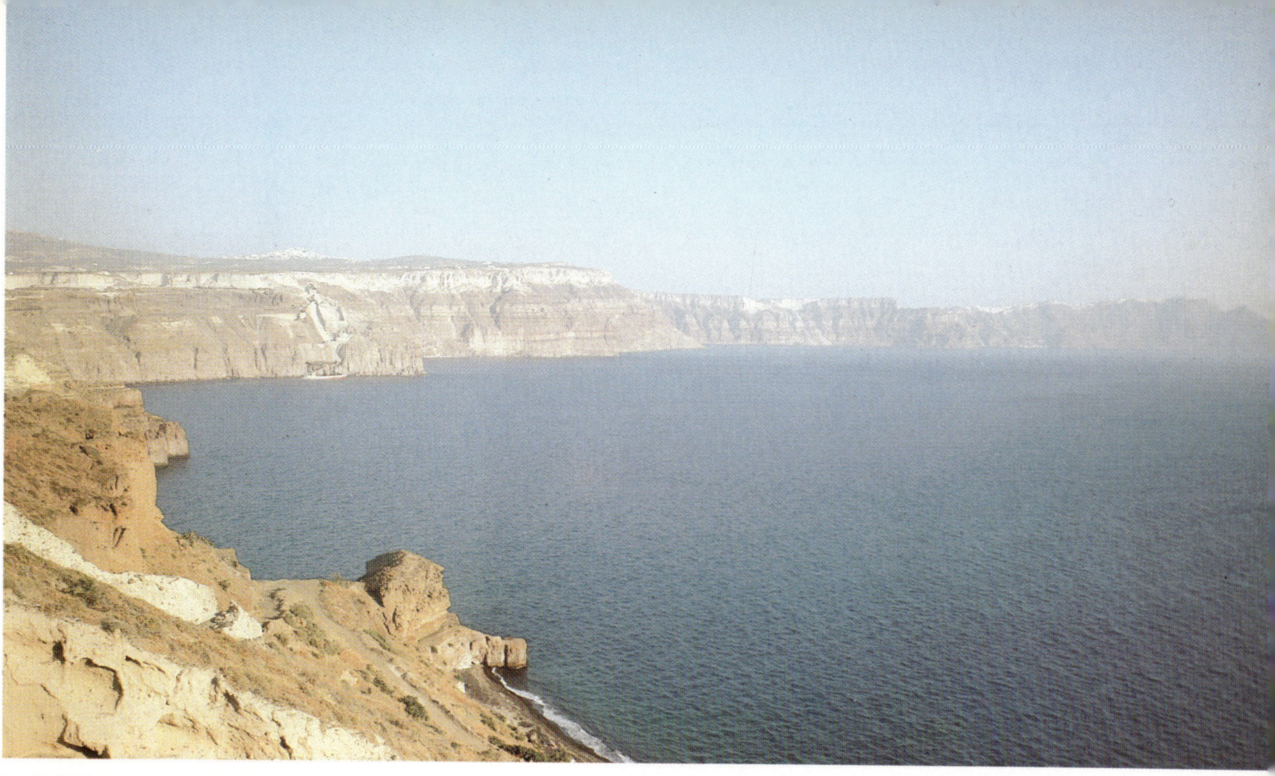

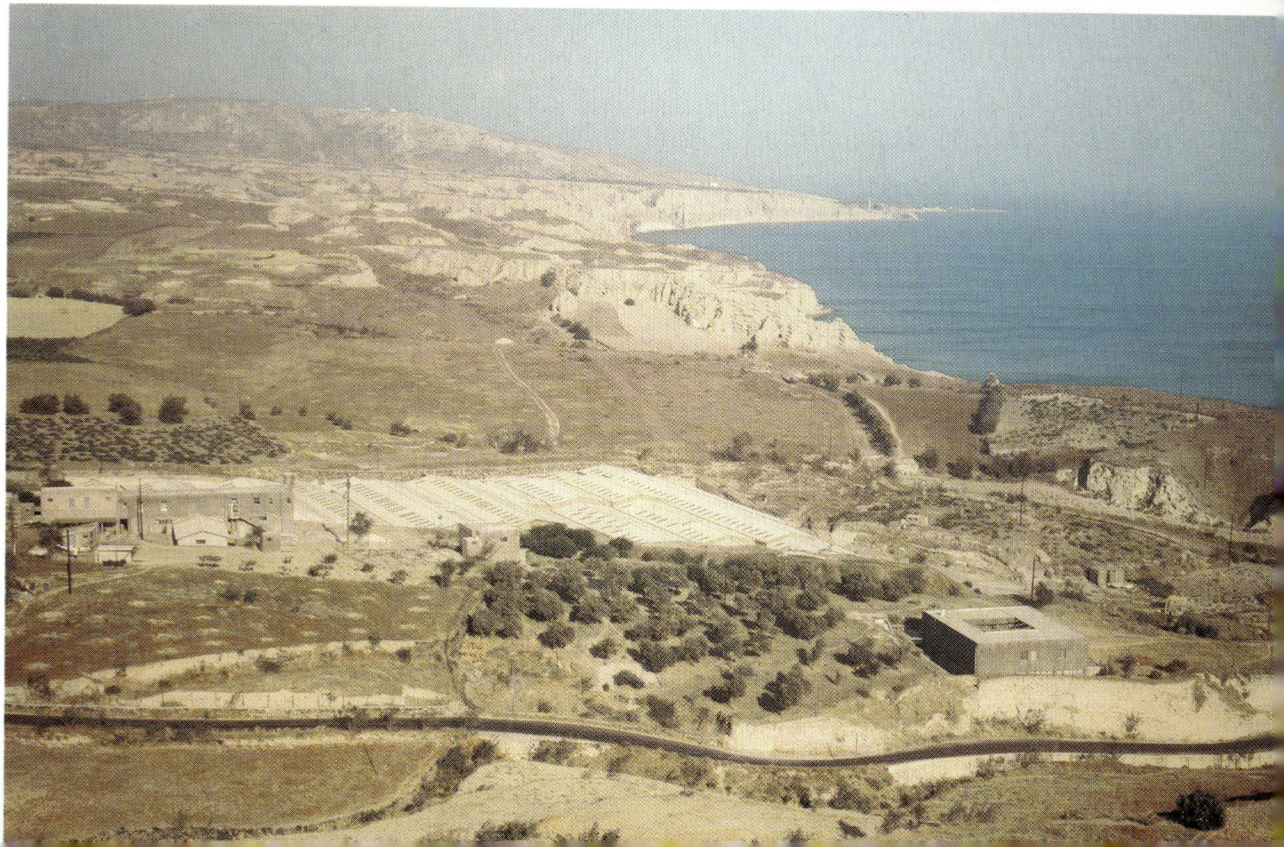

8 Eine der acht rätselhaften Darstellungen an den
Wänden des Raumes 4 im Westhaus. Aufrecht
stehende Pfosten, die in ägyptische Lilien
auslaufen, tragen Schmuckschirme. Marinatos
war anfangs der Meinung, es handele sich um
»Banner«, entschied sich aber später, daß es
»Kabinen« seien. Nach einer jüngeren Deutung
handelt es sich um Sänften.

9 Fresko der »Jungen Priesterin« aus der Nordostecke des Raumes 4 im Westhaus. Sie hält eine
glänzende Schale in den Händen, die sie mit
Räucherwerk zu bestreuen scheint.

10 Das guterhaltene »Fischerfresko« von der
Nordwand des Raumes 5 im Westhaus

11 Bekannt aus der minoischen Architektur,
doch einzigartig bisher in Akrotiri ist das
»Reinigungsbecken« in Xesté 3. Auf den Wandmalereien sind auch »Krokuspflückerinnen«
dargestellt. Diese Arbeit wird von den Frauen
in Akrotiri noch heute ausgeführt.

Der »Flottenfries« nahm die Fläche über einer
Fensterreihe an der Nordwand des Raumes 5
im Westhaus ein. Das einzige Schiff, das volle
Segel gesetzt hat, war mit fliegenden Vögeln
geschmückt. Auch besaß es zwei statt des
üblichen einen Steuerruders. Das könnte darauf
hindeuten, daß es sich um ein schnelles Schiff,
vielleicht den Kurier der Flotte handelte.

13 Die Wände des Raumes 9 von Xesté 3 schmückten erhaben ausgeführte Wandmalereien. Gruppen von blauen und weißen Rosetten werden
von Rhombenreliefbändern umrahmt.

14 Die Bilddarstellung der »Boxenden Kinder« und
der »Antilopen« schmückte den Raum 1 im Gebäude Beta. Die »Boxenden Kinder« bedeckten
die Südwand. Die Ost-, Nord- und Westwand
zierten die »Antilopen«. Gut erhalten sind nur
die an der Westwand (unser Bild).

15 Kleine »Opfertische« wurden gewöhnlich aus Ton hergestellt. Gelegentlich wurden sie verputzt und
in der Technik der Wandmalerei
verziert. Auf diesem »Opfertisch«
aus dem Westhaus sind Delphine
im Meer dargestellt.

16 Auf ihrem Flug über das Mittelmeer fanden die Zugvögel auf den
Kykladeninseln Zuflucht. Ihr Flug
kündigte den bevorstehenden
Wechsel der Jahreszeit an. Möglicherweise erklärt dies die häufige
Verwendung des Vogelmotivs in
der Kunst von Thera.

17 Häufig wurden in Akrotiri selbst
Gegenstände des täglichen Gebrauchs, wie zum Beispiel Vorratsgefäße, verziert. Dieser Pithos
zeigt Delphine beim Spiel mit
Seevögeln.

KAPITEL 1
DIE ÄGÄIS

Geologische Entwicklung

Das Ägäische Meer entstand im Pliozän, vor etwa fünf Millionen Jahren, als ein Teil der Erdkruste rissig wurde und barst. Die südliche Ägäis bildet die Nahtstelle zwischen zwei tektonischen Platten — der afrikanischen und der eurasischen. Reibungen zwischen diesen Platten führten zur Entstehung einer Kette von Vulkanen. Diese bilden einen Inselbogen von Griechenland bis zur Türkei: Aigina, Methana, Poros, Melos, Kimolos, Polyaigos, Pholegandros, Thera, Nisyros und Kos. Jede von ihnen hat ihren spezifischen Platz in der Entwicklung der Zivilisation der Ägäis, historisch am gewichtigsten und interessantesten aber ist Thera.

Heute wird Thera von einer Inselgruppe gebildet (Therasia, Aspronisi, Palaia Kameni, Nea Kameni und dem eigentlichen Thera), die einst einem riesigen Vulkan zugehörte. Das Massiv des Profitis Elias im Südosten der Hauptinsel (dem eigentlichen Thera) bildet den Kern der ursprünglichen Insel. Hier waren im Verlauf von einer Million Jahren, so ergaben es Altersbestimmungen mit Hilfe der Spaltspurendatierung, zu verschiedenen Zeiten mehrere Vulkane tätig. Ihre Eruptionen führten zur Entstehung einer kleinen Insel, deren Ausdehnung geringer war als die der heutigen Inselgruppe aus Thera und Therasia. Wegen ihrer kreisförmigen Gestalt nannte man die Insel Stronghyle, die ›Runde‹.

Durch die Eruption des Vulkans um die Mitte des zweiten Jahrtausends v. Chr. (von der Marinatos annahm, daß sie zum Untergang der minoischen Kultur beitrug) zerbarst Stronghyle, und gruppiert um den großen Kessel, die Caldera, entstanden die Inseln Thera, Therasia und Aspronisi in ihrer heutigen Gestalt. Dann waren die Vulkane lange Zeit ruhig. Etwa ein-

tausenddreihundert Jahre später, wie der Geograph Strabon berichtet, brachen in der Caldera »mitten zwischen Thera und Therasia nämlich vier Tage lang die Flammen aus dem Meer hervor, so daß die ganze See siedete und brannte, und ließen allmählich eine wie mit Hebeln gehobene und aus glühenden Massen bestehende Insel, die im Umfange zwölf Stadien hielt, emporwachsen.« (Übersetzung: A. Forbiger, Stuttgart 1856)

Diese Eruption wird auf das Jahr 197 v. Chr. datiert. Die dabei entstandene Insel nannten die Griechen der damaligen Zeit Hiera, die »Heilige«. Sie wird mit dem heutigen Palaia Kameni, der »alten Verbrannten«, identifiziert. Bei späteren Eruptionen entstanden weitere kleine Felseilande im Meer, so z. B. Theia, die »Göttliche«, im Jahre 19 n. Chr. Auch der Ausbruch im Jahre 726 n. Chr. ließ eine neue Insel aus der Tiefe der See aufsteigen. Dabei ging vermutlich auf die historische Ansiedlung des alten Thera auf dem Mesa Vouno ein Bimssteinregen nieder. Der byzantinische Chronist Theophanes berichtet über diese Eruption, die sich in der Regierungszeit des Kaisers Leo III., des Isauriers, ereignete. Um das Jahr 1570 entstand Mikra Kameni, die »kleine Verbrannte«. Eine weitere, ausführlich dokumentierte Eruption datiert aus dem Jahre 1650 in der See nordöstlich Koloumbos.

Beschreibungen der Auswirkungen von Vulkanausbrüchen im Bereich der Ägäis finden wir in zeitgenössischen Quellen (zwei kretische Gedichte, die Aufzeichnungen eines Mönchs aus Patmos, santorinische Volksgesänge sowie Korrespondenzen zwischen römisch-katholischen Priestern auf Naxos und Santorin). Aus diesen Quellen geht hervor, daß die Flammen der Eruption noch in Herakleion auf Kreta zu sehen waren und der Bimsstein Leros im östlichen Teil der Ägäis erreichte. Damals wurde Herakleion von türkischen Truppen belagert. Die durch die Eruption verursachte Flutwelle zerstörte die Schiffe der Türken, die auf der Insel Dia am Strand lagen.

Weitere Vulkanausbrüche (zwischen 1707 und 1711) führten zur Entstehung von Nea Kameni, der »neuen Verbrannten«, der Insel zwischen Palaia und Mikra Kameni. In den Eruptionen der Jahre 1866 bis 1870, 1925/1926, 1928, 1939 bis 1941 und 1950 entstanden neue kleinere und größere Eilande, andere verschwanden oder tauchten erneut auf. Heute werden alle diese kleinen Felsinseln unter der Bezeichnung Nea Kameni zusammengefaßt. Die höchste Spitze des heutigen Vulkans trägt den Namen König Georgs I. und erhebt sich 130,8 Meter über dem Meer. Aus mehreren Kaminen steigen Dämpfe und Gase auf, deren Temperatur oft 86 °C erreicht.

Die geologische Schichtung Theras liegt an den Wänden des Kraterbeckens offen zutage und ist eine der am besten untersuchten auf der ganzen Welt überhaupt. Unterhalb der spätbronzezeitlichen Schicht aus Bimsstein und Asche (oberer Bimssteinkomplex) mit einer Mächtigkeit bis zu 60 Metern folgen abwechselnd einundzwanzig pyroklastische Schichten von insgesamt 35 Meter Mächtigkeit. Diese auf einer Viermeterschicht aus Bimsstein (mittlerer Bimssteinkomplex) ruhende Lage besteht aus dunklen Aschen, Gesteins- und anderen Schlacken, Bimsstein, Bomben (runden Lavabrocken), xenolithischen Lapilli, Schollen und Schlammtuffen. Auf den mittleren Bimssteinkomplex folgen mehrere Lavaablagerungen, darunter im oberen Bereich eine mächtige Schicht des unteren Bimssteinkomplexes. Die drei großen Ablagerungen des oberen, mittleren und unteren Bimssteinkomplexes sind durch mehr oder weniger gleichartige Explosionen der Insel entstanden. Die Bildung des mittleren Komplexes, so schätzen Experten, erfolgte vor mehr als 37000 Jahren. Später bildeten sich auf dem mittleren Bimssteinkomplex verschiedene Paläosole (alte Böden).

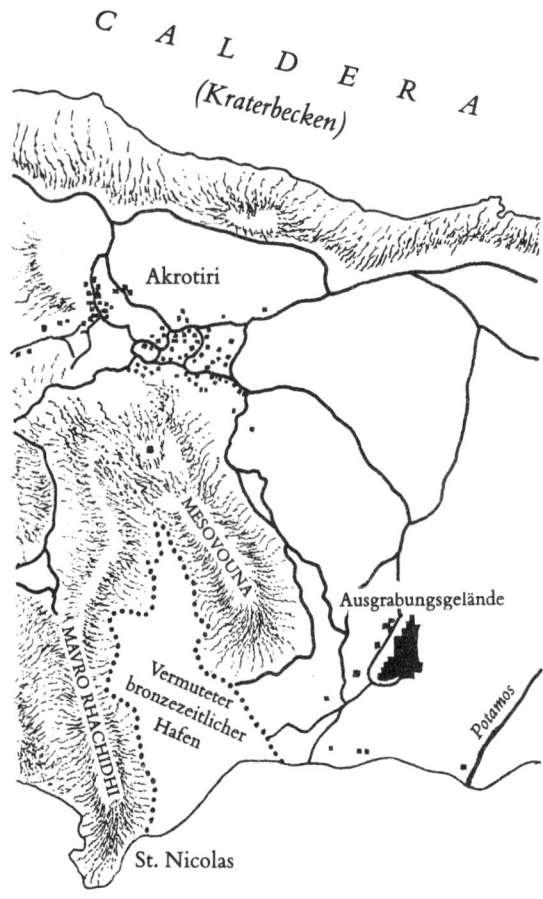

18 Die Gegend von Akrotiri mit der vermuteten Lage des bronzezeitlichen Hafens

Das Klima der Ägäis

Kennzeichnend für die Ägäis sind beträchtliche Schwankungen des Klimas. Der Norden ist kühler als der Süden, der Westen erhält geringere Niederschläge als der Osten. Das Klima der Küstenregionen ist mild, so daß auch Palmen, Olivenbäume und Reben gedeihen. Die Kykladen nehmen klimatisch eine Sonderstellung unter den Inseln der Ägäis ein. Sie erfreuen sich eines trockenen, milden Klimas; die durchschnittliche relative Luftfeuchtigkeit eines Jahres beträgt auf den südwestlichen Inseln 65 Prozent. Fröste treten nur äußerst selten auf, es gibt nicht mehr als vier oder fünf Frosttage im Jahr. Gemeinsam mit Rhodos und Lesbos weisen die Kykladen mit beinahe

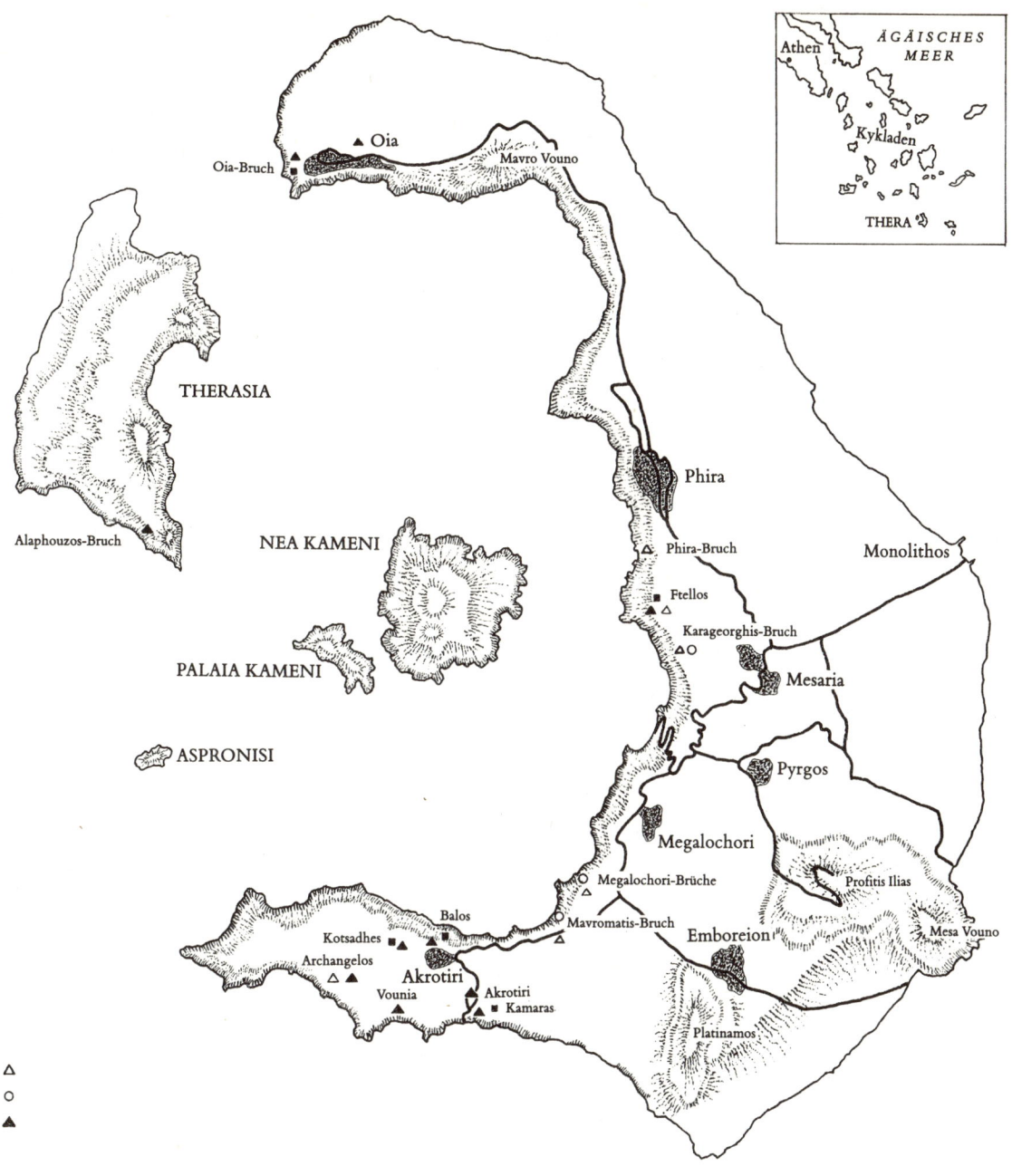

Athen

Kykladen

THERA

Oia

Oia-Bruch

Mavro Vouno

THERASIA

NEA KAMENI

Alaphouzos-Bruch

Phira

Phira-Bruch

Monolithos

PALAIA KAMENI

Ftellos

Karageorghis-Bruch

Mesaria

ASPRONISI

Pyrgos

Megalochori

Profitis Ilias

Megalochori-Brüche

Mesa Vouno

Mavromatis-Bruch

Balos

Emboreion

Kotsadhes

Archangelos

Akrotiri

Vounia

Akrotiri

Kamaras

Platinamos

△
○
▲

19 Die Inselgruppe Thera mit den wichtigsten
Orten und Fundstätten

3250 Jahresstunden die längste Sonnenscheindauer der gesamten ägäischen Region auf. Im allgemeinen ist die Ägäis die windreichste Region Griechenlands. Während des ganzen Jahres herrschen nördliche Winde vor. Im Herbst, Winter und Frühjahr wechselt die Windrichtung jedoch häufig. Das hat rasch wechselnde atmosphärische Bedingungen im Raum der Ägäis zur Folge. Charakteristisch für das Sommerwetter sind die Etesischen Winde, die Meltemi. Sie sind seit der Antike bekannt und wehen von Mitte Mai bis Mitte Oktober aus Nordosten. Die Etesischen Winde sind wegen ihrer Stärke von den Seefahrern gefürchtet und bringen sogar den Pflanzenwuchs zum Erliegen.

In Küstennähe wehen diese Winde heftiger als auf See. Ständig, besonders aber im Winter, leiden die Steilküsten unter den »weißen Stürmen«, die aus vertikalen Luftströmungen entstehen und Geschwindigkeiten von 41 bis 45 Knoten aufweisen. Diese Stürme sind von lokalem Charakter, so daß die See in einigen Kilometer Entfernung schon wieder völlig ruhig sein kann.

Die Kykladen liegen im Regenschatten der Bergketten Kretas und der Peloponnes, die sich dem Vordringen der regenreichen Süd- und Westwinde entgegenstellen. Kea, Kythnos, Seriphos, Thera, Ios, Sikinos, Pholegandros, Anaphi und Amorgos zählen mit we-

20 Übersicht über die wichtigsten Orte und Fundstätten in der Ägäis

28

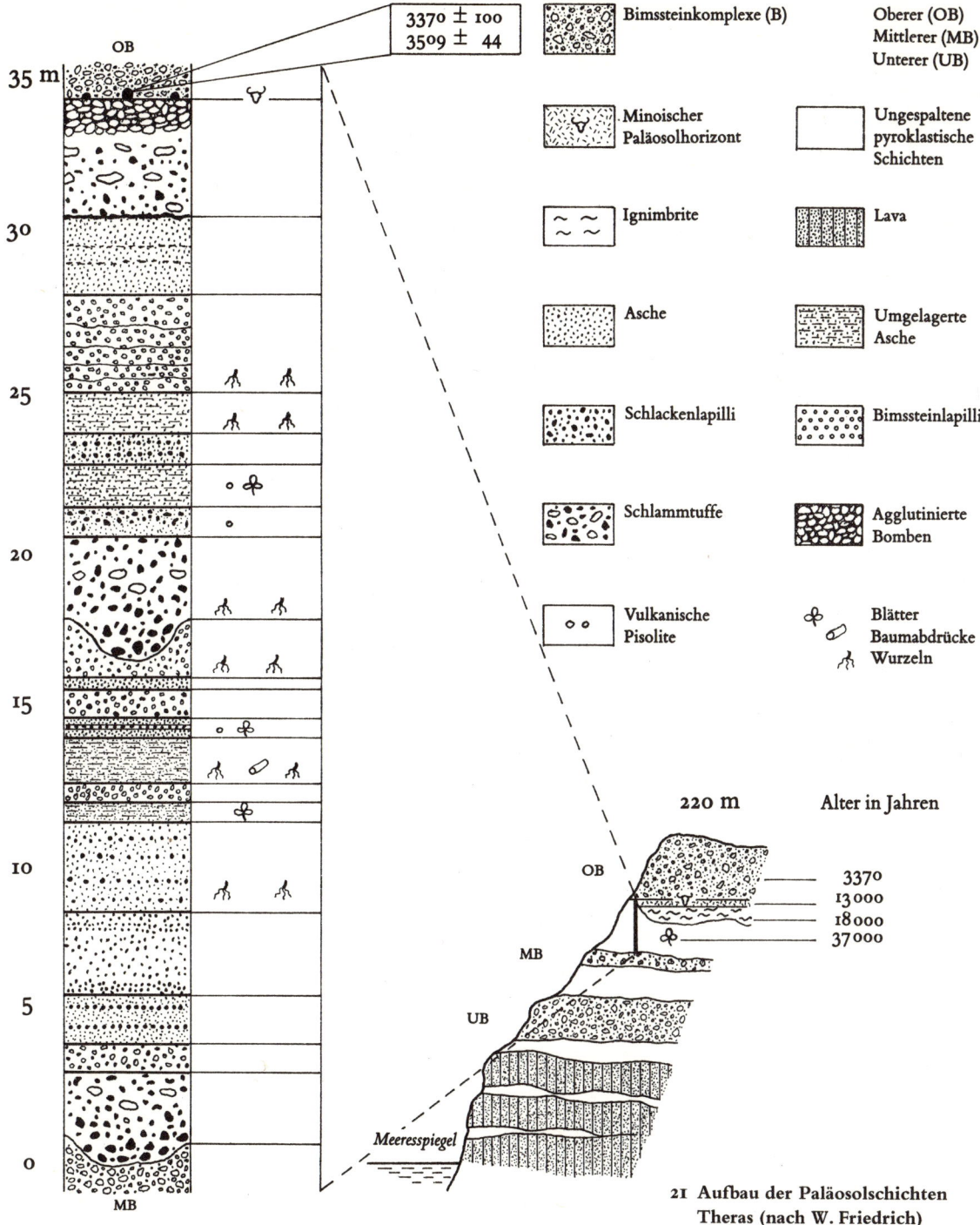

3370 ± 100	
3509 ± 44	

Bimssteinkomplexe (B)

Oberer (OB)
Mittlerer (MB)
Unterer (UB)

Minoischer Paläosolhorizont

Ungespaltene pyroklastische Schichten

Ignimbrite

Lava

Asche

Umgelagerte Asche

Schlackenlapilli

Bimssteinlapilli

Schlammtuffe

Agglutinierte Bomben

Vulkanische Pisolite

Blätter
Baumabdrücke
Wurzeln

220 m   Alter in Jahren

3370
13 000
18 000
37 000

Meeresspiegel

21 Aufbau der Paläosolschichten Theras (nach W. Friedrich)

niger als 400 Millimeter Regen jährlich zu den niederschlagsärmsten Gegenden Griechenlands. Der Jahresniederschlag in den übrigen Kykladen beträgt durchschnittlich 400 bis 600 Millimeter. Mit mehr als 600 Millimetern am niederschlagsreichsten sind die Höhenzüge der Insel Andros. Die Trockenzeit der Kykladen ist lang und dauert von April bis gegen Ende September.

Aus fossilen Pflanzenfunden in den tieferen vulkanischen Schichten auf Thera wird deutlich, daß es im Klima der Ägäis seit vorgeschichtlicher Zeit keine wesentlichen Veränderungen gegeben hat. Einige der einundzwanzig pyroklastischen Schichten zwischen dem oberen und dem mittleren Bimssteinkomplex sind zu Paläosolen umgesetzt, die zahlreiche Wurzel- und Zweigabdrücke von Sträuchern und Büschen bergen. In den Schichten unterhalb der spätbronzezeitlichen Paläosole wurden elf Pflanzenhorizonte identifiziert, von denen vier reich an fossilen Vorkommen sind, reichlich Blätter und seltene Früchte der Spezies Chamaerops humilis L., Pistacia lentiscus L., Phoenix dactylifera I., Olea europae und Tamarix aufweisen. Abdrücke verweisen auf das Vorkommen von Palmen (Chamaerops) von zwei bis drei Meter Wuchshöhe und 30 bis 40 Zentimeter Stammdurchmesser. Das Alter dreier pflanzenfossiler Paläosole unter dem Paläosol der späten Bronzezeit wird mit etwa 13 000, 18 000 oder 37 000 Jahren angegeben. Es ist daher anzunehmen, wie aus den Ausführungen von Dr. W. Friedrich hervorgeht, der als Spezialist die Untersuchungen der vegetabilischen Horizonte in Thera leitete, daß das mediterrane Klima in den vergangenen 37 000 Jahren »dem heutigen ähnlich oder nahezu gleich war«. Alle in den vier Horizonten fossilierten Pflanzenspezies existieren auch heute noch im Mittelmeerraum und auf Thera selbst.

Thera und die Mythologie der Ägäis

Die Ägäis ist nicht nur die Wiege einer Reihe vorgeschichtlicher Zivilisationen, sondern sie bildet auch den Hintergrund von Sagen und Legenden, die die Griechen in späterer Zeit aufschrieben. Die Sagen sind Überlieferungen aus dunkler Vorzeit und dürften in einem bestimmten Maße bereits prähistorische Kontakte zwischen den verschiedenen Völkern der Ägäis und über diese hinaus reflektieren. Viele Legenden sprechen von der Bedeutung der Dardanellen — des griechischen Hellespont — als Tor zum Schwarzen Meer, zu dem es von jeher enge und intensive Beziehungen gab. Der geflügelte goldene Widder trug Phrixos und dessen unglückliche Schwester Helle auf seinem Rücken vom Berge Laphystium in Böotien nach Kolchis an der Ostküste des Schwarzen Meeres. Eine Generation später begab Iason sich auf die berühmte Argonautenfahrt, um das Goldene Vlies des Widders aus Kolchis zurückzuholen. Begegnungen und Auseinandersetzungen zwischen der südlichen und der nördlichen Ägäis werden in den Mythen um Troja deutlich. Eine von diesen überliefert, Troja sei von den Kretern unter Prinz Skamander gegründet worden.

Von Konflikten weiß die Legende vom Raub der Helena zu berichten; der Raub der Gattin des Königs der Spartaner, Menelaos, war der Anlaß für den trojanischen Krieg. Andere Sagen sprechen von ähnlichen Ereignissen in den Beziehungen zwischen der Ostägäis und der Westägäis. So zum Beispiel weist die Sage von den Telchinen, den neun hundeköpfigen Kindern der See, auf die Verbindung zwischen Rhodos und Kreta hin. Auch die Europalegende betont die Ost-West-Beziehungen, indem sie die östliche Mittelmeerküste mit Kreta, Libyen, Rhodos und dem hellenischen Festland sowie dem Schwarzen Meer in Verbindung bringt.

Zahlreiche weitere Sagen spielen in verschiedenen Teilen der Ägäis; es wäre unmöglich, sie hier alle aufzuzählen. Eine jedoch ragt aus allen anderen hervor: die Sage von Theseus und dem Minotaurus, die den gesamten Raum der Ägäis zum Schauplatz hat. Das Ägäische Meer selbst leitet seinen Namen von Aigeus her, dem Vater des Theseus. Nachdem Theseus die Mission, die ihn nach Kreta führte, erfolgreich beendet hatte, segelte er nach Athen und lief auf dem Weg dahin mehrere Inseln an, darunter Naxos und Delos in den Kykladen, einer anderen Version zufolge auch Zypern.

Die Ägäis war somit bei den alten Griechen Ausgangspunkt für zahlreiche Sagen, Mythen und Heldentaten. Hinzu kommen noch die Sagen der in der Ägäis verstreuten Inseln, in denen jene fernen Tage vorgeschichtlicher Zeit Unsterblichkeit erlangt haben. Thera reiht sich als eines von vielen Gliedern in diese Kette ein.

Die Insel wird allgemein mit dem Namen Thera bezeichnet, obwohl gelegentlich auch andere Namen verwendet werden. Das alte Stronghyle, die »Runde«, das wir bereits erwähnten, hat eine Parallele in der italienischen Vulkaninsel Stromboli, die die alten Griechen ebenfalls Stronghyle nannten. Ein anderer in den alten Quellen auftauchender Name ist Kalliste, die »Schönste«, der zweifellos auf die natürliche Schönheit der Insel hinweist. Der Name Thera leitet sich von Theras her, dem Sohn des Autesion, der sich mit einer Gruppe von Spartanern aufmachte, die Insel zu besiedeln. Ein neuerer Name ist Santorini oder Santorin. Die Venezianer nannten die Insel so, als sie im dreizehnten, vierzehnten und fünfzehnten Jahrhundert unserer Zeit die Kykladen beherrschten. Möglicherweise stammt der Name von einer der heiligen Irene geweihten Kapelle in einer der Buchten, wo die venezianische Flotte ankerte.

Die vulkanische Entstehung Theras scheint in der Sage von Euphemos fortzuleben, einem der Argonauten, der auf Befehl der alten Meergottheit Triton nördlich des Sees Tritonis (in Tunesien) einen Felsen ins Meer warf und so die Insel Thera schuf.

Beziehungen zwischen dem griechischen Festland und dem östlichen Mittelmeer, für die Thera oder Kalliste bedeutsam ist, werden in den ältesten Legenden der Griechen erwähnt. Agenor, Sohn der Libya und des Poseidon, verließ Ägypten und siedelte sich im Lande Kanaan an. Dort ehelichte er Telephassa, die ihm fünf Söhne (Kadmos, Phoinix, Kilix, Thasos und Phineus) und eine Tochter (Europa) gebar. Zeus verliebte sich in Europa, verwandelte sich in einen Stier und entführte Europa auf seinem Rücken. Von Tyros schwamm er mit ihr an die Südküste von Kreta. Dort nahm er in einem Weidengebüsch oder unter einer immergrünen Platane die Gestalt eines Adlers an und verführte Europa. Diese gebar Minos, Rhadamanthys und Sarpedon. Nach Europas Verschwinden sandte ihr Vater Agenor seine Söhne aus, die Schwester zu suchen und gebot ihnen, nicht ohne sie zurückzukehren. Da niemand wußte, welchen Weg der Stier genommen hatte, machten sie sich in unterschiedlichen Richtungen auf. Kadmos segelte in Begleitung seiner Mutter Telephassa zuerst nach Rhodos und dann weiter nach Thera, wo er Poseidon einen Tempel errichtete. Auf der Suche nach seiner Schwester kam Kadmos schließlich nach Thrakien. Zuvor jedoch ließ er, Herodot zufolge, »entweder, weil das Land ihn so erfreute, oder aus einem anderen Grunde neben anderen Phönikern auch Membliaros, einen seiner Verwandten, auf der Insel zurück. Diese siedelten über acht Generationen auf der Insel Kalliste, ehe Theras aus Sparta kam.«

Folgt man einigen Kennern der alten griechischen Mythologie, so deutet der Raub der Europa durch Zeus auf eine frühe Besetzung Kretas durch die Hellenen hin. Andere wieder sehen darin einen von Kreta ausgehenden Überfall der Hellenen auf Phönikien. Welche Ausdeutung die Sage auch finden mag, daß Thera in ihr genannt ist, weist auf die bereits in früher Zeit bestehenden Verbindungen der Insel mit Kreta, dem hellenischen Festland und dem östlichen Mittelmeer hin.

Einer anderen alten Legende zufolge wurde Thera von den Minyern besiedelt, Nachkommen der Argonauten, die wiederum durch die Dorer aus Sparta von der Insel vertrieben wurden. In dieser Sage werden die frühen Kontakte Theras mit den nördlichen Bereichen der Ägäis und der Peloponnes deutlich.

KAPITEL 2
DIE ÄGÄIS UND DIE KYKLADEN VOR DER EXPANSION DER MINOISCHEN ZIVILISATION

Das Neolithikum

Die Ägäis hat von jeher eine doppelte Rolle gespielt. Sie trennt, isoliert, und sie bildet eine Barriere zwischen den Bewohnern des europäischen Festlandes (Griechenland) und des asiatischen Kontinents (Anatolien). Mit dem Aufkommen der Seefahrt aber wandelte sich ihre Bedeutung, und sie wurde zum Kommunikationsweg zwischen den Völkern. Beide Funktionen waren den Bewohnern der zahlreichen Inseln in der Ägäis stets dienlich, die sich vor den Überfällen durch äußere Feinde geschützt wußten und gleichzeitig eine Mittlerrolle zwischen Griechenland und Anatolien übernahmen.

Es gibt von den Inseln keine Zeugnisse aus sehr früher Zeit. Jedoch haben wir indirekte Beweise dafür, daß es bereits im siebenten Jahrtausend v. Chr. Kontakte zwischen den Kykladen und dem griechischen Festland gab. So ist erwiesen, daß der Obsidian (vulkanisches, glasiges Gestein) in den mesolithischen Schichten der Franchthi-Höhle auf der Peloponnes von der Kykladeninsel Melos stammt. Obsidian von Melos findet sich auch in den späteren Wohnstätten der Festlandsgriechen des Neolithikums sowohl im Norden (Thessalien) als auch im Süden (Peloponnes) und auf Kreta (Knossos). Zwar ist natürlich nicht schlüssig zu beweisen, daß die Inselbewohner selbst das vulkanische Glasgestein von Melos transportierten, doch leuchtet es noch weniger ein, warum die Festländer zur damaligen Zeit die Ägäis selbst befahren haben sollten. Aus Saliagos, einer Siedlung aus dem späten Neolithikum bei Antiparos (ca. 4000 v. Chr.), und Kephala auf Kea am Ende des Neolithikums sind Kontakte zwischen den neolithischen Kulturen des kontinentalen Griechenlands nachgewiesen. Die Verhältnisse auf den Inseln der nördlichen und der östlichen Ägäis dagegen sind weniger klar. Für Skyros beispielsweise kann das Fehlen von Belegen einfach zufällig sein, da die Forschungen dort noch nicht weit genug gediehen sind.

Es verwundert keineswegs, daß von den ägäischen Inseln große neolithische Siedlungen nicht bekannt sind. Den Inseln fehlen die ausgedehnten fruchtbaren Ebenen und Flußläufe, die zur Bildung größerer Gemeinschaften wie in Anatolien, Thrakien, Makedonien, Thessalien, auf der Peloponnes und auf Kreta geführt hatten.

Die frühbronzezeitlichen Inselkulturen der Ägäis

Nach dem Ende des Neolithikums entwickelten sich die bronzezeitlichen Gemeinschaften auf dem Festland nach 3000 v. Chr. in dem Maße, wie es die landwirtschaftliche Nutzung des Bodens in den jeweiligen Siedlungsgebieten erlaubte. In den fruchtbaren Ebenen Anatoliens bildeten sich Königreiche, in den zerklüfteten Landstrichen des griechischen Festlandes entstanden kleinere (frühhelladische) Gemeinschaften. Kreta als fruchtbare Insel ging eigene Wege. Die einheitliche Kultur, die sich dort zuerst in der Frühen Bronzezeit entwickelte, wurden von ihrem Entdecker, Sir Arthur Evans, als frühminoisch bezeichnet. Evans, der mit den Ausgrabungen der Hauptfundstätte auf Knossos zu Beginn unseres Jahrhunderts begann, benannte die gesamte von ihm entdeckte Kultur nach Minos, dem legendären Herrscher von Knossos. Trotz der fehlenden wissenschaftlichen Fundierung blieb diese Bezeichnung bestehen. Ihren Höhepunkt erlebte die kretische Kultur in der mittelminoischen Zeitstufe (2000 bis 1550 v. Chr.), für die der Bau riesiger Paläste und die Zentralisierung der Macht in der Hand eines Herrschers charakteristisch ist.

Die kleinen, meist felsigen Inseln in der Ägäis waren nicht imstande, Kulturen mit agrarischer Wirtschaftsweise und einer politischen Zentralgewalt hervorzubringen. Der Handel und die wachsende Bedeutung der Inseln im Seeverkehr führten jedoch zur Entstehung von höheren Formen einer integrierten Gesellschaft. In der Frühen Bronzezeit bildeten sich neben Kreta zwei weitere Inselkulturen im ägäischen Raum heraus: die kykladische und die troadische Kultur. Die Inselgruppe der nordöstlichen Ägäis (Lemnos, Lesbos, Chios und andere) war die Wiege derjenigen Kultur, die die prähistorischen Stadtsiedlungen Poliochni auf Lemnos und Therme auf Lesbos hervorbrachte, die als die frühesten urbanen Zentren Europas gelten können. Ihre Anfänge lassen sich bis zum Ende des vierten Jahrtausends v. Chr. zurückverfolgen. Die materielle Kultur dieser nordägäischen Gemeinschaften ist besser erforscht als jede andere in der Ägäis. Nach Schliemanns Ausgrabungen von Hissarlik in der Troas im Jahre 1871 und der Identifizierung dieses Ortes mit dem Troja Homers wird die Kultur der nördlichen Ägäis als die troadische bezeichnet. Seither gilt die Troas allgemein als Ausgangspunkt dieser Kultur. Die deutlich erkennbare Schichtenfolge in Hissarlik ist von entscheidender Bedeutung für die Untersuchung und Klassifizierung der materiellen Kultur der nördlichen Ägäis in der Frühen Bronzezeit, doch ist die überaus große Aufmerksamkeit, welche sich auf diese Fundstätten konzentriert, wesentlich darin begründet, daß man sie als das Troja Homers erkannte. Das gleiche Bild ergibt sich in Mykene — der Stadt, nach der die gesamte spätbronzezeitliche Kultur der Ägäis ihren Namen erhielt. Möglicherweise spielte dabei die Tatsache eine Rolle, daß Heinrich Schliemann an beiden Stätten, in Troja und Mykene, mit den Ausgrabungen zu einer Zeit begann, als die Archäologie noch von einem Hauch Romantik umgeben war.

Doch zurück zur nördlichen Ägäis! Es fällt auf, daß die einzigen bislang durch Ausgrabungen erkundeten »städtischen« Siedlungen auf Inseln (Lemnos und Lesbos), nicht aber auf dem Festland liegen. Diese »städti-schen«Siedlungen sind — zumindest soweit es Poliochni betrifft — sehr viel älter als die erste Siedlungsschicht Trojas. Hinzu kommt, daß alle bisher in der Troas erforschten antiken Stätten, die zur Kultur der Nordägäis gehören, klein und kurzlebig waren. Selbst Troja war trotz seiner langen Besiedlung im Vergleich zu Poliochni oder Therme nur ein kleines befestigtes Dorf. Offenbar boten in der Frühen Bronzezeit die Inseln bessere Voraussetzungen für die Entwicklung großer Ansiedlungen. Dazu zählte zweifellos die allen gemeinsame günstigere strategische Lage, durch die sie den Handel kontrollierten, ferner die reichen Fischgründe der Dardanellen, der natürliche Schutz gegen den Zugriff äußerer Feinde und, im Falle eines solchen, die Erfahrung als Seefahrer.

So entstand eine eigenständige Inselkultur in der Nordägäis, die ihre Identität über mehr als ein Jahrtausend bewahrte. Zur wirksameren Kontrolle der Seewege errichtete man kleine Siedlungen und Wachposten an den Gestaden der Troas (Troja selbst, das sei hier vermerkt, liegt Poliochni direkt gegenüber). Des weiteren fällt eine Konzentration der nordägäischen Kultur der Troas in den küstennahen Regionen auf, landeinwärts dagegen verliert sie sich allmählich. Einflüsse der mächtigen Kulturen des Hochlandes von Anatolien sind in der Troas wenig oder gar nicht zu spüren. Auch nach Süden hin verblaßt die Kultur der Nordägäis und ist auf Telos und Kalymnos im Dodekanes nur noch in Spuren erkennbar. Entstehungsort und Ausgangspunkt der sogenannten troadischen Kultur dürfte also die Inselwelt der nordöstlichen Ägäis sein, wobei Lemnos und Lesbos an erster Stelle zu nennen sind. Von ihnen aus verbreitete sie sich nach Osten entlang der Küste der Troas und nach Süden bis zu den nördlichsten Inseln des Dodekanes. Kontakte mit dem Bereich der thrakischen Küste und Ostmakedonien sind belegt, jedoch fehlt bis heute in diesem Gebiet noch jeder Nachweis einer dem nordägäischen Kulturkreis zuzurechnenden Ansiedlung. Stärker bezeugen die Fundstätten in diesen Gegenden zweifellos die kulturellen Verbindungen zum Balkan.

Im ausgehenden dritten Jahrtausend v. Chr. vollzogen sich im nordägäischen Raum wichtige Veränderungen, die hauptsächlich in der Tradition der Töpferei reflektiert werden. Die für den größten Teil der Ägäis der Mittelbronzezeit typische sogenannte minyische Keramik, deren Ursprung verschiedentlich in Troja gesehen wird, kam allgemein in Gebrauch. Welche Ursachen diesen Veränderungen auch zugrunde liegen mochten — vielleicht die Ankunft der Griechen —, bemerkenswert bleibt, daß die Kultur der Nordägäis fortan allmählich ihren eigenständigen Charakter verliert und sich in der Mittleren Bronzezeit von der des hellenischen Festlandes kaum noch unterscheidet.

Die Kykladen in der Frühen und Mittleren Bronzezeit

Der zweite wichtige Kulturkreis der Frühbronzezeit auf den Inseln entfaltet sich in der südlichen Ägäis gleichzeitig mit der Herausbildung der nordägäischen Kultur. Benannt nach der Hauptinselkette der Region, datieren die frühesten Beweise der frühkykladischen Kultur aus dem vierten Jahrtausend v. Chr. Ihr Ursprung ist nach Belegen von der Insel Saliagos bei Antiparos und der Fundstätte von Kephala auf Kea in der einheimischen Kultur des Neolithikums zu suchen. In diesem frühen Stadium sind kleine Siedlungen und Haufendörfer die Regel. In den Anfangsphasen (frühkykladische Zeitstufe I) entstehen diese Flecken vermutlich als unbefestigte Siedlungen auf zahlreichen Inseln in der Region. Gegen Mitte des dritten Jahrtausends v. Chr. (etwa zu Beginn der frühkykladischen Zeitstufe II) kommt es offenbar zu einer wichtigen Zäsur. Fortan werden Dörfer vorwiegend auf Bergkuppen errichtet und befestigt. In dieser Zeit dehnen die Kykladen ihren Einfluß auf das griechische Festland und auf Kreta aus. Möglicherweise kam es zu einer Kolonisierung der Küsten Attikas und Ostkretas. Von manchen Wissenschaftlern wird die Auffassung vertreten, die Befestigungen der kykladischen Dörfer seien die Folge von Zwistigkeiten zwischen diesen Inseln und dem aufstrebenden Kreta. Wenn das stimmen sollte, müssen derartige Zwistigkeiten über lange Zeit hinweg geführt worden sein. In der

folgenden Periode, der frühkykladischen Zeitstufe III, jedenfalls verlagern sich die Inselsiedlungen in Küstennähe. Bevorzugt werden Gegenden, die Schiffen sicheren Schutz bieten. Daraus wird deutlich, daß die Gefahren der frühkykladischen Zeitstufe II vorüber sind. Die kleinen, küstennahen Siedlungen sind der Ausgangspunkt für die Entwicklung städtischer Gemeinschaften auf den Kykladen. In der Mittleren Bronzezeit (ca. 2000 bis 1550 v. Chr.) werden viele von ihnen zu wichtigen Häfen, wie wir sie heute auf Melos (Phylakopi), Kea (Ayia Irini), Paros (Paroikia), Thera (Akrotiri) und möglicherweise auch auf Naxos (Grotta) nachweisen können.

Was die kykladische Zivilisation von ihrem Pendant in der Nordägäis unterscheidet, ist die Kunstfertigkeit ihrer Menschen. Schon im dritten Jahrtausend v. Chr. gaben die Steinmetzen dem schneeweißen Marmor der kykladischen Inseln Form und Gestalt. Was immer die kykladischen Plastiken ihren Besitzern auch bedeutet haben mögen, was immer sie darstellten, Gottheiten oder Sterbliche, eines ist sicher: Meisterwerke der Steinbildhauerei sind sie allemal.

Der hohe Entwicklungsstand der Kunst der Bewohner der Kykladen wird auch in anderen Bereichen deutlich. In der Malkunst haben sie wahrscheinlich als erste in der Ägäis zweidimensionale Bildmotive gestaltet. Bereits in der frühkykladischen Zeitstufe II werden Menschen, Tiere und Objekte (Schiffe, Bögen und ähnliches) auf Felszeichnungen dargestellt. Zur gleichen Zeit erscheinen derartige Motive auf Keramik. Auf Vasen der frühkykladischen Zeitstufe II finden wir Schiffe, Vögel und Fische eingeritzt. Diese frühe Vorliebe für bildliche Darstellungen entwickelt sich später zu einem eigenen Stil und wirkt auf die Kunst der Nachbarkulturen weiter. Vögel sind das häufigste Thema der mittel- und spätkykladischen Ikonographie. Die außerordentliche Beliebtheit von Vögeln und Fischen kann vielleicht aus der wichtigen Rolle dieser Tiere im Leben der Inselbewohner erklärt werden. Fische, das leuchtet ein, waren ein Hauptnahrungsmittel, möglicherweise auch Vögel, besonders Zugvögel, denn die kykladischen Inseln werden von diesen als Rastplätze auf ihrem langen Flug über das Mittelmeergebiet genutzt. Die Vögel waren aber nicht nur als Nahrungsmittel von Bedeutung, sondern ihr Zug über die Inseln kündigte den Wechsel der Jahreszeiten an und brachte so wichtige Informationen für die Seefahrt und für die Landwirtschaft.

In der Frühen Bronzezeit unterhielten bereits alle Bereiche der Ägäis Kontakte miteinander. In der frühkykladischen Zeitstufe II weitete sich der Handel aus. Obsidian wurde weiter von Melos exportiert, Keramik der frühkykladischen Zeitstufe II kam in die Nordägäis nach Poliochni, Troja, Therme und Samos. Importstücke nordägäischer Keramik findet man auch auf Syros, Naxos, Siphnos und anderen Inseln der Kykladen. Kontakte mit dem griechischen Festland in der frühkykladischen Zeitstufe II sind durch Funde an den Ausgrabungsstätten entlang der Küste Attikas (Palaia Kokkinia, Ayios Kosmas, Brauron, Nea Makri, Marathon) sowie in der Argolis (Lerna) belegt. Die Beweise für Kontakte mit Kreta sind noch deutlicher, sie liegen vor in Gestalt von Keramik und Marmorfigurinen aus der frühkykladischen Zeit-stufe II, die an zahlreichen Stätten an der Nordküste der Insel (Archanes, Mochlos, Pseira und anderen) gefunden wurden. Ferner ist auf eine mögliche kykladische Kolonie bei Ayia Photia in der Region Seteia hinzuweisen. Kontakte zwischen den Bewohnern der Kykladen und der Insel Kythera belegen Keramikimportstücke der frühkykladischen Zeitstufe II in Kastri.

Die Archäologie erbringt nur den Beweis für den Austausch von Artefakten zwischen den Kykladen und der Nordägäis. Die Kontakte mit allen anderen Regionen sind offenbar Einbahnstraßen: Importe von den Kykladen. Man mag annehmen, daß von Kreta und dem griechischen Festland leichtverderbliche Waren auf die Inseln gebracht wurden. Das wäre eine Erklärung, weshalb die Archäologen bis heute auf keinerlei Spuren gestoßen sind. Das Fehlen aller Beweise ließe sich aber auch damit erklären, daß die Bewohner der Inseln als Zwischenhändler sehr bewußt ihre Importe auswählten und an Keramik aus

22 Mittelhelladische Tasse aus Raum Delta 16, Import-stück vom griechischen Festland, Höhe 11 cm

Kreta und vom Festland kein Interesse zeigten, weil diese sich nicht grundlegend von ihrer eigenen unterschied. Andererseits aber brauchte man wahrscheinlich Nahrungsmittel, Holz für den Bau von Häusern und Schiffen sowie Wolle und Leinen zur Herstellung von Gewändern. Von etwas anderer Art waren die Beziehungen der Bewohner der Kykladen zu denen der nördlichen Ägäis. In der Nordägäis betrieb man Handel und Schiffahrt. Auf ihren Fang- und Handelsfahrten brachten die Einwohner der Nordägäis Töpferwaren und andere Gegenstände zu den Kykladen. Wir haben keine genaue Kenntnis von der Art ihrer Transaktionen, doch ist bekannt, daß Importe aus der Nordägäis sehr schnell dem Geschmack und Empfinden der einheimischen Bevölkerung angepaßt und entsprechend verändert wurden und dann ihren Weg über die Kykladen auf das griechische Festland fanden. Auf diese Weise entstanden die Grundlagen für die Keramik der frühhelladischen Zeitstufe III.

Die seit der Frühen Bronzezeit bestehenden Kontakte der Bewohner der Kykladen wurden in der Mittleren Bronzezeit fortgeführt. Daß die Verbindungen zum griechischen Festland sich weiter vertieften, geht aus zahlreichen mittelhelladischen Keramikfunden in Hafenstädten wie Phylakopi (Melos), Paroikia (Paros), Ayia Irini (Kea) oder Akrotiri (Thera) hervor. Diese Keramik wird repräsentiert durch zwei Arten von Vasen. Zur ersten gehören feinstrukturierte Gefäße mit Dekorationen von geradlinigen Motiven in Mattmalerei wie bauchige Pithoi, getäfelte Schalen, Hydrien und dergleichen, während die zweite, weitaus seltenere Gattung, die sogenannte »Leatherware«, mit Bilddekorationen (Vögeln) oder linearen Mustern verziert ist. Von Phylakopi und Akrotiri sind einige Kannen bekannt, wie sie auch in den Schachtgräbern von Mykene, von Lerna und Kleidi bei Samikon in Messenien gefunden wurden. Die in Phylakopi, Paroikia und auf Kos gefundene sogenannte minyische Ware mag Kontakte zur Nordägäis bezeugen, obwohl Gefäße dieser Art auch aus Importen von den mittelhelladischen Zentren stammen könnten. Interessanterweise fehlt solche Keramik in Akrotiri gänzlich. In den bereits erwähnten Hafenstädten finden wir erste Beweise für Importe aus Kreta. Doch handelt es sich dabei nur um Scherben der Kamares-Ware, nicht um ganze Vasen. Als mögliche Erklärung dafür wird ein in der Mittleren Bronzezeit vorherrschendes stärkeres Interesse der Bewohner der Kykladen am griechischen Festland ins Feld geführt. Vielleicht wurden in den auf den Kykladen gefundenen mittelhelladischen Gefäßen auch andere vom Festland importierte Güter aufbewahrt. Kamares-Gefäße mögen auch ihres künstlerischen Wertes wegen importiert worden sein und nicht als Gebrauchsgegenstand gedient haben.

Der Handelsaustausch mit dem griechischen Festland und Kreta legt die Vermutung nahe, daß die Bewohner der Kykladeninseln noch die Seewege beherrschten und daß diese Herrschaft vom Festland und von Kreta nicht bedroht war. Dies erklärt das Fehlen von Befestigungen in einigen mittelkykladischen Hafenstädten. Möglicherweise spielten die Bewohner der Inseln auch eine Vermittlerrolle bei ersten Kontakten zwischen Kreta und dem griechischen Festland.

Die Berührung mit der mittelminoischen Kultur brachte die Kykladen allmählich in den Einflußbereich Kretas. Nach Arne Furumark ist die Keramikdekoration mit gebogenen Linien unter dem Einfluß des Kamares-Stils der mittelminoischen Zeitstufe III B das deutlichste Zeichen dieses Einflusses. Dennoch, so wird von dem genannten Wissenschaftler eingeräumt, blieb die Eigenständigkeit der Kykladen bestehen. Die mittelkykladischen Töpfer schufen keine bloßen Nachahmungen kretischer Vorbilder. Furumark stellt weiterhin fest, daß »die Keramik im wesentlichen noch immer ein Produkt der einheimischen kykladischen Kunst war, deren minoische Merkmale auf Anregungen zurückgingen, die die lokalen Töpfer von importierten kretischen Vasen erhielten«.

Thera in der Frühen und Mittleren Bronzezeit

Trotz der gewaltigen vulkanischen Ascheablagerungen, die sich dem Vordringen in die Vergangenheit von Thera als Hindernis in den Weg stellten, liegen uns zahlreiche Zeugnisse aus der Früh- und Mittel-

22

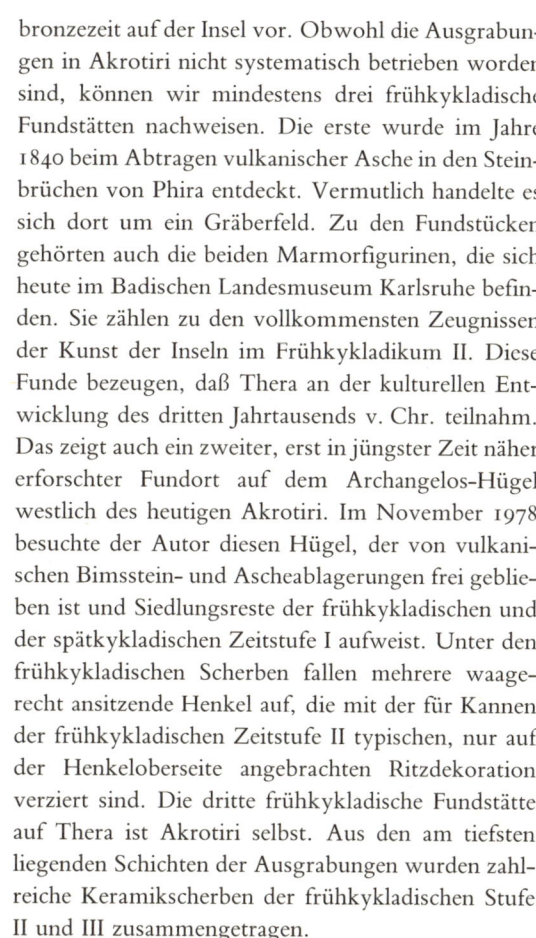

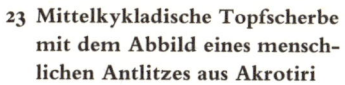

23 Mittelkykladische Topfscherbe mit dem Abbild eines menschlichen Antlitzes aus Akrotiri

24 Mittelkykladische Kanne aus den Gräbern des Karageorghis-Steinbruchs, Höhe 33 cm

bronzezeit auf der Insel vor. Obwohl die Ausgrabungen in Akrotiri nicht systematisch betrieben worden sind, können wir mindestens drei frühkykladische Fundstätten nachweisen. Die erste wurde im Jahre 1840 beim Abtragen vulkanischer Asche in den Steinbrüchen von Phira entdeckt. Vermutlich handelte es sich dort um ein Gräberfeld. Zu den Fundstücken gehörten auch die beiden Marmorfigurinen, die sich heute im Badischen Landesmuseum Karlsruhe befinden. Sie zählen zu den vollkommensten Zeugnissen der Kunst der Inseln im Frühkykladikum II. Diese Funde bezeugen, daß Thera an der kulturellen Entwicklung des dritten Jahrtausends v. Chr. teilnahm. Das zeigt auch ein zweiter, erst in jüngster Zeit näher erforschter Fundort auf dem Archangelos-Hügel westlich des heutigen Akrotiri. Im November 1978 besuchte der Autor diesen Hügel, der von vulkanischen Bimsstein- und Ascheablagerungen frei geblieben ist und Siedlungsreste der frühkykladischen und der spätkykladischen Zeitstufe I aufweist. Unter den frühkykladischen Scherben fallen mehrere waagerecht ansitzende Henkel auf, die mit der für Kannen der frühkykladischen Zeitstufe II typischen, nur auf der Henkeloberseite angebrachten Ritzdekoration verziert sind. Die dritte frühkykladische Fundstätte auf Thera ist Akrotiri selbst. Aus den am tiefsten liegenden Schichten der Ausgrabungen wurden zahlreiche Keramikscherben der frühkykladischen Stufe II und III zusammengetragen.

Von Thera beeinflußt war offenbar auch Christiana, eine kleine Insel südwestlich von Thera, die uns die einzigen unversehrten Gefäße des Frühkykladikums II in dieser Region bewahrt hat. Diese Keramik zählt zu einer späteren Phase der frühkykladischen Zeitstufe II mit typischen Anzeichen nordägäischer Kultureinflüsse, die als eine weitere Bestätigung für bestehende Kontakte zwischen Thera, seiner Nachbarinsel und der nördlichen Ägäis betrachtet werden kann.

Der Übergang von der Frühen zur Mittleren Bronzezeit vollzog sich auf Thera wie auf den anderen Inseln der Kykladen verhältnismäßig reibungslos. Die küstennahe Ansiedlung des Frühkykladikums II/III Akrotiri entwickelte sich zur Hafenstadt. Dies belegen wichtige, weit verstreute Funde, bei denen es sich vorwiegend um keramische Erzeugnisse handelt. Sie beweisen die Kontakte zwischen Thera und dem griechischen Festland für die gesamte Mittlere Bronzezeit. Die Ruinen bergen eine Fülle typisch mittelhelladischer Vasen, teils als Scherben und teils unversehrt.

Wohl sind Verbindungen auch mit dem Kreta der mittelminoischen Zeit durch Scherben der Kamares-Keramik nachzuweisen, doch waren diese Kontakte offenbar weniger ausgeprägt als die mit dem griechischen Festland.

Neben Akrotiri kennen wir auf Thera eine weitere Fundstätte des Mittelkykladikums. Sie besteht aus einer Gruppe von Gräbern unter einer mächtigen Schicht aus spätminoischer Tephra im Karageorghis-Steinbruch auf halbem Wege zwischen Phira und Athinios. Obwohl eine systematische Erforschung dort bisher nicht möglich war, sind bei den Arbeiten mittelkykladische Vasen in gutem Erhaltungszustand zutage getreten. Diese wenigen Zeugnisse aus dem mittelkykladischen Thera belegen hinreichend, daß die Insel während dieser Zeit nicht isoliert war, sondern daß hier das auf das Meer orientierte und sich um das Meer ordnende Leben blühte wie auf den anderen Inseln der Kykladen.

KAPITEL 3

DIE FUNDSTÄTTE AKROTIRI

Die Geschichte der Ausgrabungen

Die gegenwärtigen Ausgrabungen in Akrotiri wurden im Jahre 1967 mit dem Anlegen erster Gräben an verschiedenen Stellen entlang der Senke vom heutigen Dorf nach Süden zum Meer hin begonnen. Marinatos' Wahl des Ausgrabungsortes erwies sich als richtig. Bereits wenige Stunden nach Beginn der Arbeiten stieß man auf Reste der verschütteten Stadt. Nun konnte man darangehen, ihre Grenzen abzustecken. Diesem Ziel dienten alle Arbeiten der Jahre 1967 und 1968.

Marinatos erkannte bereits sehr früh, daß die Ausgrabungen in Akrotiri einen sehr langen Zeitraum beanspruchen und Archäologen mehrerer Generationen beschäftigen würden. Daher lag der Schwerpunkt der Arbeiten in den Anfangsjahren auf der Schaffung der organisatorischen Voraussetzungen für das Unternehmen. Leistungsfähige Werkstätten und Labors für die Lagerung, Restaurierung und Prüfung der Funde entstanden. Auch Unterkünfte für die Ausgrabungsteams wurden errichtet. Besondere Schwierigkeiten bereitete der dicke Mantel aus vulkanischen Ablagerungen, unter dem der Fundort begraben lag. Verschiedene Ausgrabungstechniken wurden erprobt. Marinatos hatte fast vom Beginn der eigentlichen Ausgrabungen an festgestellt, daß die Häuser bis zur Höhe von mehr als einem Stockwerk erhalten waren, deshalb galt seine besondere Aufmerksamkeit der besten Methode ihrer Freilegung. Anfangs trieb er versuchsweise Stollen in die Schichten aus Bimsstein und Vulkanasche. Damit hoffte er, durch die Türen in die Häuser gelangen zu können und ein zutiefst beeindruckendes unterirdisches Museum »lebensnah« entstehen zu lassen, während die Weinberge darüber unangetastet bleiben sollten. Dieses ehrgeizi-

ge und ein wenig romantische Vorhaben mußte aber bald aufgegeben werden. Marinatos — der diese Methode entwickelt und der Öffentlichkeit vorgestellt hatte — erwähnt sie bereits nach der dritten Kampagne nicht mehr. Stollen konnten aus verschiedenen Gründen nicht angelegt werden. Erstens drohten die Häuser zusammenzubrechen, wenn das sie stützende Material ringsum abgetragen wurde. Zweitens waren die Stollen selbst eine ständige Gefahrenquelle, da die Vulkanasche durch die Berührung mit der Luft vollends austrocknete und zu Staub zerfiel. Im übrigen war es ohnehin unmöglich, durch die Türen in die Häuser zu gelangen, weil dann die oberen Stockwerke, die zum Teil zerstört waren, gänzlich eingestürzt wären. Und schließlich ist das Anlegen von Stollen eine völlig unwissenschaftliche Verfahrensweise, die die Schichten und ihre Aufeinanderfolge unberücksichtigt läßt; durch den unkontrollierten Gebrauch der Grabungswerkzeuge würden die Fundstücke zerstört.

Um die freigelegten Stätten vor Witterungseinflüssen zu schützen, wurde der Ausgrabungsort mit einer auf Stahlgittermasten ruhenden Konstruktion überdacht. Die verschütteten Gebäude waren zwar aus Lehm und Steinen errichtet und mit Holz verstärkt, doch Holz wie Lehm waren nach dreieinhalbtausend Jahren zerfallen, so daß ohne schützendes Dach schon der geringste Regen die Häuser zum völligen Einsturz gebracht hätte. Die Leichtbauweise, für die man sich entschied, hat eine Reihe von Vorteilen, darunter den, daß sich die Überdachung schnell errichten und allseitig erweitern läßt. Damit können neu freigelegte Bereiche umgehend überdacht werden. Außerdem sind solide Seitenwände entbehrlich, die den Blick auf die Ausgrabungen nur behindern würden. Am wichtigsten jedoch ist die Tatsache, daß die Metallmasten

25

freistehend in Abständen bis zu 12 Metern errichtet werden konnten. Das ließ den Archäologen freie Hand, sie so zu plazieren, daß ein möglichst geringer Schaden an der Fundstätte entstand. Die Gründungen für die Masten wurden bis an das Muttergestein vorgetrieben, und die Masten wurden überall dort aufgestellt, wo die Entdeckung architektonisch wertvoller Bauwerke nicht zu erwarten war. Dank dieser Methode beim Ausheben der Fundamentgruben erhielt man aufschlußreiche Daten zur Stratigraphie und Geschichte des Ortes.

Der vollständige Zerfall des Holzes brachte weitere Probleme mit sich, besonders bei zwei- und dreistöckigen Häusern. Die hölzernen Wandverstärkungen sowie Rahmen von Fenstern und Türen waren nur noch leere Räume, gewissermaßen ihre eigenen Negative im Bimsstein, und gefährdeten die Standfestigkeit der Gebäude. Alles nicht mehr vorhandene Holz mußte durch anderes Material ersetzt werden. Man

28, 29

entschied sich für Beton wegen seiner hohen Festigkeit, wegen seiner Fähigkeit, mit dem vorhandenen Mauerwerk eine stabile Verbindung einzugehen, und wegen seiner Fließfähigkeit, durch die es möglich wurde, Hohlräume auszugießen und die fehlenden Holzteile nachzuformen.

Nachdem die prinzipiellen Fragen geklärt waren — und die Idee der Untertunnelung endgültig aufgegeben war —, begann man in traditioneller Weise mit den Ausgrabungsarbeiten, indem von oben nach unten Schicht um Schicht vorsichtig abgetragen wurde. Der gesamte Ort wurde vor Beginn der Ausgrabungen kartiert und durch Luftbilder dokumentiert. Marinatos erachtete es nicht als notwendig, die Ausgrabungsstelle in konventioneller Weise in Schachbrettmuster einzuteilen, die Funde und deren Merkmale wurden ursprünglich lediglich in ihrer Beziehung zu gut erhaltenen Wänden registriert. Leider macht diese Tatsache heute die Bestimmung des genauen Stand-

30

ortes einiger Gebäude im Bereich der Ausgrabungen vor Beginn der Arbeiten unmöglich. Heute werden die Arbeiten systematisch nach einem Gitternetzplan organisiert. Dieser Plan sowie stratigraphische Diagramme erlauben es, alle Funde den einzelnen Räumen und ebenso einander zuzuordnen.

Bisher sind zehn Gebäude erforscht, doch sind die Arbeiten auch dort noch nicht abgeschlossen. Mindestens sieben weitere liegen noch im bereits überdachten Bereich. Marinatos gab jedem einen bestimmten Namen, verfuhr dabei aber nicht nach einem einheitlichen System. Bei der Bezeichnung einiger Gebäude wurden Buchstaben des griechischen Alphabets verwendet (Gebäude Alpha, Beta, Gamma und Delta), für die Räume hingegen arabische Zahlen (Raum Delta 2 bezeichnet beispielsweise den Raum Nummer 2 im Gebäude Delta). Andere Bezeichnungen orientieren sich an der Konstruktionsweise des Gebäudes; eines, dessen Wände aus behauenem Stein gemacht sind, trägt den Namen Xesté, das griechische Wort für Quaderstein. So wurde das Gebäude Delta, dessen Nordfassade aus Quaderwerk besteht, auch als Xesté 1 bezeichnet, andere Gebäude erhielten die Bezeichnungen Xesté 2, Xesté 3 und Xesté 4. Die einzelnen Räume dort erhielten wiederum arabische Zahlen zugeordnet (zum Beispiel Xesté 3, Raum 5). Andererseits erinnert eine Bezeichnung wie »Haus der Damen« an die Wandmalereien in einem der Räume, die Frauen in minoischen Gewändern darstellten. Das Westhaus schließlich erhielt seinen Namen daher, daß es bei seiner Entdeckung das am weitesten westlich gelegene Haus der ganzen Ausgrabungsstätte war. (Zur Bezeichnung der einzelnen Räume des Hauses dienten wiederum arabische Zahlen.)

Charakteristisch für den gesamten Ausgrabungsort ist die überreiche Fülle an Funden. Aus einem einzelnen Raum können mitunter Hunderte von Objekten geborgen werden, darunter Keramik, Steinvasen,

26, 27

25 Zum Schutz wurde das gesamte Ausgrabungsgelände mit einem auf Metallpfeilern ruhenden Wellblechdach überzogen.

26 Im Innern des Gebäudes Gamma führt eine Tür von einem Raum in einen anderen.

27 Durch die Ausgrabungen des Jahres 1969 sind das später so bezeichnete Gebäude Gamma und die Telchinenstraße (Gebäude Gamma auf der rechten Seite) freigelegt worden.

28 Der Eingang des Raumes Delta 15 von Süden
29 Der Eingang des Westhauses. Hier, wie an zahlreichen weiteren Stellen, ist das Obergeschoß
   noch erhalten.
30 Mächtige Schichten vulkanischer Ablagerungen
   mußten abgetragen werden, bevor die Mauern
   der prähistorischen Häuser zutage traten. Teilweise wurden die oberen Schichten durch Bulldozer abgetragen.

Steinwerkzeuge und Gerätschaften sowie Kleinfunde
und Hohlräume von inzwischen zerstörtem Mobilar,
von denen Abgüsse hergestellt werden können. Der
Ertrag eines jeden Grabungsjahres umfaßt Tausende
31, 32 von Gegenständen, die allesamt gereinigt, restauriert,
katalogisiert, fotografiert und oft auch gezeichnet
werden müssen. Im Bestreben, alles zu erfassen und
nichts zu vergessen, nichts verlorengehen zu lassen,
werden gelegentlich Aussiebungen angewendet. Seit
1976 ist eine fest installierte Naßsiebanlage vorhan-

den; im allgemeinen werden aber mit der Trocken-
siebtechnik befriedigendere Ergebnisse erzielt. Das
Naßsieben ist langwierig, und Pflanzenreste haben
ohnehin meist in den Kannen überdauert. Objekte
aller Größen werden mit mehr Erfolg beim Trocken-
sieben gefunden. Weitaus speziellere Verfahren mußten zur Anwendung kommen, als man bereits in der
frühen Phase der Arbeiten erkannte, daß es in Akrotiri
eine große Zahl auf wunderbare Weise erhalten ge-
bliebener Wandmalereien gibt. Glücklicherweise ver-
fügt Griechenland über eine wahre Heerschar von
Fachleuten für die Restaurierung und Bergung byzantinischer Fresken, deren Fähigkeiten man mit bestem
Erfolg auch bei der Erhaltung der Malereien auf Thera
nutzen konnte. Alle Arbeiten in Akrotiri werden unter der Aufsicht und Anleitung des Chefrestaurators
für byzantinische Ikonen und Wandmalereien in Griechenland, Tassos Margaritoff, durchgeführt. Sein erster Mitarbeiter, Stamatis Perrakis, leitet die Arbeiten
vor Ort. Einige seiner besten Schüler, darunter Iakovos Michaelides, Stavros Angelides und Panayiotis

Dritsas, bilden heute den Kern einer leistungsfähigen Restauratorenschule, die auf die Konservierung der Wandmalereien von Thera spezialisiert ist. So sind heute etwa ein Dutzend Experten, die die Erfahrung mehrerer Jahre besitzen, ausschließlich mit den Arbeiten an diesem Großprojekt befaßt.

Auf die ersten Spuren von Wandmalereien war man bereits 1968 im Sektor Alpha (damals als Arvaniti 1 bezeichnet) gestoßen. Freigelegt wurden damals der Kopf eines Afrikaners, der Kopf eines blauen Affen und mehrere im Flug dargestellte blaue Großvögel. Bereits die wenigen erhaltenen Reste von Malereien ließen den hohen Entwicklungsstand der Kunst in Akrotiri ahnen und rechtfertigten Marinatos' Begeisterung, die so weit ging, daß er in diesen Fragmenten eine griechische Sage erkennen wollte und unter dem 20. September 1968 in sein Tagebuch schrieb: »Ich beginne mir die Frage zu stellen, ob es wohl ›Orpheus‹ oder ›Thamyris‹ mit einer Lyra und allen Vögeln des Waldes vor sich ist . . .«

Doch dies war erst der Anfang. Mit der Entdeckung des Wandbildes der »Blauen Affen« im Jahre 1969 im Raum Beta 6 (damals Bronos 2) stieg die allgemeine Spannung noch mehr. Die felsige Landschaft, in der die Affen sich tummelten, ähnelte sehr dem Vulkangestein in der Nähe der Ausgrabung. Im Jahre 1970 erreichte die Freilegung der Wandmalereien ihren spannenden Höhepunkt mit der Entdeckung des »Frühlingsfreskos« im Raum Delta 2, dem bis heute einzigen vollständig erhaltenen und noch an seinem ursprünglichen Ort befindlichen Wandbild. Das vorsichtige Entfernen aller Vulkanasche mit Hilfe von Pinseln und die Zentimeter um Zentimeter fortschreitende Freilegung dieses außerordentlichen Kunstwerkes hielt uns mehrere Wochen lang in Atem. Die Wand, welches das Bild trug, befand sich in einem sehr schlechten Zustand, so daß eine sofortige Bergung des Bildes dringend geboten war. Unsere Fachleute — Perrakis und sein Team — behielten einen kühlen Kopf. Sie verfügten über reiche Erfahrungen bei der Bergung großflächiger byzantinischer Fresken. Den Prähistorikern jedoch, die einer solchen Aufgabe erstmals gegenüberstanden, war die Besorgnis von den Augen abzulesen. Selbst Marinatos, sonst um schnelle Entscheidungen nie verlegen, war besorgt und entschied sich vorerst für einen Lokaltermin mit den drei berühmtesten Experten Griechenlands, Tassos Margaritoff, Stavros Baltoyiannis und Photis Zachariou. Die Beratung dauerte zwei Tage, dann hatte man sich auf folgende Verfahrensweise geeinigt: Das gesamte Wandbild wurde mit Gaze überzogen, was verhindern sollte, daß Teile des Bildes sich von der Wand lösen und herabfallen konnten. Auf die Gaze wurde eine Lage stärkeres, festeres Material und auf dieses feste Bänder senkrecht in kurzen Abständen von etwa 30 Zentimetern aufgebracht. Die Bänder reichten vom Fußboden bis ungefähr einen Meter über das Bild. Die losen Bandenden wurden oben an einem Balken parallel über dem Bild befestigt. Damit trug dieser Balken praktisch das gesamte Bild. Als man sicher sein konnte, daß es nicht zerfallen würde, begann die eigentliche Bergung. Eine zweite Wand aus Polystyrol wurde geformt und diente als Unterlage für das Fresko. Dann machte Perrakis den Versuch, mit Hilfe speziell für diesen Zweck erfundener zwei Meter langer Stahlnadeln von der Rückseite des Mauerverbandes her das Bild von der Wand zu lösen. Schließlich hatten wir das gesamte Fresko als hängende Last unter dem Balken. Langsam und mit großer Vorsicht wurde der Balken mit der Polystyrolunterlage und dem Fresko herabgelassen, bis das Bild mit der Vorderseite nach unten vollständig eine horizontale Lage einnahm. Für die Rückseite wurde ebenfalls eine Polystyrolauflage angefertigt. Sicher verwahrt zwischen diesen beiden Lagen, wurde das Fresko dann ins Labor zur weiteren Behandlung transportiert. Die Bergung des »Frühlingsfreskos« erforderte ebenfalls großes Geschick und außerordentliche Präzision des Vorgehens.

Archäologen und Restauratoren erfuhren dabei eine wesentliche Bereicherung ihres Erfahrungsschatzes. Einige weitere Fresken (die »Fischer« des Westhauses sowie eine Frauenfigur im Haus der Damen) befanden sich bei ihrer Entdeckung zwar senkrecht, doch ohne Verbindung zur Wand dahinter. Von den meisten Fresken aber konnten nur noch Fragmente freigelegt werden, was eine etwas andere Bergungstechnik erforderte. In diesem Fall war die strikte Einhaltung der Netzgittermethode für die Bergung notwendig, denn nur mit ihrer Hilfe ließen sich die Koordinaten der Fragmente im jeweiligen Quadrat bestimmen und eine originalgetreue Wiedergabe realisieren. Nur die detaillierte und peinlich genaue Aufzeichnung machte eine spätere Restaurierung des Freskos im Labor überhaupt möglich. Sind einmal alle erforderlichen Daten gesichert, werden die geborgenen Teile eines Bildes in Azeton getränkt, um ihnen die Feuchtigkeit zu entziehen. Daran schließt sich eine mehrstufige Verfestigung des Mauerverbandes und der Farbe an, die mit verschiedenen Konzentrationen von Epoxidharz in Azeton erreicht wird. Über die sichtbare Fläche des Bildes wird Gaze gebreitet und mit stark konzentrierter Epoxidharzlösung zum Haften gebracht. Nach dem Trocknen wird das Gaze-Fresko-Fragment ins Labor gebracht, wo ein langwieriger Restaurationsprozeß einsetzt. Die Gaze wird entfernt, das Fragment gereinigt und mit viel Glück und Geschick an seinen Ort im Gesamtbild eingefügt. Später werden die Lücken zwischen den einzelnen erhaltenen Teilen des Bildes sorgsam gefüllt, das Gesamtbild mit einem Rahmen umschlossen und endlich in voller Größe restauriert. Fleiß und Akribie lassen so dreieinhalb Jahrtausende alte Meisterwerke der Kunst in nahezu vollendeter ursprünglicher Schönheit wiedererstehen.

Akrotiri vor dem Spätkykladikum I

Die ältesten Belege für die Besiedlung von Akrotiri stammen aus den Fundamentgruben für die Masten der Dachkonstruktion, die bis zum Muttergestein niedergebracht wurden. In den untersten Schichten fand man Keramikscherben des späten Neolithikums und der Frühen Bronzezeit in großer Zahl. Die Gefäßformen, die sich aus den Scherben ohne große Schwierigkeiten rekonstruieren lassen, sind der fortgeschrittenen Phase des Frühkykladikums II und III zuzuschreiben. Manche Keramikfunde sprechen für Kontakte mit der nördlichen Ägäis. Dabei handelt es sich um typische schwarze und braune Glanzkeramik. Funde, die auf ähnliche Kontakte zwischen Akrotiri und Kreta oder mit dem griechischen Festland schließen ließen, stehen bis heute noch aus.

Bestimmte unterirdische Kammern oder auch Wohnstätten, die in dem relativ weichen Vulkangestein gefunden wurden, legen Parallelen zu Fundstätten frühkykladischer Keramik nahe. Aber wegen der später über diesen älteren Schichten errichteten Gebäude hat sich ihre Erforschung schwierig gestaltet. Vermutlich handelt es sich um in den Fels gehauene Kammern, die bis in die spätkykladische Zeit hinein benutzt wurden. In einigen Teilen des Geländes brachten die Ausgrabungen sogar Mauern zutage, die aus dem Frühkykladikum stammen. Mittelkykladische Funde sind zahlreicher und besser erhalten. Die Fundorte liegen über das gesamte Ausgrabungsgelände verstreut und belegen die gewachsene Bedeutung

31 Konische Schalen, herabgefallen aus einem Obergeschoß des Raumes 6 im Westhaus

32 Bimsstein blockiert das westliche Propylon der Westtür im Gebäudekomplex Delta.

und die Größe der Siedlung in der Mittleren Bronzezeit (etwa 2000 bis 1550 v. Chr.). Die mittelkykladische Keramik von Akrotiri weist die gleichen Merkmale auf wie die der anderen Inseln, insbesondere
Phylakopi und Paros. Zu den charakteristischen Stük-
ken gehören die »Kykladenschale« (mit einwärts ge-
wölbtem Rand), die Öllampe und der frühe Typ einer
Kanne in Form einer Büste. Die Vasen sind allgemein
fein strukturiert, das matte Dunkel-auf-Hell-Dekor
besteht aus geometrischen (meist bogenförmigen)
und figürlichen Motiven, unter denen Vögel aller Art
dominieren.

Wahrscheinlich wurden in großer Zahl Erzeugnisse
der mittelhelladischen Mattmalerei-Keramik nach
Akrotiri importiert, was enge Kontakte zu den Griechen des Festlandes nahelegt. Viele Gefäße sind unversehrt, und die Funde sind ziemlich zahlreich (bauchige
Kannen, Hydrien und Amphoren in der Form abge-
flachter Kugeln). Mittelhelladische Keramik, deren
Dekor in Felder gegliedert wurde, ist nicht ungewöhnlich. Ihre Beliebtheit wird durch eine Vielzahl
lokaler Nachahmungen bestätigt. Mittelhelladische
Dekors erschöpfen sich meist in linear-geometrischen
Mustern. Daneben existieren auch mehrere Gefäße
der sogenannten »Leatherware«-Gattung (Keramik
mit lederartig wirkender Oberfläche) als weiteres Indiz für die engen Beziehungen zum hellenischen Festland.

Im Unterschied zu anderen mittelkykladischen
Fundstätten (Phylakopi, Ayia Irini, Paroikia) zeichnet
sich Akrotiri durch das völlige Fehlen der sogenannten minyischen Keramik aus. Es hat viele gelehrte
Auseinandersetzungen über den Ursprung und die
Herkunft dieser Keramikgattung gegeben, die als typisch für die Mittlere Bronzezeit in der Ägäis gelten
muß. Einige vermuten ihren Ursprung in der nordägäischen Kultur, andere wiederum siedeln sie vor-
zugsweise in einem helladischen Zentrum an. Daß
diese Keramik in Akrotiri nicht belegbar ist, obwohl
es offensichtlich enge Beziehungen zum mittelhelladischen Griechenland gab, würde bedeuten, daß sie auf
dem griechischen Festland nicht produziert wurde.

Der Mangel an Kontakten zwischen Akrotiri und
der Nordägäis wurde anscheinend durch den Ausbau

besonders enger Beziehungen mit Kreta ausgeglichen.
Erstmals treten in Form kleiner Kamares-Schalen kretische Importe in mittelminoischer Zeit zutage.
Nimmt man aber die Häufigkeit importierter Keramik als Maßstab für die Intensität von Kontakten,
dann unterhielt das mittelkykladische Akrotiri weitaus engere Beziehungen zum hellenischen Festland als
zu Kreta. Das ist angesichts der traditionellen Beziehungen zwischen dem Festland und den Kykladen
nicht erstaunlich. Kreta nimmt erst in mittelmin-
ischer Zeit Kontakte mit der Ägäis auf.

Die Bedeutung von Akrotiri in mittelkykladischer
Zeit wird nicht nur durch Keramikfunde, sondern
auch durch weitere Objekte dokumentiert. Die Kunst
des Steinschneidens beispielsweise, die in der Frühen
Bronzezeit in den übrigen Kykladen zu hoher Vollen-
dung gelangte, tritt uns in Akrotiri in der mittelkykladischen Zeit entgegen. Der Fund eines großen, unbe-
arbeiteten Stückes von melischem Obsidian in einem
ansonsten mittelkykladischen Kontext läßt darauf
schließen, daß das Material in den einheimischen
Werkstätten bearbeitet wurde. Da Thera keine Mar-
morvorkommen besitzt, verwendeten die Steinmetzen anderes Material, insbesondere das grau-schwarze
Lavagestein. Aus diesem ist auch das größte aus der
bronzezeitlichen Ägäis bekannte Steingefäß gefertigt:
ein bauchiger Pithos aus einem mittelkykladischen
Fundort östlich von Delta 3. Seine Form, besonders
die breitbandigen, senkrecht ansitzenden Henkel, ist
charakteristisch für frühkykladische Pithoi, die den
Künstlern von Thera als Vorbild gedient haben dürften. Ein Hocker, aus dem gleichen Gestein und möglicherweise sogar von demselben Künstler angefertigt,
wurde neben dem Pithos gefunden. Es handelt sich
dabei um das einzige Möbelstück, das aus mittelkykladischer Zeit erhalten ist.

Architekturdenkmäler sind aus der mittelkykladischen Periode zahlreicher und besser erhalten als aus
der frühkykladischen. Einige Gebäude aus dem an-
schließenden Spätkykladikum wurden auf den
Grundmauern früherer Bauten errichtet, oder man
baute vorhandene Gebäude einfach um. Das überzeu-
gendste Beispiel dafür ist der Gebäudekomplex Delta,
dessen Raum 16 auf bereits vorhandenen Mauern er-

richet wurde. An anderen, besonders an unbebauten Stellen wie dem Platz südlich des Mühlenhauses Delta 15 und östlich von Delta 3 wurden Fundamente mittelkykladischer Gebäude entdeckt. An diesen Spuren ist abzulesen, daß die Anlage der Stadt im Mittelkykladikum im wesentlichen der des Spätkykladikums entsprach. Lediglich an Orten, wo die spätkykladischen Baumeister mehr freien Raum für eine Straße oder einen Platz benötigten, wurden vorhandene Gebäude abgerissen.

Die archäologischen Funde machen deutlich, daß der Übergang von der mittelkykladischen zur spätkykladischen Kultur in Akrotiri durch eine allgemeine Zerstörung gekennzeichnet war. Mächtige Schuttschichten durchziehen das Ausgrabungsgelände. Sie enthalten außer Schutt auch große Mengen von Keramikfragmenten. Mittel- und spätkykladische Keramik ist zu etwa gleichen Teilen vertreten, was darauf deutet, daß mittelkykladische Töpferwaren zum Zeitpunkt der Katastrophe zwar noch allgemein in Gebrauch waren, aber schon durch neuartige Importe aus Kreta (spätminoische Zeitstufe IA) nach und nach verdrängt wurden. Aus den Funden kann der Zeitpunkt der Zerstörung auf etwa 1550 v. Chr. datiert werden.

33 Mittelkykladischer Tontorso eines Menschen aus dem Raum Delta 6, Höhe 7 cm. Ähnliche Figuren wurden beispielsweise im Raum Delta 6 gefunden.

34 Mittelkykladische Tonfigur in Form eines Stieres aus Akrotiri, Höhe 7,4 cm

Geht man davon aus, daß zahlreiche spätkykladische Gebäude durch Erweiterung oder Umbau schwer beschädigter mittelkykladischer Häuser entstanden, so kann vermutet werden, daß die allgemeine Zerstörung des mittelkykladischen Akrotiri durch Erdbeben verursacht wurde. Ob Thera selbst im Epizentrum des Bebens lag, ist unbekannt. Auffällig ist jedoch, daß es ungefähr zum gleichen Zeitpunkt zu ähnlichen folgenschweren Zerstörungen der kretischen Paläste in Phylakopi auf Melos, Kastri auf Kythera und Ayia Irini auf Kea kam. Obwohl auch sie Erdbeben zugeschrieben werden, haben sie doch den allgemeinen Fortgang des Lebens dort offenbar weder aufgehalten noch Störungen oder Verzögerungen der kulturellen oder wirtschaftlichen Entwicklung zur Folge gehabt. Ganz im Gegenteil, es ist eine schnelle Erholung und ein allgemeiner Wiederaufbau nachzuweisen. Wenn also das Epizentrum nicht in Thera selbst lag, befand es sich sicher in der Nähe.

Die Zerstörung des mittelkykladischen Akrotiri gab den Bewohnern Gelegenheit, ihre Häuser danach luxuriöser und schöner als zuvor wiederaufzubauen. Das machen die jüngsten Ausgrabungen deutlich. Das mittelkykladische Akrotiri war zum Zeitpunkt seiner Zerstörung eine blühende Gemeinschaft. Zieht man die nachweisbaren Auslandskontakte in Betracht, so ist der Schluß zulässig, daß die Bewohner von Akrotiri den Seehandel betrieben und ihn möglicherweise auch zwischen dem griechischen Festland und Kreta abwickelten.

KAPITEL 4

DAS SPÄTKYKLADISCHE AKROTIRI

Die Ausdehnung der Stadt

Wie wir gesehen haben, war Akrotiri nicht während der Späten Bronzezeit plötzlich aus dem Nichts entstanden, sondern seine kulturelle Entwicklung vollzog sich im Rahmen der Entwicklung der gesamten Kykladen spätestens seit der Mitte des dritten Jahrtausends v. Chr. (das heißt, seit der Mitte des Frühkykladikums). Die Verteilung früh- und mittelkykladischer Töpferware innerhalb des Ausgrabungsbereiches macht deutlich, daß es bereits in den Perioden vor dem Spätkykladikum I bedeutende und ausgedehnte Siedlungen gab. Dies gilt besonders für die mittelkykladische Siedlung, die durchaus schon als „Stadt" bezeichnet werden kann. Größe, Lage und geographische Gegebenheiten begünstigten die Herausbildung eines für die Mittlere Bronzezeit typischen zentralen Handelsplatzes an der Küste. Dieser blühende Komplex städtischer Siedlungen wurde um das Jahr 1550 v. Chr. möglicherweise durch ein Erdbeben zerstört, wurde aber — wie die Bauten der spätkykladischen Zeitstufe I beweisen — größer und prachtvoller als zuvor wiedererrichtet. Beim Wiederaufbau setzte man einige der beschädigten Häuser wieder instand, andere wurden erweitert, manche abgerissen. Insgesamt aber folgten die Bauherren der spätkykladischen Zeitstufe I gewissenhaft dem Plan der alten Siedlung.

Die Größe der Stadt des Spätkykladikums I — wir werden noch sehen, daß sie diese Bezeichnung durchaus verdient — muß nach den Maßstäben jener Zeit gewaltig gewesen sein. Mit verschiedenen wissenschaftlichen Methoden hat man versucht, ihre Ausdehnung genauer zu bestimmen, jedoch ohne Erfolg, so daß entsprechende Kenntnisse nur aus Funden gewonnen werden können. Bisher wurde ein Gelände von mehr als zehntausend Quadratmetern freigelegt, ohne daß man irgendwo bereits die Außenbezirke erreicht hätte. Die Ruinen von Balos, die an der Peripherie des Ausgrabungsgeländes liegen und erst in jüngerer Zeit lokalisiert wurden, und der Steinbruch von Mavromatis mögen zu den Vororten der Stadt gezählt haben. Sie sind mehr als einen Kilometer vom Ausgrabungsort entfernt. In etwas weniger als 600 Meter Entfernung führte R. Zahn seine Ausgrabungen im Potamos-Tal durch, das auch zur Stadt gehört haben dürfte. Als weiterer Hinweis kann die Tatsache gelten, daß das Land zwischen dem Ausgrabungsgelände und dem Potamos-Tal nicht wie das übrige umliegende Land nach Süden hin abfällt, sondern zum Meer hin ansteigt, obwohl der Boden aus der gleichen Vulkanasche besteht. So bildete sich ein konkav geformtes Inlandplateau. Diese Erscheinung läßt sich erklären, wenn man davon ausgeht, daß die Senkung des Bodens von zusammengestürzten mehrstöckigen Häusern herrührt. Folgt man dieser Annahme, dann könnte sich die Stadt einschließlich des konkaven Plateaus über eine Fläche von 200 000 Quadratmetern erstreckt haben. Sie dürfte von mehreren tausend Menschen bewohnt worden sein, wenn man die Größe und Anzahl der bisher ausgegrabenen mehrstöckigen Wohnhäuser zugrunde legt.

Bis heute sind lediglich zehn Gebäude freigelegt, und keines von diesen ist bisher vollständig erforscht. Das *Gebäude Alpha* war mindestens zwei Stockwerke hoch, was der Fund einer Steinsäulenbasis im Schutt des Raumes Alpha 1 sowie die erhaltenen Teile des Fußbodens des Obergeschosses im Westflügel des Hauses belegen. Das Erdgeschoß des Ostflügels ist vollständig erschlossen. Es umfaßt die Räume Alpha 1, Alpha 2 und Alpha 3, die eine Vielzahl von Kannen und anderen Töpferwaren enthielten. Im Raum Alpha 1

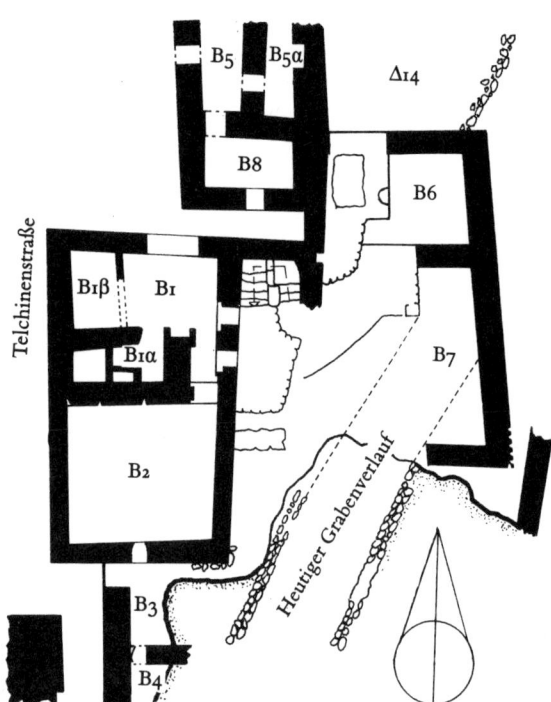

wurde ein niedriger vierseitiger Herd entdeckt, in dessen Nähe ein kleines Steinbecken in den Fußboden eingelassen war. Im Westflügel wurde bisher nur ein einziger Raum näher in Augenschein genommen, der ein Mahlwerk sowie eine Toilette enthielt. Das Erdgeschoß hatte getrennte Eingänge im Ost- bzw. Westflügel; beide Flügel waren in den oberen Stockwerken aber offenbar miteinander verbunden, der Zugang zu ihnen erfolgte möglicherweise durch den Eingang zum Westflügel.

Das Südende der bisher einzigen freigelegten Straße, die von Norden nach Süden verläuft, wird nach Osten hin vom Gebäude Beta, nach Westen vom Gebäude Gamma flankiert. Geleitet von den im Gebäude gefundenen Steinwerkzeugen (Hämmer, Ambosse), benannte Marinatos diese Straße nach den Telchinen, jenen Dämonen, die der Sage nach den Menschen die Kunst des Schmiedens brachten.

Das *Gebäude Beta* wurde durch einen in späterer Zeit entstandenen Graben schwer beschädigt und ist erst teilweise erforscht. Es war einst zweistöckig; im Erdgeschoß müssen sich mindestens acht Räume befunden haben. In zwei dieser Räume wurden Vorratsgefäße (Beta 1) und Kochgefäße (Beta 2) gefunden. In zwei oder mehreren Räumen des oberen

35 **Grundriß des Gebäudes Beta. Standorte der Fresken siehe Ausschlagkarte**

36 **Grundriß des Westhauses**
    4a: Toilette

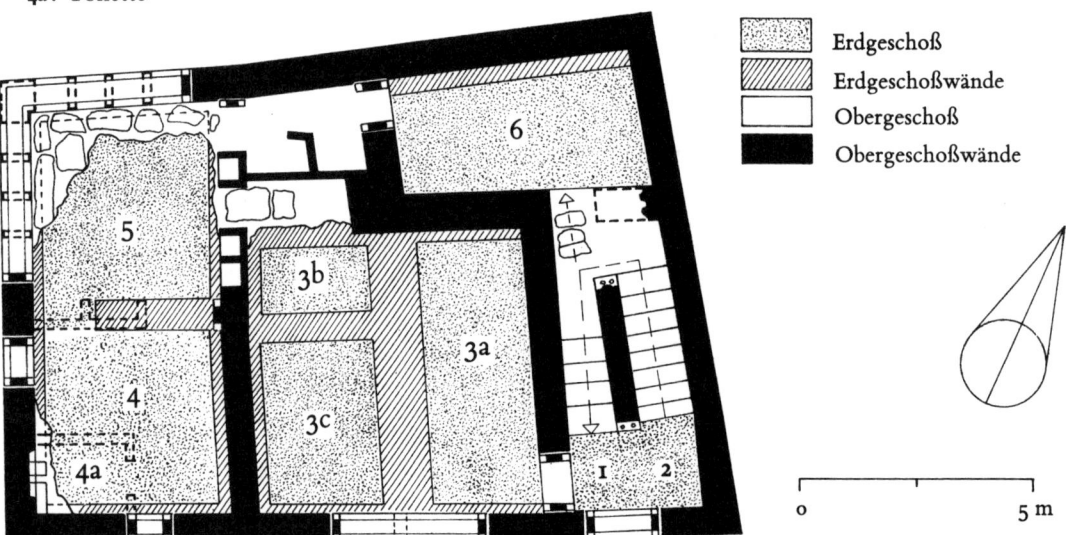

Erdgeschoß	
Erdgeschoßwände	
Obergeschoß	
Obergeschoßwände	

Stockwerks (Räume 1 und 6) trugen die Wände Malereien.

Gegenüber dem Gebäude Beta steht nach Westen hin das *Gebäude Gamma*, von dem bisher nur drei Räume gründlich erforscht sind. Reste einer Treppe und einige Wände lassen den Schluß zu, daß das Gebäude zwei Stockwerke gehabt haben muß.

Neben dem Gebäude Beta erstreckt sich nach Norden hin der weitläufige als *Gebäude Delta* bezeichnete Komplex. Hier sind die Ausgrabungen mehr oder weniger abgeschlossen; einige Probleme harren aber noch ihrer Lösung. Anzunehmen ist, daß der ursprüngliche Kern dieses Gebäudes durch wenigstens fünfmalige Erweiterung im Laufe der Zeit seine heutige Größe erhielt. Jede Erweiterung erhielt einen eigenen Eingang, und einige Räume im oberen Stockwerk waren miteinander verbunden. Zwei Stockwerke hat das Gebäude mindestens besessen. Beweise für das Vorhandensein eines dritten lieferte der nördlichste Abschluß. Das Erdgeschoß im Gebäude Delta besteht aus mehr als zwanzig Räumen. Im Raum Delta 1 a fand man einen aus Stein errichteten vierseitigen Herd. Der Raum Delta 2 enthielt die herrliche Wandmalerei mit den Lilien, Raum Delta 9 war gefüllt mit

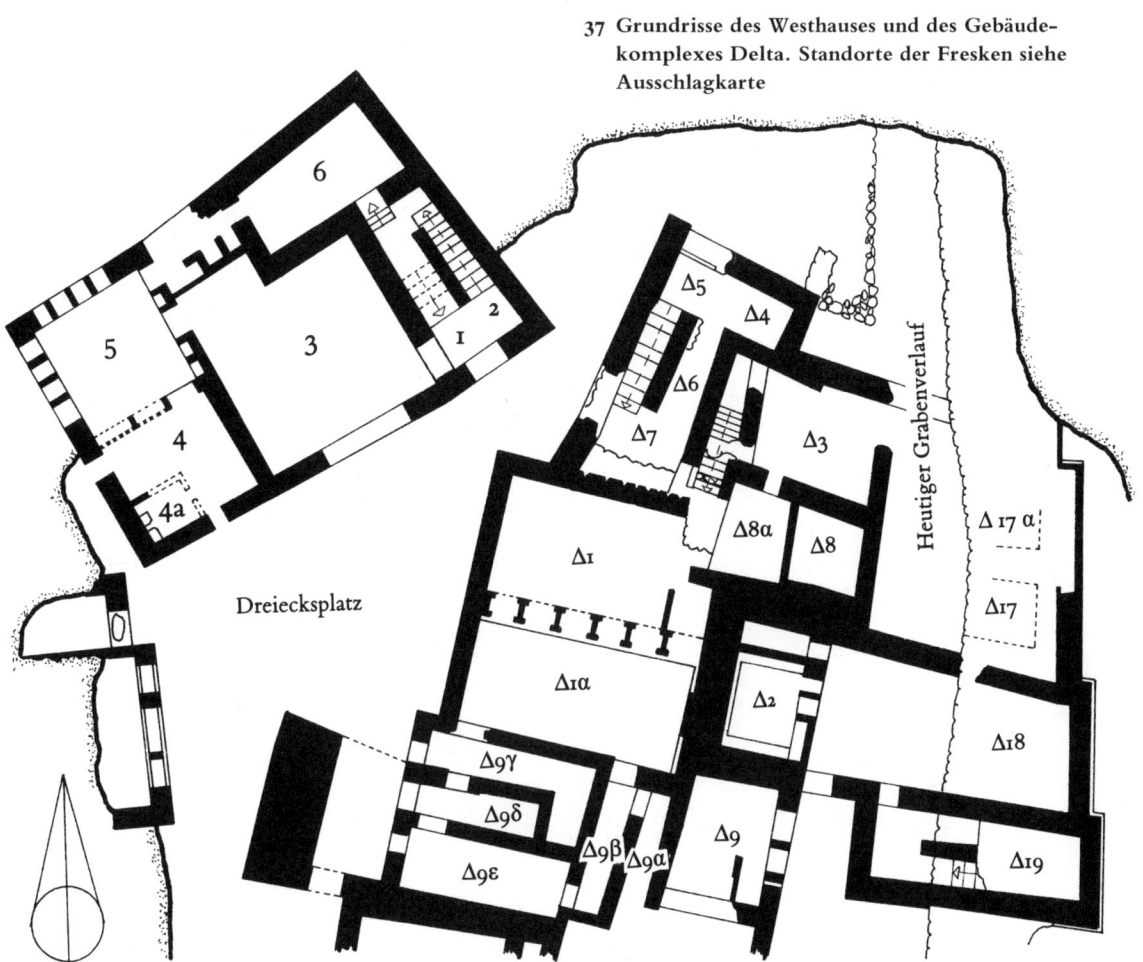

37 Grundrisse des Westhauses und des Gebäudekomplexes Delta. Standorte der Fresken siehe Ausschlagkarte

allerlei Töpfergut, und Raum Delta 16 mag zum Verkauf von Töpferwaren, Steinvasen und anderen Waren gedient haben.

Das nördlich von Gebäude Delta gelegene *Haus der Damen* war wenigstens dreistöckig. Erst drei Räume sind gänzlich freigelegt, so daß selbst die äußere Form des Gebäudes noch unklar bleibt. Die freigelegten Räume enthielten nicht nur die Fresken der Frauen und der Papyruspflanzen, sondern auch Töpferwaren und Steinvasen in großer Zahl.

Zwischen dem Haus der Damen und dem Gebäude Delta befindet sich das *Westhaus*, das nahezu vollständig ausgegraben ist. Der Westflügel des Hauses besaß einst zwei Stockwerke, doch läßt die Treppe im Ostteil auf ein drittes Stockwerk oder wenigstens eine

Art Mansarde schließen. Sechs Räume sind bisher freigelegt und enthielten, wie andere vor ihnen, Töpferwaren und Steingefäße in großen Mengen. Das Obergeschoß des Westflügels zierten außergewöhnlich prachtvolle Wandmalereien. Der Raum 4 enthielt die »Banner« und die »Junge Priesterin«, Raum 5 barg die beiden Darstellungen der »Fischer« und die Friese mit Kleinmalereien. Die Südwestecke im Obergeschoß wurde von einem prachtvoll ausgestatteten Baderaum und einer Toilette eingenommen (Raum 4 a).

Bei *Xesté 2*, östlich vom Gebäude Delta, handelt es sich, der Nordfassade — dem einzigen bisher freigelegten Teil des Gebäudes — nach zu urteilen, um ein dreigeschossiges Bauwerk. Die Fassade zeigt die Harmonie von Holz und Stein beim Bauen.

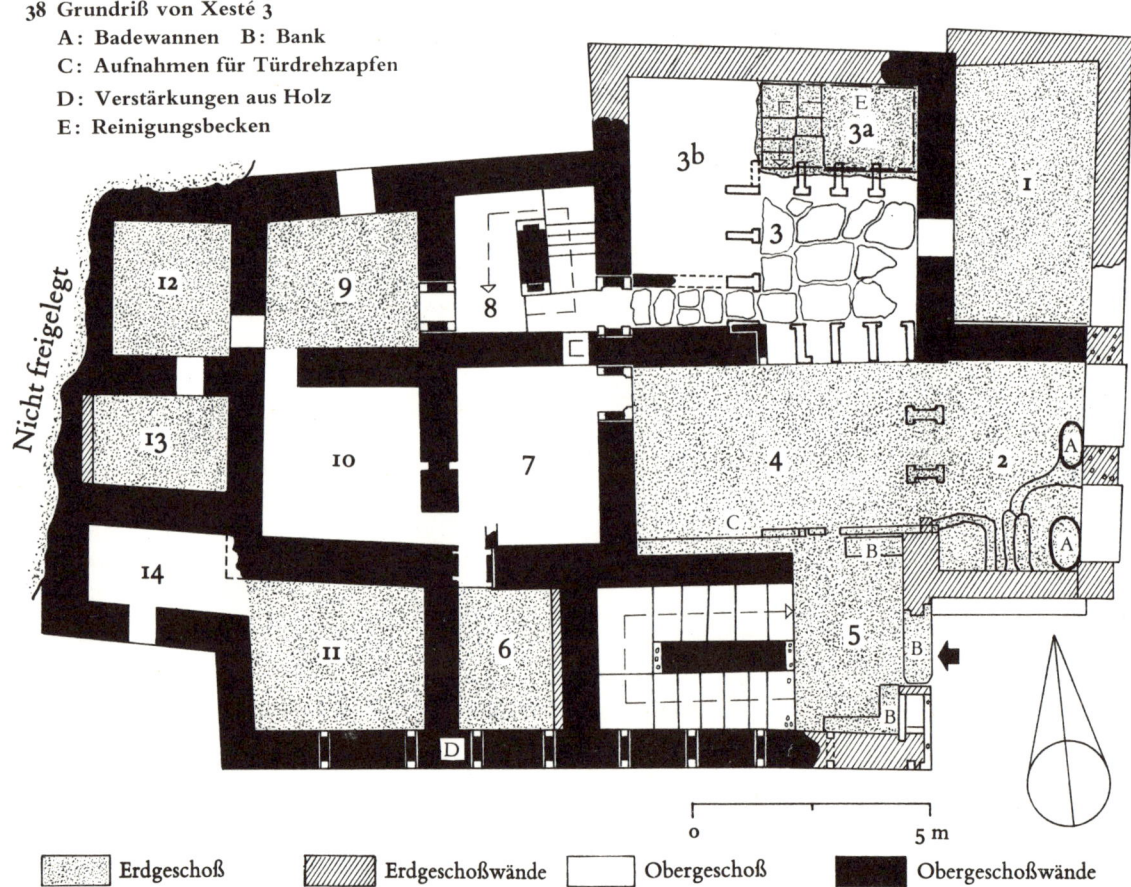

38 Grundriß von Xesté 3
- A: Badewannen B: Bank
- C: Aufnahmen für Türdrehzapfen
- D: Verstärkungen aus Holz
- E: Reinigungsbecken

Nicht freigelegt

o   5 m

▨ Erdgeschoß   ▨ Erdgeschoßwände   ▢ Obergeschoß   ■ Obergeschoßwände

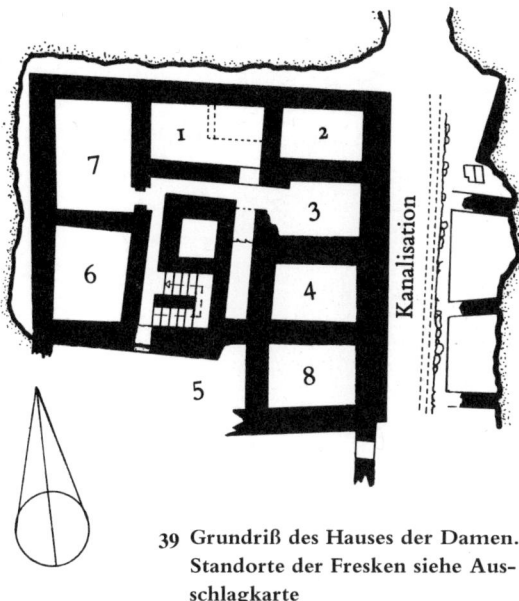

39 Grundriß des Hauses der Damen. Standorte der Fresken siehe Ausschlagkarte

Die Anlage der Stadt und ihre Architektur

Die Gesamtanlage der Stadt, soweit sie aus den Ausgrabungen erkennbar wird, entspricht in vielem derjenigen der heutigen Dörfer auf Thera. Enge Straßen winden sich durch den Ort, wie es auch für die heutigen Siedlungen typisch ist. In der prähistorischen Ansiedlung jedoch dienten die Straßen zur Begrenzung der einzelnen Gebäude und Gebäudekomplexe, während sie in den Dörfern von heute Häusergruppen voneinander trennen. Ein solches Bild bietet der bisher bekannte Teil der Stadt. Unbekannt ist, ob die Anlage systematisch oder eher zufällig erfolgte. Die morphologischen Parallelen zwischen der historischen und der heutigen Anlage verweisen zumindest auf vergleichbare Probleme. Die Straße diente den Bedürfnissen von Menschen, denen Fahrzeuge noch gänzlich unbekannt waren, bot aber Raum genug, daß zwei beladene Esel und andere Lasttiere in entgegengesetzter Richtung passieren konnten. Der gewundene Lauf der Straßen minderte die Kraft der Winde und verhinderte ein Unterspülen der Hausfundamente durch zu reichliche Niederschläge. Obwohl die Unregelmäßigkeit der Formen einzelner Gebäude die Windung der Straße noch verstärkte, wurden mehrere Gebäude absichtlich mit gezackten Fronten errichtet. Häufig weitet sich die Fläche zwischen zwei oder drei Häusern zu einem Platz aus, von dem die Straßen sternförmig ausgehen — eine ideale Lösung, wenn es galt, anstürmenden Feinden schnell zu entfliehen. Die gewundenen Gassen und eigenartig angelegten Plätze vermitteln sehr beeindruckend das Bild einer mittelalterlichen Stadt.

In der Regel waren die Straßen mit großen, auf ihrer Oberseite mehr oder weniger flachen Steinen gepflastert. Die Kanalisation, bestehend aus schmalen, abgedeckten Steingräben, befand sich unterhalb des Pflasters.

Die Abwässer, die aus den Toiletten der Häuser durch Tonrohre in den Wänden zur Kanalisation gelangten, sammelten sich in Gruben unter der Straße. Die Ausgrabung des Nordteiles der Telchinenstraße, deren Befestigung durch die starken Niederschläge der jüngsten Zeit schwer beschädigt ist, brachte einen

Die Arbeiten am Gebäude *Xesté 3*, südwestlich vom Gebäude Gamma, sind mit Ausnahme weniger Räume im Erdgeschoß recht weit gediehen. Hier fanden die Forscher ein weitläufiges Gebäude, dessen Erdgeschoß aus wenigstens vierzehn Räumen bestand. Typisch ist hier die Anordnung von Pfosten und Türen als Verbindung zwischen den einzelnen Räumen des Erdgeschosses. Dies und die sehr große Zahl von Wandmalereien, deren Restaurierung noch nicht abgeschlossen ist, sowie das (bisher in Akrotiri einzige) »Reinigungsbecken« legen den Schluß nahe, daß es sich um ein öffentliches Gebäude handelt. Zwei der Stockwerke sind weitestgehend erhalten geblieben, wobei jedoch eine Treppe im Nordflügel ein drittes Stockwerk zumindest für diesen Teil des Gebäudes vermuten läßt.

Xesté 4, südöstlich vom Gebäude Beta gelegen, ist noch völlig unerforscht. Nur die Umrisse sind freigelegt und lassen ein weitläufiges Gebäude erkennen, das vollständig mit Natursteinmauerwerk ausgestattet war. Selbst die Platten des Fußbodens im dritten Stockwerk sind noch in ihrer ursprünglichen Lage zu bewundern.

53

40 Teil der bemer-
kenswerten Kana-
lisationsanlage un-
ter dem nördli-
chen Abschnitt
der Telchinenstraße

großen Teil der Kanalisation zutage. Sie verlief parallel zu dem noch nicht freigelegten Gebäude östlich
des Hauses der Damen. Der östliche Abschluß der
Kanalisation bildet gleichzeitig die westliche Wand
des Hauses.

41, 42   In der Südwestecke des Westhauses wurde die am
besten erhaltene Toilettenanlage gefunden. Sie besteht
aus einer zweigeteilten steinernen Sitzfläche. Zwischen den beiden Teilen des Sitzes befindet sich unten
das Tonrohr, das die Verbindung zur Kanalisation
unter der Straße herstellt. Die Entdeckung eines so
komplizierten Fäkalien- und Abwasserbeseitigungs-

systems belegt den in der Ägäis bereits damals erreichten hohen Entwicklungsstand der Zivilisation. Für
Westeuropa ist ähnliches erst mehrere Jahrtausende
später nachweisbar.

Die Anlage der Häuser in Akrotiri folgt keinem
allgemeinen Muster. Richtung, Größe und Anlage
der Innenräume blieben somit vermutlich dem per-
sönlichen Geschmack und den individuellen Bedürfnissen der Bewohner überlassen. Nahezu allen Gebäuden gemeinsam sind jedoch bestimmte Funktions-
prinzipien. Zum Beispiel hatten alle Häuser neben
dem Torweg ein Fenster. Möglicherweise erklärt dies

54

den Ursprung des griechischen Wortes für Fenster, *parathyron*, was wörtlich übersetzt »neben der Tür« bedeutet. Durch diese Anordnung fiel selbst bei geschlossener Tür ausreichend Licht in das Innere des Hauses, zudem konnte jede Einlaß begehrende Person in Augenschein genommen werden, ohne daß zuvor bereits die Tür geöffnet werden mußte.

Als weitere, allgemein beachtete Regel scheint gegolten zu haben, daß die Räume der Keller kleinformatige Fenster haben mußten. Möglicherweise war das einer gleichmäßigen Temperatur, Feuchtigkeit und Belüftung dienlich, da in diesen Räumen Nahrungsmittel aufbewahrt wurden. Andererseits besitzen die Obergeschosse, die Wohn- und Schlafräume der Bewohner, große Fenster. Diese Regel wird nur selten durchbrochen. Gebäude mit großen Fenstern in Höhe der Straße mögen als Verkaufsräume oder zu ähnlichen Zwecken benutzt worden sein. Die großen Fenster können dabei als »Ladentisch« oder Schaufenster gedient haben, wie zum Beispiel die eine Öffnung von Raum Delta 16 zur Telchinenstraße oder auch nach der Westseite des Dreiecksplatzes im Haus des Ankers. Das Pithoi-Magazin im Abschnitt Alpha ist ein weiteres Beispiel. Unregelmäßig geformte, unbehauene Steine und Lehm waren das wichtigste Baumaterial in Akrotiri. Dazu kamen Verstärkungen der Wände aus Holz zum Schutz gegen Erdbeben. Die Wände durchzogen wie beim Fachwerkbau horizontale Balken, deren Zwischenräume von vertikalen Balken in Felder geteilt waren. Diese Bauweise sehen wir in den Gebäuden Xesté 2 und Xesté 3. Doch wurden Wände auch noch auf andere Weise verstärkt.

41 und 42 Nur die Räume mit den Wasserklosetts lassen sich ihrer Funktion nach mit hoher Wahrscheinlichkeit bestimmen. Das am besten erhaltene fand man in der Südwestecke des Obergeschosses im Westhaus. Es besteht aus zwei durch einen schmalen Kanal getrennten kleinen Bänken. Der Abfluß verläuft über ein zylindrisches Tonrohr zur Kanalisation unter der Straße.
Links von der Toilette könnte ursprünglich eine Badewanne gestanden haben, in die mit einem bronzenen Dreifußkessel Wasser geschöpft wurde.

Beispielsweise sind mehrere aufeinanderfolgende Abschnitte gelegentlich von der Straßenfront zurückgesetzt, so daß die entstehenden Ecken dem Bau zusätzlich Standfestigkeit verliehen. Als Ecksteine nahm man behauene Steinquader, damit diese Teile eines Hauses ebenfalls zusätzlich gesichert waren. Ähnliche Quader dienten zur Rahmung von Türen und Fenstern, zur Verblendung bei bestimmten Gebäuden (so zum Beispiel Xesté 4) und für Außenfriese, die bei mehrstöckigen Gebäuden nach der Straßenseite leicht vorsprangen.

Die Trennwände im Innern der Häuser bestanden aus Stein und Lehmmörtel oder leichterem Material,

43–45 Eingang und Treppe von Xesté 3 von Osten (Abb. 43). Die eingestürzte Treppe in der Nordhälfte des Gebäudes Delta (Abb. 45). Seitliche Ansicht der Treppe im Westhaus (Abb. 44). Die Steinstufen, von denen hier nur die kurzen Stümpfe im oberen Teil des Bildes zu erkennen sind, ruhten auf einer Erdschicht, die von einer Holzkonstruktion getragen wurde. Die für Holzbalken geschlagenen Löcher sind deutlich zu erkennen.

wie etwa Lehm, mit Stroh vermischt und mit Holzbalken verstärkt, oder großen, dünnen sonnenge-
trockneten Lehmziegeln (eigentlich Lehmplatten), für
die Häcksel als Füllstoff diente. Es ist sicher kein Zufall, daß die leichteren Baustoffe für die oberen Stockwerke bevorzugt wurden.

   Türen und Fenster waren aus Holz. Von Vertiefungen in den großen Schwellen und Abdrücken in der
Vulkanasche glaubt man zu wissen, daß es einfache
und doppelte Türen gab. Bei beiden diente eine flache
Delle auf der Innenseite der Schwelle zur Aufnahme
des Drehzapfens. Eine zweite derartige Vertiefung
mußte auch am oberen Ende der Tür, vielleicht im
(nicht mehr vorhandenen) Holzsturz, gewesen sein.
Zur Abdeckung der Fenster wurde Material — vielleicht eine Art Pergament — verwendet, das Licht
einließ, Zugluft und Staub aber fernhielt. Kleinere
Fenster mögen diese Abdeckung nicht nötig gehabt
haben, denn sie waren mit Holzgittern verschlossen
(deren Spuren an Fenstern des Kellergeschosses noch
vorhanden sind).

Die meisten Treppen waren aus Stein, einige aus Holz gearbeitet. Holztreppen sind nicht erhalten; ihre Existenz kann nur aus Spuren in dem sie ehedem tragenden Mauerwerk nachgewiesen werden. Nur sehr wenige Steintreppen waren monolithisch gearbeitet, meist auch nur die ersten Stufen. Unter vielen Treppen befindet sich ein kleiner Raum, die *sotto scala*. Getragen wurden die Treppen von kräftigen Hölzern, die in den die Treppen flankierenden Wänden gegenüber eingelassen waren. Die Steinstufen wurden auf eine Schicht aus Erde und Schutt aufgelegt. Interessant ist die Feststellung, daß allein die hölzerne Tragkonstruktion in den Wänden verankert wurde, die Steinstufen aber lose auf die Unterschicht aus Erde und Geröll aufgelegt wurden. Ausgetretene Stufen konnten so ohne großen baulichen Aufwand ausgewechselt werden.

Die Fußböden in den Erdgeschoß- und Kellerräumen bestanden aus gestampftem Lehm, in wenigen Fällen fand man in Erdgeschoßräumen Steinplattenbeläge oder eine Schicht aus zerstoßenen Muschelschalen. Die Eingangshalle war häufig mit Platten ausgelegt, wie beim Mühlenhaus im Sektor Alpha, dem Nordeingang zum Gebäudekomplex Delta, dem Vorraum von Xesté 3 und wahrscheinlich dem Haus der Damen. Der Fußboden im Raum Alpha 2 im Sektor Alpha (das Pithoi-Magazin) bestand aus gestampfter, mit zerstoßenen Purpurschneckenhäusern vermischter Erde. Holzbalken bildeten die tragende Konstruktion für die Fußböden der oberen Stockwerke. Auf diese wurden Baumzweige, Rohr und loses Material gebreitet und darauf eine Erdschicht gebracht, die meist den eigentlichen Fußboden der Räume bildete. Nur besondere Räume wurden mit Platten ausgelegt, deren Fugen mit farbigem Material ausgefüllt wurden. In wenigen Fällen bildeten zerstoßene Purpurschneckenhäuser das Material für die Fußböden in Räumen oberer Stockwerke. Ebenso selten war eine Art primitiver Mosaikfußböden aus kleinen Meereskieseln, die mit einer Art Zement gemischt wurden (wie in den Räumen Delta 8 und Delta 18). Reste an mehreren Stellen des Westhauses deuten darauf hin, daß auch das Dach dieses Hauses mit mosaikähnlichem Material gedeckt gewesen sein könnte. In allen anderen Fällen gleicht die Bauweise der Flachdächer weitgehend derjenigen der oberen Stockwerke.

Die Außenwände der Häuser ragten wahrscheinlich um einiges über die Dächer hinaus und bildeten eine Art Brüstung. Das Regenwasser wurde über lange Wasserspeier aus Ton auf die Straße vor dem Haus abgeleitet.

Die Wände der Kellerräume waren außen und innen mit einem Gemisch aus Ton und zerkleinertem Stroh verschmiert. Nur gelegentlich waren die Wände ordentlich verputzt, wie in den Obergeschoßräumen. Der Putz war in einer Dicke von wenigen Millimetern bis zu einigen Zentimetern aufgetragen und folgte den unebenen Konturen der Wände. Geglättet wurde er im nassen Zustand unter Zuhilfenahme von Meereskieseln, die zu Hunderten bei den Ausgrabungen gefunden wurden. Die geglättete Fläche wurde anschließend bemalt.

Das Problem der Überdachung von großen Räumen wurde gelöst, indem auf einen runden Basisstein in der Mitte des Raumes ein hölzerner Deckentragpfeiler gesetzt wurde — eine auch aus Kreta bekannte Lösung. Solche Mittenpfeiler, oder vielmehr ihre Basissteine, wurden im Erdgeschoß und im Obergeschoß des Raumes 1 im Sektor Alpha (Pithoi-Magazin), im Obergeschoß des Raumes 2 im Gebäude Beta, im »Laden« des Komplexes Delta (Delta 16) und an anderen Orten gefunden. Gelegentlich wurde die Kellerdecke durch Säulen aus Bruchstein und Lehm getragen, wie beim Raum 1 im Komplex Delta. Für Räume, die so groß waren, daß ein einzelner Pfeiler zur Abstützung der Decke nicht reichte, bediente man sich einer Konstruktion aus Pfeilern und Türen (*polythyron*). Beim Obergeschoß des Raumes Delta 1 war die zentrale Türzeile ausreichend, um die beiden Teile des Großraumes zu vereinen. Beim Erdgeschoß wie beim Obergeschoß des Raumes 3 in Xesté 3 bildeten die *polythyra* drei Seiten eines Rechtecks. Ähnlich mag die Anordnung auch beim dritten Stockwerk des noch unerforschten Gebäudes Xesté 4 gewesen sein. Man konnte auf diese Weise ziemlich große Säle bauen, die Empfängen und anderen Zusammenkünften dienten. Die *polythyra* lösten dabei noch ein weiteres Problem: Sie ließen das Licht in das Innere der Häuser

46 Vorratsgefäße in den Kellern des Raumes Delta 1 a. Im Keller des Raumes Beta 1 wurden ebenfalls Vorratsgefäße gefunden. Im Sektor Alpha befand sich ein Pithoi-Magazin.

einfallen. Da die Häuser als einzelne Bauten frei nach allen Seiten ausgeführt wurden, waren Lichtschächte, wie die Palastarchitektur auf Kreta sie häufig kennt, generell überflüssig. Beinahe jeder Raum erhielt durch ein Fenster natürliches Licht, ausgenommen vielleicht das Haus der Damen, wo ein sehr kleiner Innenraum neben der Treppe höchstwahrscheinlich als Lichtschacht diente.

In der Regel wurden in den Räumen des Kellergeschosses und des Erdgeschosses Vorräte aufbewahrt und manchmal auch Werkstätten eingerichtet. Große Gefäße (Pithoi) dienten der Aufbewahrung von Nah-

rungsmitteln: verschiedenen Hülsenfrüchten, Gerste, Mehl, Trockenfrüchten, Schnecken, Trockenfisch sowie möglicherweise Wein und Olivenöl. Gelegentlich wurden diese Gefäße entlang der Wand in Nischen aus Stein oder Lehm aufgereiht. Manchmal standen sie in Vertiefungen im Boden, wie im westlichen Teil des Raumes Alpha 3 (Pithoi-Magazin) oder wurden in feste Bänke eingefügt, wie im Keller des Raumes Beta 1.

Funde von Werkzeugen in den Kellern legen den Schluß nahe, daß jedes Haus über eine Art Werkstatt verfügte, wenn auch nur, um den Bedürfnissen der

46

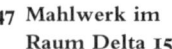

Bewohner zu entsprechen. Steinhämmer und Ambosse sind durchaus übliche Funde.

Die meisten der bisher entdeckten Häuser verfügen über Mahlwerke, deren wichtigster Ausrüstungsgegenstand ein an einer Bank befestigter schwerer Mahlstein ist; Steinmörser, Stößel und Mahlwerkzeuge ergänzen die benötigte Gerätschaft. Am vollständigsten erhalten ist das Mahlwerk im Raum Delta 15, wo selbst unterhalb des Steins noch ein Gefäß zur Aufnahme des Mahlgutes vorhanden ist. Sehr ähnlich ist das Werk im Mühlenhaus im Sektor Alpha, wo das Mehl wahrscheinlich in tragbaren Gefäßen aufgefangen

wurde, die in eine Nische unterhalb der kleinen steinernen Träger, auf denen der Mahlstein ruhte, gesetzt wurden.

Direkte und überzeugende Beweise für die Nutzung einzelner Räume zu sakralen Zwecken oder rituellen Handlungen existieren nicht. Der kleine Raum im Kellergeschoß von Xesté 3 unter dem *polythyron* des Raumes 3 weist jedoch alle Merkmale dessen auf, was man im kretischen Kontext als »Reinigungsbekken« bezeichnet. Der Zugang erfolgte von oben über mehrere Stufen. Die unteren Teile der Wände waren in Abständen mit rechteckigen Steinplatten verklei-

47

det, die Räume zwischen den Platten offensichtlich mit Holz ausgefüllt. Auch der Raum Delta 2 (Raum der Lilien) könnte in einem religiösen Zusammenhang gesehen werden. Obwohl Ähnlichkeiten mit dem »Reinigungsbecken« in Xesté 3 nicht oder nur sehr entfernt bestehen, unterscheidet ihn doch manches von den anderen Räumen. So wurden bisher in keinem anderen Innenraum des Erdgeschosses Wandmalereien gefunden. Eine Tür sowie ein Fenster in der Ostwand führen auf einen offenen Platz, von dem aus das Licht indirekt in den Raum fällt. In den benachbarten Räumen nach Osten hin fand man zwei verputzte dreifüßige »Opfertische« sowie zwei Eberkopfrhyton. Außerdem wurde im gleichen Bereich, aber außerhalb des Gebäudes, das einzige guterhaltene Paar »Kulthörner« ausgegraben. Alles deutet darauf hin, daß diese Stätte religiösen Handlungen gedient haben könnte.

Die Wohnräume waren wahrscheinlich auf die oberen Stockwerke der Häuser beschränkt. Die bisher bei den Ausgrabungen gewonnenen Erkenntnisse machen es schwierig, einzelnen Räumen bestimmte Funktionen zuzuweisen (wie zum Beispiel Wohnraum, Schlafraum, Empfangshalle und dergleichen). Eindeutig identifizierbar sind einzig die Wasserklosetts.

41, 42

Das am besten erhaltene wurde, wie wir bereits festgestellt haben, in der Südwestecke des Obergeschosses im Westhaus gefunden. Es besteht aus zwei aufgestellten Bänken, die durch einen etwa 10 cm breiten Spalt getrennt sind und Sitz sowie Abfluß des Klosetts bilden. Etwa in Höhe des Fußbodens geht der Abfluß in ein zylindrisches Tonrohr über. Unmittelbar hinter dem Klosettsitz befindet sich in der Wand darüber eine etwa 10 Zentimeter tiefe Nische. Obwohl der Fußboden in diesem Raum zum größten Teil verfallen ist, kann man annehmen, daß er ursprünglich nach dem Abflußrohr hin geneigt war. Links vom Klosett könnte eine Badewanne gestanden haben, von der man Bruchstücke im Schutt fand. Der bei der Badewanne ebenfalls gefundene bronzene Dreifußkessel ist möglicherweise kein anderer als der Homerische *loetrochous*, mit dem Wasser in das Bad geschöpft wurde. Die Wände des »Baderaumes« waren verputzt und bis in halbe Höhe gelbocker bemalt, eben bis zu jenem Teil, der vom Wasser befeuchtet worden sein könnte. Dieser typische und guterhaltene Baderaum hat sich als außerordentlich wertvolle Informationsquelle für ähnliche Funde in Akrotiri und an anderen Ausgrabungsorten erwiesen. Auch das Mühlenhaus im Sektor Alpha besaß einen solchen Baderaum, der vom übrigen Raum vermutlich durch eine niedrige Wand getrennt war. In der Wand hinter dem Klosett fanden wir wieder die flache Nische. Der Sitz mag aus Holz gewesen sein, wie offensichtlich auch bei den Latrinen in den minoischen Palästen, wo heute nur noch die Abflußlöcher vorhanden sind. Beweise für die Existenz von Klosetts gibt es in Akrotiri ferner im Haus der Damen, im Gebäude Beta und im Komplex Delta.

48

48 Badewanne aus Raum 4 des Westhauses. Sie ist etwa 60 cm hoch.

Der Hafen

Akrotiri muß in der Mittleren und Späten Bronzezeit eine der wichtigsten Hafenstädte der Ägäis gewesen sein. Obwohl die Existenz eines Hafens zu vermuten ist, wurde er bisher bei Ausgrabungen nicht gefunden — seine Lage kann nur angenommen werden. Der heutige Verlauf der Küste macht die Existenz eines Hafens, noch dazu eines großen, dort unwahrscheinlich. Aus sorgsamen Beobachtungen aber weiß man, daß die Küste zur damaligen Zeit wesentlich anders verlief als heute. Heute besteht die Küste aus vulkanischem Gestein und Tephra aus der »minoischen« Eruption des Vulkans. Bis um 1500 v. Chr. muß die Trennlinie zwischen Land und Meer weiter landein verlaufen sein. Ein Brunnen, den man beim Südeingang zum Ausgrabungsgelände aushob, lieferte in etwa 6 Meter Tiefe in der Bimssteinschicht unterhalb der Asche Brackwasser. Als auch einige hundert Meter westlich des Ausgrabungsgeländes vom Eigentümer des dortigen Landes, Mr. Arvanits, ein Brunnen gebohrt wurde, stieß dieser unterhalb der vulkanischen Schichten in Feinsand, der dem des Meeresbodens ähnlich war, schließlich auf Salzwasser. Wenn man somit annehmen kann, daß die See vor der »minoischen« Eruption bis dort hinaufreichte, dann hat dies erhebliche Konsequenzen, denn diese Stelle liegt etwa 200 Meter landein im Tal zwischen dem Messovouna (im Osten) und dem Rücken des Mavro Rhachidhi (im Westen). Geschützt durch die umliegenden Berge, wäre das eine ideale Stelle für den Hafen des prähistorischen Akrotiri gewesen. Ich bin der Überzeugung, daß dieser Hafen auf der Wanddekoration mit der Flotte im Westhaus dargestellt ist. Es ist der Hafen am Ende einer Seereise. Die Hügellandschaft im Hintergrund erinnert stark an die Silhouette des Rückens des Mavro Rhachidhi. Die spätbronzezeitlichen Reste auf dem Gipfel des Mavro Rhachidhi verleihen dem Argument Gewicht, denn sie könnten mit dem auf der Wandmalerei dargestellten Wachturm identifiziert werden.

Die Kunst

Die Einzigartigkeit des spätkykladischen Akrotiri beruht auf der großen Zahl seiner Wandmalereien. Sie sind Ausdruck höchster künstlerischer Leistung der spätbronzezeitlichen Gesellschaft in der Ägäis. In ihnen äußert sich der hohe Stand des ästhetischen Empfindens der Menschen jener Zeit.

Die Maltechnik der Wandbilder ist die gleiche, wie wir sie von Kreta kennen. In dieser Hinsicht stand Thera unter dem beherrschenden Einfluß seiner großen Nachbarinsel. In allen Obergemächern, kaum aber in einem Erdgeschoßraum, wurde auf die mit einem Gemisch aus Lehm und Stroh eingestrichene Wand eine dünne Stuckschicht aufgetragen. Den Stuck beließ man häufig in seinem natürlichen Zustand als weißen Hintergrund. Rieb man ihn im noch nassen Zustand mit Meereskieseln glatt, nahm er das Aussehen von poliertem Elfenbein an. Seltener wurde die gesamte Stuckfläche mit Gelbocker oder leicht rötlichem Pigment überstrichen. Die Ockerfarbe fand bevorzugt für die »Baderäume« Verwendung. War die Vorbereitung der Fläche abgeschlossen, trug man mit einem straff gespannten Faden oder einem scharfen Instrument — möglicherweise einem Obsidianplättchen — Führungslinien auf den nassen Stuck auf. So entstanden die Konturen der zu malenden Figuren und Muster. Nur in wenigen Fällen wurde eine regelrechte Freskotechnik angestrebt, und ob dies beabsichtigt war, muß bezweifelt werden. Die Künstler nahmen vermutlich ihre Aufgabe in Angriff, als der Stuck noch feucht war. Sie bemühten sich aber beim Fortgang ihrer Arbeit nicht, die Fläche auch feucht zu halten, sondern waren es zufrieden, die Arbeit auf trockener Fläche zu vollenden. So ist zu erklären, weshalb oft innerhalb desselben Wandbildes die Farbe an einigen Stellen in den Stuck eingedrungen ist, an anderen Stellen sich aber leicht lösen läßt.

Offenbar waren alle von den Malern in Akrotiri verwendeten Pigmente mineralischen Ursprungs, so daß sie überraschend gut erhalten geblieben sind. Noch wissen wir nicht, was beim Anrühren der Farbe als Bindemittel diente. Möglich ist, daß man einen organischen Binder verwendete, der keinerlei Spuren

18
90

hinterlassen hat. Das könnte erklären, weshalb die Bilder sofort nach ihrer Freilegung behandelt und konserviert werden müssen. Die Palette der Farben, die bei den Wandmalereien Verwendung fand, reicht von Weiß (der natürlichen Farbe des Stucks) über Gelb und Rot bis Braun, Blau und Schwarz. Weiß wird neben seiner allgemeinen Funktion als Hintergrund auch zur Darstellung unbedeckter Teile des weiblichen Körpers benutzt. Braun ist die normale Farbe für die Darstellungen des männlichen Körpers und dient gleichfalls als sekundäre Hintergrundfarbe bei Landschaften, Blütenblättern und dergleichen. Blau stellt Wasser dar und tritt in einigen Fällen vermutlich als Alternativfarbe für Grau auf (Affen, kahlgeschorene Teile von Köpfen Jugendlicher), wird aber auch dekorativ für Motive und Details eingesetzt. Gelb ist die Standardfarbe für Holzkonstruktionen, Ornamente und, wie bereits vermerkt, für die ansonsten schmucklosen Wände der Baderäume oder Latrinen. Rot wird sparsam verwendet, hauptsächlich als Begrenzung von Bädern über und unter den Bildern, ist aber auch charakteristisch für Ornamentverzierungen. Schwarz dient gleichfalls zur Begrenzung von Bildern, als sekundäre Hintergrundfarbe, für das Haar sowie für verschiedene Details. Zwischentöne, wie sie gleichfalls vorhanden sind, dürften sich aus Mischungen der bekannten Hauptfarben ergeben haben.

Probleme der Fläche haben die Künstler Theras bei ihren Kompositionen nicht gekannt. Sie bemalten große, zusammenhängende Wandflächen ebenso wie kleinere, durch Öffnungen für Türen und Fenster unterbrochene Flächen, schmale Wandstreifen über und/ oder unterhalb von Türzeilen, Fenstern und Nischen und selbst Pfosten von Türen und Fenstern. Jede Fläche stellte eine Herausforderung für den Künstler dar, der er auf unterschiedliche Weise begegnete. In jedem Fall aber fand er ein neues und der jeweiligen Fläche angepaßtes Sujet. Die großen Wände des Raumes Beta 6 wurden mit der herrlichen Bildkomposition der »Blauen Affen« in einer Berglandschaft geschmückt. Ähnlich entstand die Landschaft mit Schwalben und Lilien für die Wände des Raumes Delta 2. Felder, 8 welche die Kabinen eines Schiffes vorstellten, schmückten die Wände des Raumes 4 des Westhauses.

Das Bild mit den »Damen« wurde für einen bestimmten Raum des Hauses ausgewählt, das heute nach ihnen benannt ist. »Damen beim Krokuspflücken« 11 schmückten alle Wände des »Reinigungsbeckens« in Xesté 3. Im Raum Beta 1 unterbrachen die Öffnungen von Türen und Fenstern die Flächen der Wände. So entstanden Kleinflächen, die geschickt mit Darstellungen von Antilopen geschmückt wurden, paarweise an der Ostwand und der Westwand, einander gegenüberstehend zu beiden Seiten des großen Fensters an der Nordwand. Die schmale Fläche zwischen der Südwestecke desselben Raumes und einer Tür zum südlichen Nebenraum war ideal für die »Boxenden Kinder«. Vergleichbare Flächen im Raum 5 des West- 14 hauses an der Nordwand zwischen seiner nordöstlichen Ecke und einem Fenster sowie an der Westwand zwischen seiner südwestlichen Ecke und einem Fenster waren wie geschaffen für Wandbilder eines Jugendlichen, der an Schnüren aufgereihte Fische in den Händen trägt. Die schmalen Flächen oberhalb der Fenster und Nischen im Raum 5 des Westhauses trugen den Fries mit einer Flußlandschaft (Osten), der Flotte (Süden) und der Seeschlacht (Norden). Die Flä- 12 chen unter den Fenstern im selben Raum waren mit Imitationen bunten Mamors bemalt. Friese dürften auch die Wand über den *polythyra* in Xesté 3 bedeckt haben. Einer von ihnen zeigt blaue Affen bei der Verrichtung menschlicher Tätigkeiten, ein anderer ein Laufspiralmotiv. Jeder Fensterpfosten im Raum 4 des Westhauses war mit einem Wandgemälde eines großen Pithos mit Lilien darin geschmückt. Das Bildnis der sogenannten »Jungen Priesterin« schließlich, die 9 ein Weihrauchgefäß hält, mag vom Pfosten der Tür zwischen 4 und Raum 5 des Westhauses herabgefallen sein.

Rahmen spielten in der Kunst und Architektur Theras sichtlich eine dominierende Rolle. Künstler wie Baumeister sahen die Notwendigkeit, dem Werk optische Grenzen zuzuweisen. Niemand fand sich mit den natürlichen Begrenzungen der zur Verfügung stehenden Flächen ab. Der Künstler schuf einen Rahmen für sein Bild und schien es damit aus der Abhängigkeit von der Wand, auf die es gemalt war, zu lösen. Diese Vorliebe spricht deutlich aus allen Fresken in Akrotiri.

Mindestens oben und unten werden die Bilder von Reihen farbiger Bänder begrenzt. Seitliche Abschlüsse schienen weniger wichtig zu sein, denn gewöhnlich sind sie nicht vorhanden. Darin mag man den Einfluß der Keramik auf die Malerei sehen. Dekorationen auf Vasen sind umlaufend, Abschlüsse finden sie nur oben und unten.

Zahl und Größe der in Akrotiri gefundenen Wandmalereien lassen vermuten, daß man die Arbeiten mehrerer Künstler der spätkykladischen Zeitstufe I vor sich hat. Diese Vermutung wird durch einen Vergleich der Malstile der verschiedenen Bilder erhärtet. Selbst innerhalb einer Bildkomposition sind gelegentlich mehrere künstlerische »Handschriften« nachweisbar. Vielleicht existierten regelrechte »Künstlerschulen«, denn bei einigen Wandbildern fallen Korrekturen einer Hand durch eine andere auf (Schüler und Meister?). Künstler müssen sich einer großen Freiheit bei der Gestaltung ihrer Werke erfreut haben. Nicht ganz so frei dürften sie bei der Wahl ihrer Themen gewesen sein, die ihnen möglicherweise durch die Auftraggeber vorgeschrieben wurden. Das läßt die Bilder in erstaunlichem Maße ungebunden, voller Schwung und Einfallsreichtum werden. Damit stehen sie in einem auffälligen Gegensatz zu den kretischen Fresken, die den starren Konventionen der Herrscherpaläste unterworfen sind. Ungleich den kretischen Palästen war in Akrotiri die Kunst nicht das Monopol eines Monarchen, sondern lebte von den wohlhabenden Mitgliedern einer wetteifernden Gesellschaft, die den Künstlern Aufträge zum Ausschmücken ihrer Häuser und zur Verschönerung ihrer Umgebung gab, vielleicht, um Nachbarn und Rivalen zu beeindrukken. Der Wetteifer ermutigte das künstlerische Streben nach Neuem und Ursprünglichem.

Die Themen der Wandmalereien in Thera sind sehr vielfältig, sie kennen abstrakte und geometrische, naturalistische und bildhafte Darstellungen. Geometrische Muster ergänzen in der Regel das Hauptbild als sekundäre Schmuckelemente, wie zum Beispiel horizontale Bänder am oberen und unteren Rand eines Bildes. In einigen Fällen hängen volle braune, felsenähnliche Muster an einem oberen Rand aus abwechselnden waagerechten Bändern. Beim Wandbild der

»Damen« beschreiben Bänder in wechselnden Farben über den weiblichen Figuren bogenähnliche Kurven. Über den Bändern war die Wand mit vielen blauen Sternen gefüllt, die durch rote Punkte verbunden wurden — möglicherweise der Versuch einer Darstellung des Himmelsbogens. Zu den geometrischen Mustern der Wandbilder zählt die Laufspirale als Fries über einer anderen Darstellung, wie bei den »Blauen Affen« aus dem Raum Beta 6, oder als eigenständige Dekoration, wie bei den Friesen in Xesté 3. 49

Auch Rosetten waren als geometrische Muster für die Wandbilder beliebt. Wir kennen sie vom »Relieffresko« in Xesté 3, wo sie die rautenförmigen Flächen zwischen den Reliefbändern füllen. Besonders beeindruckend ist das abstrakte Muster der Marmorimitation auf den Flächen unterhalb der Fenster in den Räumen 4 und 5 des Westhauses.

Die Bildmotive der Wandmalereien in Akrotiri unterteilen sich in vier Hauptkategorien: Gegenstände, Blumen, Tiere und Menschen. Sie treten uns einzeln oder eingebettet in Landschaften entgegen. Die Kategorie der Gegenstände umfaßt alle vom Menschen gefertigten Produkte, wie Schiffe, Häuser und Städte. Einzelne Blumenmotive sind selten. Wo sie auftreten, füllen sie offenbar Flächen von zweitrangiger Bedeutung. Eine stilisierte Efeuranke (»sakraler Efeu«) bildet einen Fries über dem Bild der »Boxenden Kinder« und der »Antilopen« im Raum Beta 1. Aus Gefäßen wachsende Lilien wählte man zur Gestaltung der Fensterpfosten des Raumes 4 im Westhaus. Eine Wand im Haus der Damen war über und über mit Papyrusstauden bedeckt. 14

Alle Wandbilder mit Darstellungen von Tieren und Menschen haben einen erzählenden Charakter. Das gilt selbst noch für isoliert stehende Figuren wie die »Antilopen« aus dem Raum Beta 1. Obwohl sie ohne Beziehung zu einer Umgebung sind, enthalten sie ein erzählendes Element insofern, als eines der Tiere seinen Kopf ausdrucksvoll nach hinten wendet und das andere anblickt. Die »Fischer« vom Raum 5 des Westhauses stehen bewegungslos, und doch haben sie durch ihre stolze Haltung, mit der sie ihren Fang vorweisen, etwas zu sagen. Gleiches gilt für die »Junge Priesterin« aus demselben Raum, die eine »rituelle 10

9

49 Eine der »Damen« aus dem Haus der Damen, deren Bildnis wahrscheinlich einen Korridor vor dem Raum 1 zierte. Ihr Blick geht nach Osten. Sie ist in typisch minoischer Art gekleidet.

Handlung« vornimmt, und die Frauenszene aus dem Haus der Damen, die trotz ihres stark beschädigten Zustandes durch die Haltung der Figuren und ihre Gesten einen »erzählerischen« Eindruck hinterläßt.

Noch dynamischer wirkt die Darstellung der »Boxenden Kinder« aus dem Raum Beta 1. Beide Figuren tragen je einen Boxhandschuh. Während das eine Kind einen Schlag gegen das andere zu führen bemüht ist, hebt dieses seinen Arm zum Schutz und bereitet

seinerseits einen Schlag mit der behandschuhten Faust vor.

Diese Vorliebe für erzählende Szenen kommt in den Landschaften mit Tieren noch deutlicher zum Ausdruck. Die Berglandschaft im Bild mit den »Lilien« (Raum Delta 2) hat man als Darstellung der Paarungszeit der Schwalben gedeutet. Übermütig fliegen sie zwischen den blühenden Lilien hin und her und treiben ihr Spiel. Die sogenannte Nillandschaft des Ostfrieses aus dem Raum 5 im Westhaus gestattet mit ihren der Realität und der Vorstellungswelt entlehnten Geschöpfen einen tiefen Einblick in das Tierleben dieses Ufergebietes. Über den Fluß fliegt ein Greif, eine Wildkatze beschleicht einige Enten, von denen eine angstvoll über vom Winde gepeitschte Gruppen von Palmen im Flug das Weite sucht. Die Szenen auf den »Miniaturfresken« aus demselben Gebäude, auf denen Menschen dargestellt sind, übertreffen durch ihre packenden Handlungen die erzählerische Kraft aller anderen Bilder. Die »Flotte« erzählt die Geschichte einer Exkursion von einem Hafen in einen anderen. Was immer die historische oder sonstige Bedeutung dieses Ereignisses auch sei, der Künstler hat es verstanden, »die Geschichte zu erzählen«.

Die Flotte setzt Segel und verläßt die Hafenstadt, deren Einwohner zur Verabschiedung erschienen sind. Die Reise ist offensichtlich ein vom Glück begünstigtes Unternehmen, denn Delphine begleiten mit ihren Sprüngen die Schiffe. An ihrem Ziel, einer anderen Hafenstadt, wird die Flotte von den dortigen Bewohnern, die sich auf den Dächern ihrer Häuser und am Hafen versammelt haben, freudig willkommen geheißen. Andere sind den einlaufenden Schiffen in einem kleinen Boot entgegengeeilt. Für die Wildtiere im Hintergrund geht derweil der ewige Kampf ums Überleben weiter. Hirsche versuchen verzweifelt, dem sie jagenden Löwen zu entkommen.

Handlung prägt auch das andere »Miniaturfresko« von der Nordwand des Raumes 5 im Westhaus. Hier ist es dem Künstler gelungen, durch Überlagerung miteinander nicht in Beziehung stehender Szenen unterschiedliche Seiten des Lebens darzustellen, die sich scheinbar gleichzeitig im selben Areal ereignen. Die Überlagerung ist möglicherweise das künstlerische Mittel, Perspektive zu vermitteln. Die Szene im Vordergrund spielt sich unweit des Ufers auf See ab. Ein Schiffbruch hat sich ereignet. Die unten im Bild in seltsamer Haltung dargestellten Menschen mögen Ertrunkene sein. Es folgt im Abstand zur Bildmitte hin eine in mykenischer Art bewaffnete Gruppe von Kriegern auf dem Marsch zu den Anlegeplätzen der Schiffe. Auf der nächsten Ebene kehren junge Frauen vom Brunnen zurück, die gefüllten Wassergefäße auf dem

Kopf. Junge Männer sind auffällig um sie bemüht. Dicht beim Brunnen treiben zwei Hirten ihre Schafe und Ziegen in einen Pferch.

Auch eine weitere Gruppe von Wandbildern, deren Restaurierung noch im Gange ist, besitzt eindeutig erzählenden Charakter. In einer Hügellandschaft sind reich gewandete junge Frauen dabei, die Blüten des Krokus zu pflücken, aus denen sie Safran gewinnen. Sie sammeln die Blüten in Körbe und entleeren die vollen in einen bereitstehenden größeren Korb zu Füßen einer majestätisch wirkenden Frauengestalt, die von einem Greifen und einem blauen Affen begleitet wird. Auf einem Stein sitzt ein Mädchen. Sie hat sich einen Zeh verletzt und bringt dies zum Ausdruck, indem sie den verletzten Fuß mit der rechten Hand hält und die linke an die Stirn führt. Diese bewundernswerte Darstellung stammt aus dem Gebäude Xesté 3. Von dort konnte jetzt ein weiteres wichtiges Wandbild geborgen werden, an dessen Wiederherstellung gearbeitet wird. Auf dem Fries sind blaue Affen dargestellt, wie sie Tätigkeiten der Menschen verrichten: Einer hat ein Schwert zum Schlag erhoben, ein anderer scheint eine Harfe oder Leier zu spielen.

Der gute Erhaltungszustand der Ruinen in Akrotiri und die modernen Methoden der Erhaltung und Wiederherstellung der Wandmalereien haben es erstmals ermöglicht, die schönsten Kunstwerke der bronzezeitlichen Ägäis in ihrer vollen Pracht wiedererstehen zu lassen. Darin liegt vielleicht der erste und hauptsächliche Grund für das starke internationale Interesse an diesen Ausgrabungen. Auch hat daraufhin mancher Gelehrte versucht, die Bilder auszudeuten. Solchen Deutungen muß der Erfolg aber versagt bleiben, solange sie den gesellschaftlichen Kontext der Bilder unberücksichtigt lassen. Alle bisher entdeckten Wandmalereien befanden sich ausnahmslos in Privathäusern, nicht in öffentlichen Gebäuden. Damit kommt ihnen zweifellos auch ein persönlicher Wert zu. Die Besitzer werden auf ihre Fresken stolz gewesen sein, denn sie waren Symbol ihres ökonomischen und sozialen Status. Weshalb also sollten sie dann nicht jene Tätigkeiten darstellen, die ebendiese Position in der ökonomischen und sozialen Hierarchie sichern halfen?

Auch der Platz, an dem die Wandbilder sich im Haus befanden, kann von Bedeutung gewesen sein und damit die Interpretation beeinflussen. Beispielsweise ist bisher außer dem »Raum der Lilien« (Delta 2) kein weiterer Erdgeschoßraum mit Wandmalereien entdeckt worden. Die östlichen Nebenräume enthielten Gegenstände, denen gewöhnlich eine rituelle Bedeutung zugesprochen wird (dreifüßige »Opfertische«, Eberkopfrhytone und anderes mehr). Das einzige unversehrt erhaltene Paar »Kulthörner« wurde gleichfalls vor der Ostwand dieses Gebäudes gefunden. Man könnte also annehmen, daß dem Raum Delta 2 und damit dem Wandbild »Ankunft des Frühlings« eine kultische Bedeutung zukommt. Ähnliche Überlegungen lassen sich zu den großflächigen Krokuspflückerinnen« anstellen, die die Wände des »Reinigungsbeckens« in Xesté 3 geschmückt haben dürften. Da dieser Bereich in der minoischen Archäologie gemeinhin als geheiligt gilt, kann dem Wandbild eine religiöse Bedeutung zugesprochen werden. Und außerdem hat die zentrale weibliche Figur, die offensichtlich die Arbeiten beaufsichtigt, ein exotisches Tier (den Affen) und ein Tier der Mythologie (den Greifen) zu ihrer Seite. Vielleicht ist sie gar die Gottheit, der die Krokusblüten dargebracht werden. Der Besitzer von Xesté 3 könnte aber auch ein Kaufmann gewesen sein, dessen Geschäft das Sammeln oder die Verteilung von Safran war. Dann stellten die Malereien (allerdings zugunsten der künstlerischen Aussage stark stilisierte) höchst irdische Tätigkeiten dar.

An anderer Stelle bereitet die religiöse Deutung der Bilder noch größere Schwierigkeiten. Die Fresken aus dem Westflügel des Obergeschosses im Westhaus greifen zum Beispiel Themen in Verbindung mit dem Meer (Fischer, Flotte, Seeschlacht) und Schiffen (Kabinen im Raum 4) auf. Hier steht fest, daß es in der Absicht des Malers stand, die soziale Stellung seines Auftraggebers zum Ausdruck zu bringen. Marinatos erkannte völlig zu Recht, daß der Besitzer des Hauses der »Admiral« der Flotte auf dem »Miniaturfresko« war. Wie immer man die Wandmalereien von Thera auch interpretiert, es wird unter Wissenschaftlern kaum Streit um die Frage geben, daß sie eine wichtige Informationsquelle über das Leben im Akrotiri der minoischen Zeit, die Tätigkeit der Menschen, ihr Wissen um die Welt draußen sowie ihre natürliche und gestaltete Umwelt sind. Haartrachten, Gewänder, Schmuck und die Verrichtungen des Alltags sind in Fülle dargestellt. Der »Flottenfries« bereichert unser Wissen über die Schiffe und die Technik des Segelns in der Ägäis außerordentlich. Viele Malereien liefern wichtige Hinweise auf die Tier- und Pflanzenwelt in der alten Ägäis. (Bestechend ist die Ähnlichkeit einiger Landschaften mit denen des heutigen Thera, wie zum Beispiel auf dem Bild der »Affen« und der »Ankunft des Frühlings«.)

Die Künstler gestalten ihre Objekte mit einer so großen Souveränität, daß man nur annehmen kann, daß sie ihr Wissen aus erster Hand bezogen. Was die fremdländischen Landschaften betrifft, nun, vielleicht haben sie sie selbst bereist, oder andere haben ihnen außerordentlich lebhafte Schilderungen gegeben. Wie sonst hätten sie derart lebensecht Hirsche, Antilopen, Wildkatzen oder Löwen, wie sie uns auf den Fresken begegnen, malen können? Keines dieser Tiere ist in der Ägäis heimisch. Von den dort nicht anzutreffenden Tierarten der Wandbilder hätte es auf Thera als Import aus Ägypten lediglich den blauen Affen als Haustier oder zur Dressur geben können.

Beschreibung der Wandbilder

Sektor Alpha In einem kleinen Raum neben dem Südkorridor von Sektor Alpha, den Marinatos das »Pförtnerhaus« nannte, wurden Fragmente von Wandmalereien gefunden, die aus dem Obergeschoß herabgefallen waren. Der gesamte Bereich war durch die jahreszeitlich bedingten Überflutungen des heutigen Grabens stark ausgewaschen und die Fresken in einem beklagenswerten Zustand. Dieser Teil der Fundstätte ist bisher nicht vollständig freigelegt, und so ist eine endgültige Aussage über das Gesamtbild auch noch nicht möglich. Betrachtet man aber die einzelnen Fragmente, so muß es sich um eine sehr bedeutsame Darstellung gehandelt haben. Eine Gruppe von Fragmenten zeigt eine männliche Figur (Marinatos nennt sie den »Afrikaner«) vor einer gebeugten

Palme. Auf einer weiteren Gruppe erblickt man blaue Affen im Reigen um einen von »Kulthörnern« gekrönten Aufbau, der auf Säulen ruht, die in Papyrusblüten (?) auslaufen. Eine dritte Gruppe von Fragmenten zeigt fliegende Vögel. Alle Fragmente haben offensichtlich eine enge Beziehung zueinander, doch leider läßt sich aus ihnen das Gesamtbild nicht rekonstruieren.

Gebäude Beta Auch dieses Gebäude ist bisher nur teilweise ausgegraben. Der freigelegte Teil hat unter der Erosion entlang des heutigen Grabens stark gelitten. In zwei Räumen (Beta 6 und Beta 1) hat man wichtige Wandmalereien gefunden. Die Südosthälfte des Raumes Beta 6 ist durch die jahreszeitlichen Hochwasser stark beschädigt. Die erhaltenen Freskofragmente reichen aus, eine Felslandschaft, in der sich acht blaue Affen tollen, zu rekonstruieren. Unten wird das Bild von breiten gewellten Bändern begrenzt, oben durch einen Spiralfries zwischen zwei Gruppen waagerechter Bänder. Wahrscheinlich füllte das Bild wenigstens zwei Wände des Raumes Beta 6. Leider läßt es der schlechte Zustand der Fragmente kaum zu, Schwalben im Fluge oder Fragmenten anderer Tiere (einer Ziege?) ihre Position im Gesamtbild zuzuweisen. Vielleicht gehören die Teile mit der »Ziege« zu einer früheren Malerei, die bei der Neuausschmükkung des Raumes in der dick aufgetragenen neuen Stuckschicht verlorenging?

Die Verhältnisse im Raum Beta 1 sind übersichtlicher. Nicht etwa, daß die Fragmente dort besser erhalten wären; ganz im Gegenteil, viele befinden sich in einem noch stärker verfallenen Zustand. Nein, sie sind einfach in größerer Zahl vorhanden. Die Archäologen, die durch die Arbeiten vorausgegangener Ausgrabungen inzwischen Erfahrung gesammelt hatten, gingen zudem systematischer bei der Bergung und Aufnahme der Fragmente zu Werke. Das Obergeschoß von Beta 1 wurde durch eine aus luftgetrockneten Ziegeln errichtete Wand von Nord nach Süd geteilt. In der Wand im Ostteil des Raumes befanden sich fünf Öffnungen, drei in der Südwand, eine im Osten und eine im Westen. Eine von zwei Türen flankierte Nische in der Südwand beließ nur eine klei-

ne Wandfläche in der Südwestecke. Diese Fläche diente der bemerkenswerten Darstellung der »Boxenden Kinder«. Marinatos war anfangs der Meinung, es handle sich um »zwei Prinzenbrüder«. Später ließ ihn seine Neigung, in allen Bildern eine religiöse Bedeutung zu suchen, sie als »göttliche Wesen« deuten.

Zu diesem Schluß gelangte er wegen der blauen Farbe der Köpfe, in der er — seiner Interpretation nach — eine Analogie zu den Epitheta ornantia für das Haar der Götter und Helden in den Werken Homers erblickte (zum Beispiel der blaulockige Poseidon, Zeus und Hera mit blauen Augenbrauen, der blaubärtige Odysseus). Betrachtet man aber die Menschen auf den Wandmalereien von Thera insgesamt, so stellt man fest, daß die blaue Farbe für das Haar stets bei jugendlichen Personen verwendet wird (jugendlich zumindest ihrem Aussehen nach, zum Beispiel die »Boxenden Kinder«, die beiden »Fischer« vom Westhaus, die sogenannte »Junge Priesterin«, einige der »Krokuspflückerinnen«). Ich möchte daher die Behauptung wagen, das Blau der Schädel zeige die Jugend an. Vielleicht war es üblich, Jugendlichen die Köpfe teilweise kahlzuscheren oder das Haar zumindest zurückzuschneiden und nur wenige dichte Locken wachsen zu lassen; möglich ist aber auch, daß man eine Kopfbedeckung trug, von der die Locken herabfielen. Das Wandbild mit den »Boxenden Kindern« braucht nicht mehr zu zeigen als Jugendliche beim Spiel.

Die Wände im Osten, Norden und Westen des Raumes Beta 1 waren mit Bildern von sechs Antilopen geschmückt. Die Fläche wurde von dem großen Fenster in der Nordwand unterbrochen. Beiderseits dieses Fensters stand jeweils nur eine Antilope, die Ostwand und die Westwand dagegen zierte je ein Antilopenpaar. Das Paar an der Westwand war am besten erhalten. Die Umrisse der Tiere waren in klaren schwarzen Linien geführt, die Köpfe sehr detailliert wiedergegeben, teilweise in Rot. Um mit Marinatos zu sprechen, »ist es in der Tat bewundernswert, welche Lebendigkeit und Fülle der Kraft da erreicht wurden. Die Haltung von Köpfen, Lippen und Schwänzen zeigt das Paar hier im liebevollen Umgang miteinander«.

Umlaufend im gesamten Raum Beta 1 war ein Fries aus stilisiertem blaublättrigem Efeu, der aus einer roten Ranke wuchs.

Gebäude Gamma Fragmente von Wandmalereien wurden im Areal des Raumes Gamma 10 sowie auf dem benachbarten offenen Platz (»Nordhof«) gefunden. Trotz der in diesem Bereich noch nicht abgeschlossenen Arbeiten gestatten die Fragmente bestimmte Schlußfolgerungen hinsichtlich der Wahl der Themen für diese Bilder. Auf einer glatten weißen Fläche sowie zu beiden Seiten einer Gruppe gewellter Bänder sind scheinbar wahllos Rosetten verstreut. Marinatos interpretierte diese Rosetten als Nachahmungen einer Art von Tonschalen, wie sie die Sumerer als Schmuckelemente an Bauten verwendeten. Sie wurden an den Wänden befestigt und ließen dadurch die Wand als Mosaik erscheinen.

37 **Gebäudekomplex Delta** Nur ein einziger Raum in diesem weitläufig angelegten Gebäude ist mit Wandmalerei dekoriert (Delta 2). Gleichzeitig ist dies auch der Raum, in dem die Bilder in situ gefunden wurden. Die Nordwand, die Westwand und die Südwand trugen Bilder mit gleicher Thematik, die vierte, die Ostwand, war durch eine Tür, ein Fenster und eine Nische unterbrochen.

Dargestellt sind an den drei Wänden Gebirgslandschaften mit vielfarbigen Felsen (rot, hellblau, gelb und dunkelgrün). Farbe und Morphologie der Felsen lassen die Absicht des Künstlers ahnen, eine Landschaft auf Thera zu malen. Tatsächlich ging Marinatos so weit, daß er erklärte, »dieses Wandbild bietet Geologen eine unerwartete Möglichkeit, einen Blick auf das Thera vor dem Ausbruch des Vulkans zu werfen«. Aus den Felsen wachsen Büschel blühender Lilien, ihre gelben Blätter und Stengel heben sich vom weißen Untergrund ab. Die Lilien sind im Verhältnis zu den Felsen übergroß. Zwischen und über den Felsen fliegen Schwalben einzeln oder in Paaren. In diesen Bildern spürt man die kühne Gestaltungsfreiheit des Künstlers. Er stellt Vögel streng naturalistisch dar und verrät seine scharfe Beobachtungsgabe sowie seine Kenntnis von ihrem Verhalten. Die Vogelpaare

insbesondere der Westwand und der Nordwand veranlaßten Marinatos zu der Bemerkung über die »verliebt zwitschernden Schwalben«. Er stellte auch die Vorliebe des Künstlers für Triaden fest: An jeder der drei Wände sind drei Felsen dargestellt. Außer an der Westwand und der Südwand wachsen drei Lilienstengel auf jedem Felsen. Vielleicht war es die Wiederholung der Triaden, die Marinatos bewog, die Gesamtdarstellung als »eine religiöse Vorstellung des großen Frühlingsfestes unter dem Schutz der Frühlingsgottheit der Natur« zu deuten.

». . . Es will den voll erblühten Frühling zum Ausdruck bringen, wenn die Schwalben, nun zurückgekehrt, ruhelos sich paaren und mit fieberhaftem Eifer ihre Nester bauen«. Auf die Gesichtspunkte, die für eine religiöse Auslegung dieses Teils des Komplexes Delta sprechen, sind wir bereits eingegangen (s. Seite 67).

Interessant ist die Erkenntnis, daß heute keine Schwalben mehr auf Thera brüten. Marinatos' wohl etwas romantische Vorstellung, die Eruption sei »so schrecklich gewesen, daß sie sogar den Wanderinstinkt zerstört« habe, reicht als Erklärung kaum aus. Eher läßt sich das Ausbleiben der Schwalben aus der heutigen Zusammensetzung des Bodens auf der Insel erklären, der aus Vulkanasche besteht und nicht den für den Nestbau benötigten Lehm enthält. Schwalben brüten auch nicht auf Stromboli, einer äolischen Insel vor der italienischen Küste, die ebenfalls eine Decke aus Vulkanasche trägt.

Das Haus der Damen Auch hier sind die Ausgra- 39 bungsarbeiten bei weitem noch nicht abgeschlossen. Das Haus erhielt seinen Namen nach den darin gefundenen Wandmalereien mit den weiblichen Figuren in minoischer Kleidung. Ein großer Teil des Gebäudes (das heißt, das Areal im Anschluß an das von Westen nach Osten abfallende darüberliegende Feld) ist stark erosionsgeschädigt. In der Mitte des Nordflügels war ein rechteckiges Gemach (Raum 1) im Obergeschoß mit Wandmalereien geschmückt, die sich jedoch in einem schlechten Zustand befanden. Eine Wand von Nord nach Süd trennte den Raum 1 in zwei Teile. Der Fußboden in beiden Teilen des Raumes war im dritten Stockwerk mit großflächigen Platten ausgelegt. Die Wände im Westteil des Raumes waren mit Wandmalereien verziert, die blühende Büschel großwüchsiger Pflanzen darstellten. Marinatos erkannte sie als Meeresstrandnarzissen (Pancratium maritimum), mußte dazu aber annehmen, daß sie in »außerordentlicher Größe« dargestellt waren, was in der minoischen Kunst als außergewöhnlich gelten darf. Nach Peter Warren handelt es sich um Papyrusstauden, was eine glaubwürdigere Deutung zu sein scheint. Trotz des Verlustes eines großen Teils des Wandbildes läßt sich die Gesamtdarstellung aus dem Erhaltenen rekonstruieren. Aus kleinen Hügeln sprießen Papyrusstauden, die sich gegen den weißen Hintergrund des Bildes abheben. Über dem Bild sind wechselweise blaue, weiße und rote Bänder in Form eines breiten Frieses zu sehen, der möglicherweise um den gesamten Raum lief.

Die Verbindungstür zwischen den beiden Hälften des Raumes 1 dürfte sich im südlichen Teil der Zwischenwand befunden habe, wie der nicht bemalte weiße Stuck an der Südwand zwischen den Wandmalereien im westlichen und östlichen Teil des Raumes vermuten läßt. Die Breite der unbemalten Fläche entspricht in etwa der Dicke dieser Wand. Eine zweite Wand aus Lehmziegeln oder Ton könnte die Nordostecke vom übrigen Raum 1 abgetrennt haben. Es ist zu vermuten, daß sich in dieser Ecke ein Baderaum befand.

49 Zwischen der Trennwand und der massiven Südwand des Raumes entstand ein Korridor zum Papyrusgemach, dessen Wände vermutlich die berühmten Fresken der »Damen« zierten. An der Südwand befand sich eine Frauenfigur in typisch minoischen Gewändern, den Blick nach Osten gewandt. Leider ist der östliche Teil des Bildes nicht erhalten. Eine zweite, ähnlich gekleidete weibliche Figur mit entblößtem Oberkörper blickte von der Nordwand ebenfalls nach Osten. Dabei streckte sie ihre Arme einer dritten, möglicherweise sitzenden, Frau entgegen, von der nur Teile des Gewandes erhalten sind. Die Bilder an beiden Wänden dürften also Teile einer einheitlichen Komposition gewesen sein: Frauen, die sich prozessionsartig einer Person oder einem Objekt näherten,

das (nicht erhalten) an der Ostwand dargestellt gewesen sein muß. Über den Frauen an beiden Wänden erkennen wir mehrere gewellte Bänder abwechselnd in Blau und Schwarz. Die gesamte Wandfläche über den Bändern war mit blauen Sternen und roten Punkten übersät.

Was die Interpretation der Fresken im Raum 1 angeht, so schrieb Marinatos den Pflanzen wiederum eine religiöse Bedeutung zu. Er identifizierte die Blüten als Pancratium-Lilien, um seine Auffassung zu bekräftigen, daß »die übernatürlichen Meeresstrandnarzissen höchstwahrscheinlich eine besondere religiöse Bedeutung besitzen«. Wir haben aber bereits festgestellt, daß es sich mit größerer Wahrscheinlichkeit um blühenden Papyrus handelt; auch fehlen archäologische Beweise, die die religiöse Ausdeutung stützen.

Dennoch ist es natürlich möglich, daß die Damen aus demselben Raum Teil einer religiösen Szene waren. Ihre Gewänder, die prozessionsartige Aufstellung nach Osten und die Art, wie sie sich verbeugen, all das legt eine solche Deutung nahe. Zudem wurde Marinatos in seiner Überzeugung vom religiösen Charakter dieses Raumes bestärkt, als man dort mehrere tönerne Truhen oder Kisten fand, deren Inhalt aus verschiedenen Vasen bestand. Doch fand man die Truhen unter dem Plattenbelag des Fußbodens des dritten Stockwerks, und für eine direkte Verbindung zwischen dem zweiten und dem dritten Stockwerk fehlen die Beweise. Es ist daher nicht ohne weiteres anzunehmen, daß in den Truhen »sakrale Gegenstände aufbewahrt wurden, was den sakralen Charakter des Raumes über jeden Zweifel erhebt«.

Das Westhaus Als dieses Gebäude entdeckt wurde, 36, 37 befand es sich am westlichen Rand des Ausgrabungsgeländes. Daher wurde es das Westhaus genannt. Einstmals war es im Westteil zweigeschossig; im Nordosten hatte es wahrscheinlich sogar drei Stockwerke. Dünne Zwischenwände teilten das Obergeschoß des Westflügels in drei Räume. Raum 4 a nimmt die Südwestecke des Gebäudes ein, wo sich auch die Toilette und der Baderaum befanden. Unmittelbar nördlich vom Raum 4a befand sich ein langer,

schmaler Raum (Raum 4), dahinter ein großer Raum (Raum 5) in der Nordwestecke des Gebäudes. Raum 4 und Raum 5 waren mit prachtvollen Wandmalereien geschmückt.

Raum 4: Dieser Raum hat im Grundriß die Form eines L. Die Wiedergabe bei Marinatos, Thera VI (Tafeln), Skizze 4, ist sehr willkürlich. Die L-Form des Grundrisses ist die Folge des Einbaus des Baderaumes in der Südwestecke des Gebäudes. Die Malereien an den Pfosten zu beiden Seiten des Fensters in der Westwand stellen große Kannen dar, aus denen fünf vollerblühte Lilien ragen. Von besonderem Interesse ist das Bemühen des Künstlers, das Material, aus dem die Gefäße gefertigt sind — mehrfarbiger geäderter Marmor —, naturgetreu wiederzugeben. Ähnliche Malereien trugen auch die Fensterbank und die unteren Teile der Fensterpfosten mit den Vasen.

Die Wände des Raumes 4 waren mit einem einzigen Motiv gestaltet, das achtmal wiederholt wurde. Marinatos sah darin ursprünglich ein »Banner«, änderte seine Meinung später aber und betrachtete es fortan als »Kabine« im Heck der Schiffe auf dem sogenann-

50 Spätkykladische Tonpfanne oder Räuchergefäß aus Delta 2, Höhe 6,5 cm

ten Miniaturfresko. Bei dem Motiv könnte es sich aber auch um Zierschirme handeln, die zwischen drei aufrecht stehenden Pfosten gespannt sind, welche in ägyptische Lilien auslaufen.

Der Raum zwischen den Lilien wird durch drei gerade Bänder und ein gewelltes Band in drei horizontale Felder aufgeteilt. Die Bänder enden seitlich nicht an den Pfosten, sondern laufen über diese hinaus. Das legt die Vermutung nahe, daß es sich um Teile eines Bauwerkes handelt, möglicherweise Träger, die die Pfosten stützen. Die Bänder oder Balken sind für jeden Schirm mit einem anderen Muster (Spiralen, Kreuzen usw.) geschmückt. Girlanden aus Blumen und Rosetten, jede mit einer anderen Anordnung der Elemente, hängen von den Pfosten zwischen dem oberen horizontalen Band und dem zweiten gewellten Band herab. Den oberen Abschluß bei allen Schirmen bildet ein gewelltes Band. Die einzelnen Felder des Schirmes bestehen aus jeweils unterschiedlich gefleck-

8

ter Rindshaut. Die Schirme ruhen auf einem fortlaufenden Sockel — Imitation von buntem, geädertem Marmor, der offenbar um den gesamten Raum lief. Die Tatsache, daß die »Kabinen« völlig frei stehend und losgelöst von den Wänden zu sein scheinen, sowie ihre aufwendige Ausschmückung lassen vermuten, es könnte sich um Sänften handeln, deren Bedeckung das obere horizontale Band bildet. Marinatos war auch hier bei seiner Deutung der Motive als »Banner« oder »Kabinen« um einen religiösen Inhalt bemüht. Von den »Bannern« sagte er: »Es ist wahrscheinlich, daß wir sie als religiöses Gerät begreifen müssen, das in irgendeiner Weise den Fruchtbarkeitsriten diente.« Ferner stellte er fest, daß »die achtmalige Wiederholung der Kabine« sowie »die Anwesenheit der Priesterin« (siehe unten) anzeige, daß es eine eigene Zeremonie für die »Dynastie der Kapitäne« des Westhauses gegeben haben müsse, vergleichbar der »Darbringung von Räucherwerk durch den Pharao im Raum der Vorfahren«. Die Vorstellung, es könnte sich um geschlossene Sänften handeln, sollte keineswegs leichtfertig verworfen werden, da solche Geräte im minoischen Kulturkreis nicht unbekannt sind, wie archäologische Funde belegen.

9   Die »Junge Priesterin«: In der Nordostecke des Raumes 4 wurde die »wie durch ein Wunder intakte, über einen Meter große Figur einer jungen Priesterin« entdeckt. Mit diesen Worten tat Marinatos der Welt die Auffindung dieses Kunstwerkes erstmals kund. In seinem rekonstruierten Grundriß des Obergeschosses plazierte er das Bild an die Nordwand des Raumes 4 neben eine Gruppe von »Schirmen«. Die Größe von »über einem Meter« entspricht jedoch nicht der Größe der 1,83 Meter hohen »Schirme«. Nicht zu übersehen ist aber, daß die Größe des Bildes der »Priesterin« mit denen der Pfostenmalereien an der Verbindungstür von Raum 4 und Raum 5 übereinstimmt. Zieht man die Lage in Betracht, in der das Fresko gefunden wurde, so könnte man annehmen, daß es ursprünglich einen der Pfosten (vielleicht den westlichen) zierte. Marinatos erkannte in der weiblichen Figur eine »Junge Priesterin« wegen ihres langen, schweren Gewandes und aufgrund der Tatsache, daß sie »in ihrer Rechten eine gleichsam aus Gold und Silber gefertigte ka-

nellierte Metallvase mit langem, geradem Griff hält«. Wohl räumte er ein, daß eine Gattung von Keramikpfannen mit »Vasen eng verwandt« sei, erklärte aber gleichzeitig, daß ein »echtes Parallelstück zu einer solchen metallischen oder tönernen Vase nicht bekannt« sei. Tatsächlich hat man aber nach der Entdeckung dieses Wandbildes ein ähnliches Bronzegefäß (leider 50 in sehr schlechtem Zustand) gefunden. Zahlreiche Funde tönerner Gefäße vom gleichem Typ lassen keinen Zweifel an der Art des Gegenstandes, den die »Junge Priesterin« in ihren Händen hält: eine Metallpfanne, ein Gefäß, gefüllt mit glühender Holzkohle zum Verbrennen von Räucherwerk. Mit ihrer Rechten streut die »Junge Priesterin« etwas — vielleicht Räucherwerk — auf die Glut.

Marinatos' Argument gegen die Deutung der Vase als Pfanne (»da das Mädchen die Vase am Boden statt am Henkel anfaßt, und, da es sich um eine Metallvase handelt, die rote Substanz in der Vase nicht als Kohle erklärt werden kann«) ist letztlich nicht überzeugend, weil sich unter der Kohle Asche gebildet haben müßte, die die Kohle länger am Brennen gehalten und verhindert hätte, daß die Pfanne zu heiß würde. Anderenfalls wäre auch der Griff zu heiß zum Anfassen gewesen. Es fehlte zudem an stichhaltigen Beweisen, daß sich die rote Masse als »eine Art Kuchen« oder »Feigenpudding« deuten ließe. Die junge Dame am Pfosten der Tür, ob nun Priesterin oder Mädchen des Hauses, scheint sich vom Raum 4 in den Raum 5 zu begeben und dabei das Haus mit duftenden Ingredienzien zu beräuchern. Ob das religiösen Zwecken oder lediglich der Verbesserung der Luft diente — immerhin befand sich die Toilette dicht daneben —, ist schwer zu entscheiden. Vielleicht waren beide Überlegungen im Spiel.

Raum 5: Jede Außenwand dieses Raumes (im Norden und Westen) hatte vier Fenster. Die Ostwand 51 besaß zwei Türen und drei Nischen; ähnliche Nischen könnten auch in der Südwand gewesen sein. Diese vielen Öffnungen schränkten die für Wandmalereien verfügbare Wandfläche stark ein: schmale Friese über und unter den Fenstern sowie zwei Felder, eins am äußersten Ende der Nordwand, das andere am südlichen Ende der Westwand. Beide Felder waren geschmückt mit Bildern eines unbekleideten jungen Mannes, der aufgeschnürte Fische in den Händen hält. Der »Fischer« in der Nordostecke ist das besser erhaltene der beiden Bilder. Abgesehen davon, daß es sich von der Wand gelöst hatte, war das Bild unversehrt. Das veranlaßte Marinatos zu der Schlußfolgerung, man habe das Bild ursprünglich umhertragen können; doch haben weitere Ausgrabungen dafür keine Beweise erbringen können.

Das Bild füllt die Fläche am Ostende der Nordwand in vollkommener Weise aus. Besonders seine Höhe — sie ist identisch mit der der Fenster daneben — entspricht exakt der Fläche zwischen den beiden Friesen über und unter den Fenstern. Marinatos stellte ferner fest, der junge Mann sei beschnitten, doch auch hierfür fehlt ein überzeugender Beweis. Richtig dagegen war seine Erkenntnis, »daß es, zwei kleine Kinder ausgenommen, der erste Fall ist, daß die klassische Nacktheit bei einem Sterblichen männlichen Geschlechts in minoischer Zeit erscheint«. Die feinen Konturen des Gesichts, die Körperlinien, der Naturalismus und die Perspektive in der Darstellung der Fische — alle diese Dinge sieht man nur selten in der bronzezeitlichen Kunst der Ägäis. Der Schädel des jungen Mannes ist halb geschoren, stolz trägt er in jeder Hand ein Bündel Fische.

Von gleicher Pracht ist der junge »Fischer« aus der Südwestecke des Raumes 5. Er ist im Vollprofil dargestellt, und auch er hält mit beiden Händen ein Bündel Fische. Leider ist dieses Bild sehr stark beschädigt.

Raum 5 (unterer Fries): Unterhalb des Fensters in der Nordwand und der Westwand des Raumes 5 verlief ein Fries oder vielmehr eine Imitation mehrfarbigen Marmors. Bemerkenswert ist die Fortführung dieses Themas in den Räumen 4 und 5 des Westhauses, dort bis über die Fenster hinaus und unter das Feld mit den Fischern.

Die Fläche unter den Fenstern war, wie im Raum 4, durch breite, vertikale gelbe Bänder in einzelne Felder unterteilt, was den Eindruck von Marmorplatten hervorrief. Breite und Anordnung der Felder entsprechen den hölzernen Teilungen zwischen den Fenstern und sollten zweifellos diese imitieren. Sie streben vom Fußboden her auf, und es scheint, als trügen sie die Fensterbänke. Das verstärkte den Eindruck von der Festigkeit des Hauses.

51 Zeichnerische Rekonstruktion des Raumes 5 des Westhauses in östlicher Richtung. Die Fresken von links nach rechts zeigen die »Seeschlacht«, den »Fischer«, die »Flußlandschaft« und die »Flotte«.

Raum 5 (oberer Fries): Über den Fenstern und Nischen war der Raum 5 offenbar mit Friesen geschmückt, von denen jeder ein eigenes Thema hatte. Nicht völlig geklärt ist, ob auch die Westwand ein solcher Fries zierte, da bisher noch keine Beweise dafür gefunden werden konnten. Denkbar wäre, daß der Ausbruch des Vulkans um 1500 v. Chr. dem Künstler oder den Künstlern keine Zeit mehr ließ, ihr Werk zu vollenden. (Die Wände in der Südostecke des Raumes 4 gegenüber dem Baderaum blieben möglicherweise ebenfalls unvollendet.)

Aus zahllosen Fragmenten zusammengesetzt und einander zugeordnet, ergeben die oberen Friese an der Nordwand, der Ostwand und der Südwand folgendes Bild.

Raum 5 (oberer Fries, Nordwand): Der verstümmelte und fragmentarische Zustand dieses Frieses erschwert die Deutung. Zwei Gruppen von Fragmenten konnten zusammengesetzt werden. Jede verfolgt ein eigenes Thema, und doch scheint es, als seien sie Bestandteil einer an der Nordwand dargestellten Rahmenhandlung. Die erste Gruppe von Fragmenten, leider sehr schlecht erhalten, zeigt eine Versammlung von Männern auf einem Hügel. Die Männer sind unterschiedlich bekleidet, einige mit minoischen Lendentüchern bekleidete Jugendliche sind darunter. Alle streben der zentralen Darstellung auf dem Gipfel des Hügels zu. Die Aussage dieses Bildes zu interpretieren bereitete Schwierigkeiten. Marinatos sprach von der »Spannung ihres Geistes und einem Augenblick der Krise«; Iakovides seinerseits deutet die Szene als Versammlung an einem Bergheiligtum.

Eine zweite Gruppe von Fragmenten ist besser erhalten. Die Darstellung von drei Szenen auf drei Ebenen ist Ausdruck des künstlerischen Bemühens um Perspektive für das Bild.

Der nur teilweise erhaltene Vordergrund zeigt mehrere Schiffe am felsigen Gestade. Am Bug eines Schiffes steht ein Mann und hält einen Langspeer in Händen. Der Bug des Schiffes darunter ist geborsten. Von einem dritten Schiff zur Rechten blieb nur der Steven erhalten. Zwischen den Schiffen sind Menschen in unnatürlichen Haltungen zu sehen. Drei rechteckige Gegenstände in der Nähe der Männer sind unschwer

als lederbespannte Schilde zu erkennen. Das Hakengerät neben der dritten männlichen Figur ist vielleicht ein Enterhaken für die Eroberung von Schiffen. Die eigenartige Haltung der Körper ist möglicherweise der Versuch des Künstlers, ertrinkende Krieger darzustellen. Ob es sich um Opfer einer Seeschlacht oder eines Schiffbruchs handelt, kann nur vermutet werden. Mit Sicherheit scheint es sich bei den Schiffen um Kriegsschiffe zu handeln, zumindest aber befanden sich Krieger an Bord. Auf den Felsen vor der Schiffbruchszene stand ein Haus, von dem nur noch die linke Ecke erhalten ist.

Direkt über der Schiffbruchszene sehen wir am Wasser ein einstöckiges Gebäude mit vier Öffnungen. Zwei davon sind in Grauschwarz gehalten, die beiden anderen haben das natürliche Weiß des Stucks. Eine der beiden weißen Öffnungen ist gut erhalten und umrahmt eine dunkel gekleidete männliche Figur, die, den Blick nach rechts gewandt, einen langen Stock auf der Schulter trägt. Die erhaltenen Reste der anderen weißen Öffnung lassen vermuten, daß sich dort ein ähnliches Bild befand, nur war die Person in ein weißes Gewand mit roter Borte gehüllt. Auf derselben Ebene bewegt sich rechts von diesem Haus eine Rotte Krieger in Marschordnung nach rechts. Fünf Krieger sind zu sehen, doch waren es einst sicher mehr. Sie tragen Lederhelme mit Eberzähnen. Marinatos gab ihnen die treffende Bezeichnung »amyntorische Helme«. Es handelt sich hierbei um den frühesten Typ mykenischer Helme. Der Überlieferung nach bewahrte Amyntor einen solchen Helm in seinem Haus in Eleon in Phokis auf. Von dort wurde er durch Autolykos gestohlen, der ihn dem Amphidamos von Kythera anbot. Der wiederum machte ihn seinem kretischen Gast Molos zum Geschenk. Molos gab ihn an seinen Sohn Meriones weiter, der im Trojanischen Krieg kämpfte. Von daher ist dieser Helm in der Archäologie auch als Meriones-Helm bekannt. Die Krieger tragen in der rechten Hand außerdem Langspeere, um den Hals haben sie lange, rechteckige Lederschilde, die ihre Körper vollständig bedecken, so daß nur die Scheide ihrer Schwerter mit der Quaste unten auf einer Seite hervorragt.

Ob es sich um Krieger einer einfallenden Armee

oder um die Ankunft an befreundetem Gestade nach einer beschwerlichen Seereise handelt, bleibt unklar. Weitere Anzeichen dafür, daß die Krieger Feindseligkeiten beabsichtigen, sucht man auf dem Bild vergeblich; Marinatos deutete diese Szene als einen Angriff auf das friedliche Leben auf dem Berge. Die Szene im Hintergrund zeigt wahrhaftig eine friedvolle Landschaft. Zwei Hirten treiben ihre Herde in eine runde Einhegung zur Ruhe im Schatten der beiden Bäume am Eingang zum Pferch. Vor diesem befindet sich eine Quelle oder ein Brunnen, auf dessen Rand mehrere Wasserkrüge stehen. Zwei Frauen verlassen die Wasserstelle nach rechts. Aufrecht schreitend, tragen sie die gefüllten Wassergefäße auf dem Kopf. Eine Gruppe von Männern — vier sind erhalten — in verschiedenfarbigen Kleidern beobachten aufmerksam die Vorgänge in der entgegengesetzten Richtung. Wir haben bereits erwähnt, daß diese Szene mit dem Brunnen als zentralem Punkt eine im ägäischen Raum häufige Darstellung ist, denn Wasser ist besonders in den Sommermonaten ein kostbares Gut.

Die Herde wird zum Tränken geführt und ruht danach im Schatten der Bäume. Die Frauen schöpfen das Wasser für das Haus. Und auch die Männer finden sich am Brunnen ein, nicht nur, um »ihre Lippen zu netzen«, sondern um den Mädchen des Dorfes zuzuschauen und unbeobachtet mit ihnen zu flirten.

Marinatos deutete diese Szene als Einfall mykenischer Krieger von See her gegen ein friedfertiges Dorf in Libyen. Er erkannte unter den Tieren auf dem oberen Teil des Bildes nordafrikanische Schafe. Zur Bekräftigung seiner Libyen-Deutung erklärte er, auch bei den Leichen im Wasser handele es sich um Libyer. Nach Marinatos trug einer von ihnen einen Schild aus Straußenfedern. Auch erkannte er einen in libyscher Manier beschnittenen Mann, obwohl dessen Bild nur fünf bis sechs Zentimeter mißt. Darin sah er ebenfalls eine Bestätigung seiner Hypothese. Doch weder die Landschaft noch die genannten Details sind als Beweise überzeugend.

Die Libyen-Hypothese von Marinatos hat auch für mehrere andere Deutungen des Miniaturfreskos herhalten müssen. Nach S. Stucchi stellen die Friese aller Wände — im Norden, Osten und Süden — ein konti-

nuierliches Geschehen dar. Ausgangspunkt ist die Nordwand: Eine minoische Ansiedlung in Libyen wird von Land her von Libyern überfallen. Minoische Schiffe kommen zu Hilfe. Die Körper im Wasser sind im Kampf gefallene Libyer; die Krieger verteidigen die Siedlung. Sie verjagen die libyschen Angreifer, die auf dem nicht mehr erhaltenen Teil des Bildes dargestellt waren. Stucchi erkennt auch in den Figuren über den Häusern Kinder, die den Kampf der Männer im Spiel nachahmen. Die Einhegung ist kein Pferch, sondern ein minoischer Temenos »mit zwei heiligen Bäumen, möglicherweise Olivenbäumen«.

Die Vorstellung von einer Schlacht sagt auch M. Benzi zu. Nur findet sie bei ihm nicht in Nordafrika, sondern in der Ägäis statt. Er betrachtet die Krieger auf den Schiffen als die Angreifer, die Schiffe von Thera dagegen müßten auf dem fehlenden Teil des Wandbildes dargestellt gewesen sein.

A. Sakellariou andererseits weist die Vorstellung weit von sich, die Szenen könnten sich außerhalb der Ägäis abgespielt haben; auch handele es sich nicht um eine Schlacht. Sie deutet das Bild als Darstellung einer maritimen Festlichkeit, bei der bewaffnete Männer »eine Ehrengarde sein könnten«. Die Körper im Wasser seien keine ertrunkenen Krieger oder Opfer einer Seeschlacht, sondern »Schwimmer bei der Entfaltung ihrer Künste«.

Raum 5 (oberer Fries, Ostwand): Dieser schmale Fries über einer Flucht von Türen und Nischen stellt eine Landschaft dar. Zu beiden Ufern eines Flusses beleben wilde Tiere die Landschaft unter Palmen und anderen exotischen Pflanzen und Sträuchern. Nicht zu übersehen ist ein Greif in schneller Bewegung. Eine pantherähnliche Wildkatze beschleicht einen Schwarm Enten, und unter dem Greifen flüchtet ein Hirsch. Alle Bewegungen in diesem Bild richten sich von links nach rechts; nur eine Ente hinter dem Greifen fliegt nach links davon. Vielleicht gehört sie zu einer anderen Gruppe von Tieren, die sich in diese Richtung bewegt. Flora und Fauna dieser Flußlandschaft lokalisierte Marinatos in Nordafrika, was seiner Libyen-Hypothese weitere Nahrung gab.

Raum 5 (oberer Fries, Südwand): Am eindrucksvollsten und inhaltsreichsten von allen Friesen in

Akrotiri ist derjenige, der aufgrund seiner Fundlage an dem schmalen Streifen der Südwand über einer Gruppe von Nischen angebracht gewesen zu sein scheint. Das allgemeine Thema ist das Auslaufen eines Verbandes von Schiffen aus einem Hafen und seine Ankunft in einem anderen. Die Stadt, welche die Schiffe verlassen, liegt zu Füßen einer Bergregion, aus der ein Wasserlauf entspringt, der die Stadt umschließt. Die Berge sind bewaldet, ein Löwe setzt einem Rudel Hirsche nach, das in langen Sprüngen nach links zu entkommen sucht. Die Stadt, an zwei Seiten vom Fluß umgeben, besteht aus mehrstöckigen Häusern. Jenseits des linken Flußarmes stehen weitere vereinzelte Häuser im Feld. Zwei mit Tierfellen bekleidete Männer sind am linken Flußarm ins Gespräch vertieft, die übrigen Bewohner haben sich auf den flachen Dächern ihrer Häuser oder im Hafen versammelt, um den Schiffen gute Fahrt zu wünschen.

Die Flotte besteht aus acht Segelschiffen in zwei Reihen, drei Schiffe in der oberen und fünf in der unteren Reihe. Aus Platzmangel sind nur bei drei Schiffen die Masten aufgerichtet, die der anderen Schiffe sind noch abgeklappt und ruhen auf ihren Gabeln. Von den Schiffen der unteren Reihe hat nur eines schon den Mast gesetzt. Es ist auch das einzige, das bereits unter vollem Tuch segelt. Sechs Schiffe besitzen Ruder, und zwar 19 bzw. 21 Paare, die sämtlich bugwärts ausgerichtet sind. Das Kleinboot unterhalb der Stadt wird von fünf heckwärts blickenden Ruderern bewegt, das voll getakelte Schiff hingegen segelt aus eigener Kraft. Daß sich dieses Schiff mit größerer Geschwindigkeit als die anderen bewegt, sieht man daran, daß es zwei Steuerleute braucht, während auf allen anderen nur jeweils einer auszumachen ist; zudem ist es mit Vögeln (Tauben?) im Fluge geziert. Könnte das verhältnismäßig kleine Schiff vielleicht der Kurier der Flotte gewesen sein? Die Reisenden sind durch eine Art Brustwehr geschützt, die nur dieses eine Schiff besitzt. Die Dekorationen der anderen sechs Schiffe sind dem Tierreich entlehnt, Löwen und Schlangen sind besonders häufig. Das größte Schiff, girlanden- und fähnchengeschmückt, trägt Löwen- und Delphinmotive. Im Heck eines jeden Schiffes befindet sich ein kabinenartiger Aufbau mit einer

darin sitzenden Gestalt (dem Kapitän?). Diese »Kabinen« entsprechen genau den viel größeren »Bannern« aus den Wandbildern des benachbarten Raumes 4. Da sie nicht Teil des Schiffes sind, könnte es sich statt der »Banner« um Sänften handeln. Eberzahnhelme hängen in großer Zahl an den Pfosten der »Kabinen« sowie an den Rahen mit den gerefften Segeln.

Die Flotte läuft in eine andere Hafenstadt mit mehrstöckigen Häusern ein. In zwei Buchten liegen kleine Boote vertäut, von denen eins, von zwei Ruderern bewegt, den einlaufenden Schiffen entgegeneilt. Die Bewohner der Stadt verfolgen das Einlaufen der Schiffe; einige Männer haben sich am Ufer eingefunden, andere beobachten die Szene von den nahen Hügeln, den Dächern ihrer Häuser oder aus großen Fenstern. Die Stadt ist im minoischen Stil erbaut, die Bewohner minoisch gekleidet. Auf einem Hügel stehen mehrere kleine Gebäude, darunter wohl ein Wachturm, und mehrere Männer eilen hinauf.

Dieser Fries ist unterschiedlich gedeutet worden. Ob es sich um die Heimkehr der Flotte nach erfolgreicher Exkursion in ein fernes Land, um eine Zeremonie oder den Besuch durch Freunde oder Verbündete handelt, bleibt nur zu vermuten. Unverkennbar ist die aus dem Bild sprechende freudige Erregung. Der Festschmuck der Schiffe und die die Schiffe umspielenden Delphine sind eindeutige ikonographische Elemente. Marinatos' Feststellung, das über die Toppen geflaggte Schiff sei das Flaggschiff der Flotte und sein Kapitän der Admiral und Besitzer des Westhauses, könnte für die Deutung des Frieses wichtig sein; zumal die »Kabine« des »Flaggschiffs« mit einem der »Banner« oder »Schmuckschirme« von den Wänden des Raumes 4 identisch ist. Haben wir darin möglicherweise die Sänfte des Eigentümers des Westhauses vor uns?

52 Mittel- und spätkykladische Keramik aus Akrotiri. a: mittelkykladische Schale; b: mittelkykladische Hydria; c: mittelkykladischer Krater; d: mittelkykladische Amphora; e–l: verschiedene spätkykladische Gefäßformen; m, n, o: spätkykladische Vasen; p: spätkykladisches Gefäß für Flüssigkeiten

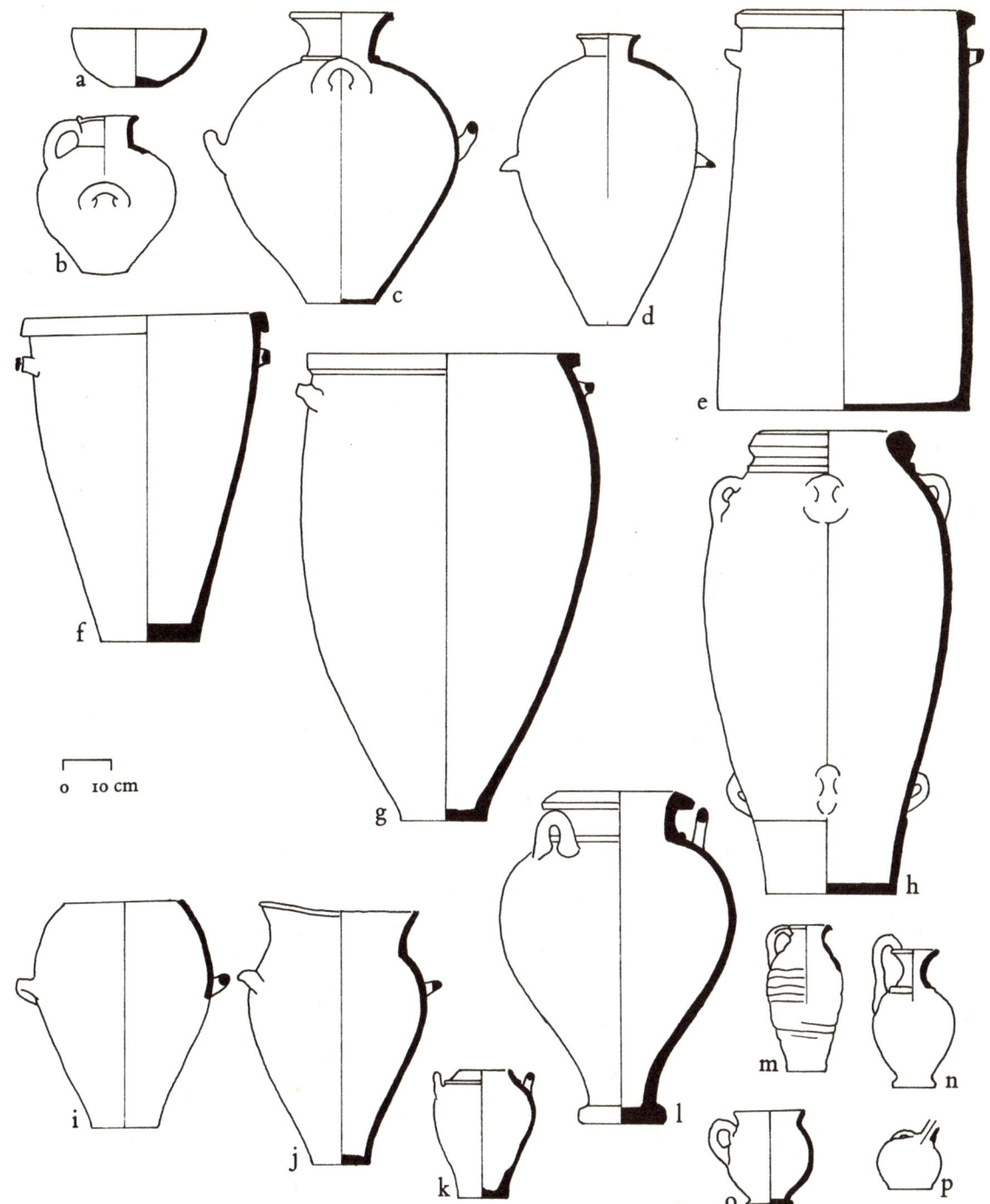

a

b

c

d

e

f

g

h

i

j

k

l

m

n

o

p

o   10 cm

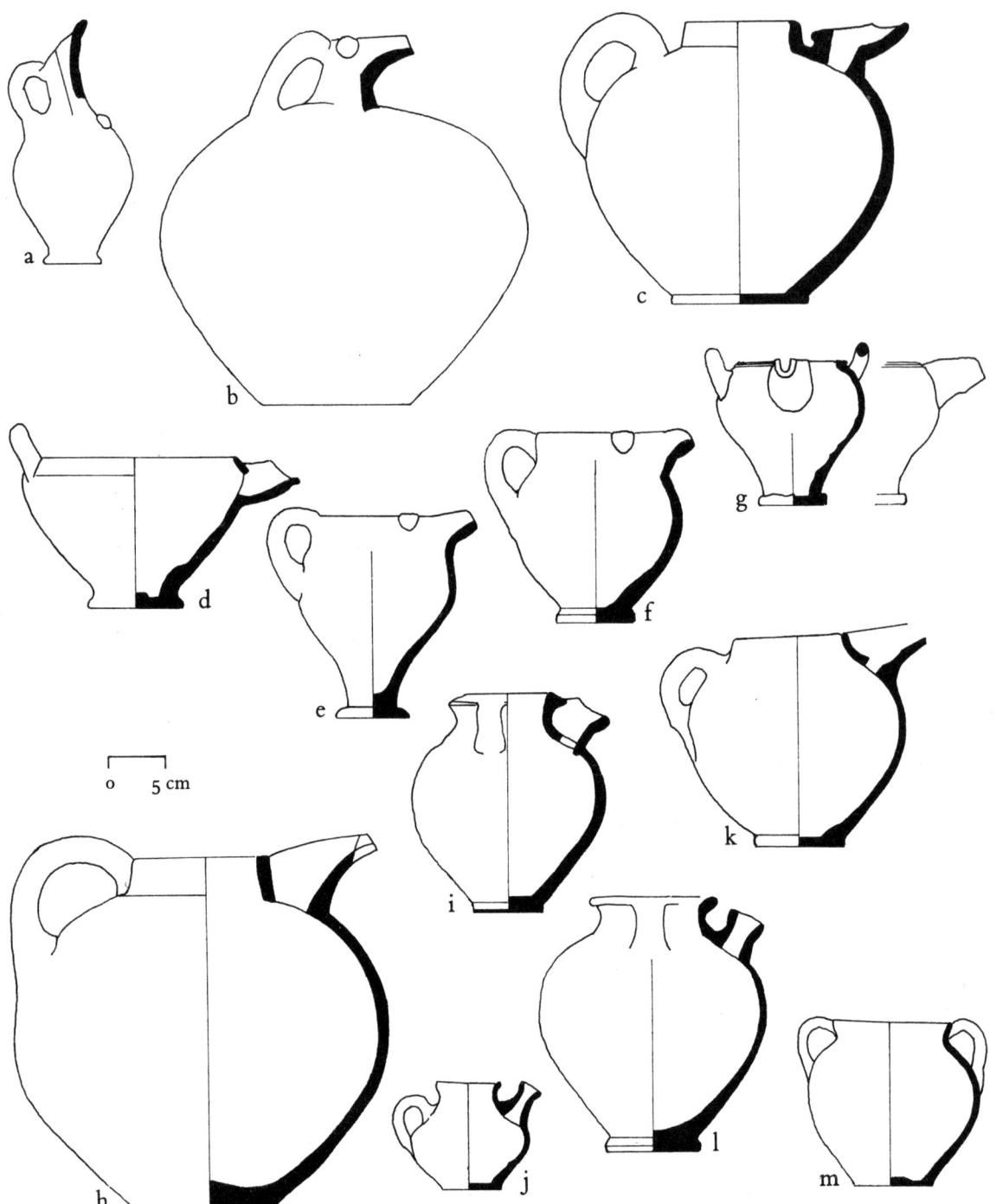

a

b

c

d

e

f

g

h

i

j

k

l

m

o   5 cm

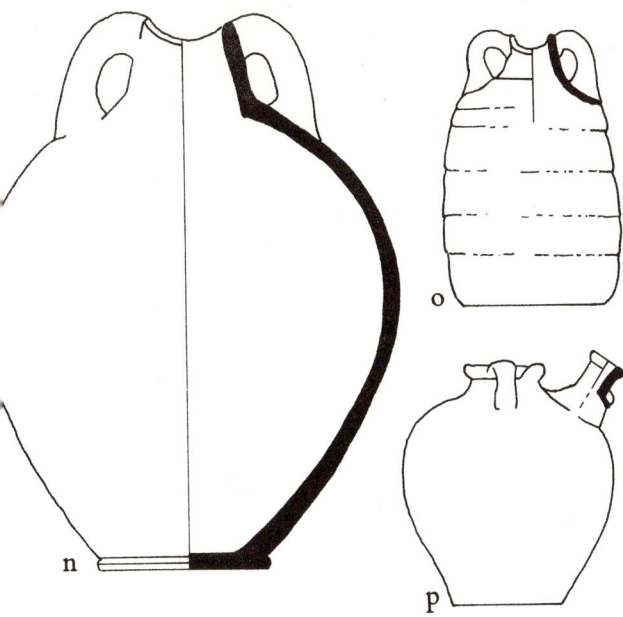

53, 54 Spätkykladische Keramik aus Akrotiri
a,b: Krüge; c: Schnabelkanne; d: kykladische
Tüllenschale; e,f: Kannen mit offenem Ausguß;
g: Amphora mit Ausguß; h: Tüllenkanne; i:
Tüllenamphora; j: Trinkgefäß; k: Tüllenkanne;
l: Amphora mit Ausguß; m,n,o: verschiedene
Amphoren; p: Bügelkanne

38 **Xesté 3** In diesem Gebäude wurde die bislang größte Zahl von Wandmalereien gefunden. Wohl haben die Restaurierungsarbeiten gerade erst begonnen, doch schon läßt sich absehen, daß sie eine gewaltige Fläche von mehreren Dutzend Quadratmetern bedeckt haben müssen. Zahlreiche Räume in diesem Haus waren mit Wandbildern dekoriert; dabei war offenbar in jedem Raum ein anderes Thema gestaltet worden. Ein Bild an den Wänden des »Reinigungsbeckens« in der Nordostecke des Gebäudes zeigte mehrere Frauen bei einer auch heute in Akrotiri noch ausschließlich diesen vorbehaltenen Tätigkeit — dem Sammeln der Krokusblüten für die Safrangewinnung. Jede Frau pflückt die kostbaren Blüten in Körbe, die dann in ein größeres Behältnis, wohl ebenfalls ein

Korb, zu Füßen einer großen, sitzenden weiblichen Figur entleert werden. Die Sitzende wird flankiert von einem blauen Affen zu ihrer Rechten und einem Greifen zur Linken. Jede Frau trägt ein anderes Gewand, alle Gewänder aber sind ebenso wie die Art, das Haar zu tragen, unverkennbar minoisch. Die Frauen sind geschmückt, sie tragen Halsketten, Ohrringe, Reife an den Armen und selbst an den Fesseln.

Daß dieses Bild an den Wänden des »Reinigungsbeckens« entdeckt wurde, mag ihm eine religiöse Bedeutung verleihen. Genaueres läßt sich aber bisher nicht sagen. Das Wandbild, soviel ist sicher, wird eine reiche Quelle für Informationen sein, nicht nur, was die spezifisch weiblichen Tätigkeiten im prähistorischen Akrotiri angeht, sondern auch über Haartrachten, Schmuck, Kleidung, textiles Gewebe, Stickerei und vieles mehr. Ferner ist die den Figuren eigene Freiheit der Bewegung wiederum Kennzeichen für die künstlerische Distanz Akrotiris zu den Normen und Konventionen der Paläste Kretas.

Trotz ihres noch fragmentischen Zustandes lassen sich weitere Bilder aus Xesté 3 ausmachen, darunter
a) eine zweite Gruppe von Frauen bei einer nicht klar zu deutenden Beschäftigung;
b) ein Fries mit blauen Affen bei menschlichen Tätigkeiten, wie Musizieren, Halten eines Schwertes und dergleichen;
c) Friese mit Laufspiralen;
d) rautenförmig angeordnete Reliefbänder, gefüllt mit 13 Rosetten.

Keramik

Die Ausgrabungen in Akrotiri haben eine Vielzahl von Artefakten zutage gefördert, die Aufschlüsse über die unterschiedlichsten Herstellungstechnologien in der späten Bronzezeit geben.

Keramikerzeugnisse sind die häufigsten und beständigsten Objekte der meisten prähistorischen Kulturen und daher für den Archäologen von großer Bedeutung. In Akrotiri haben die Umstände des Untergangs der Stadt zu ihrer Erhaltung in besonders großen Mengen Anlaß gegeben. Zum einen nahmen die Bewohner, die die Stadt in großer Hast verließen, nur 52—56

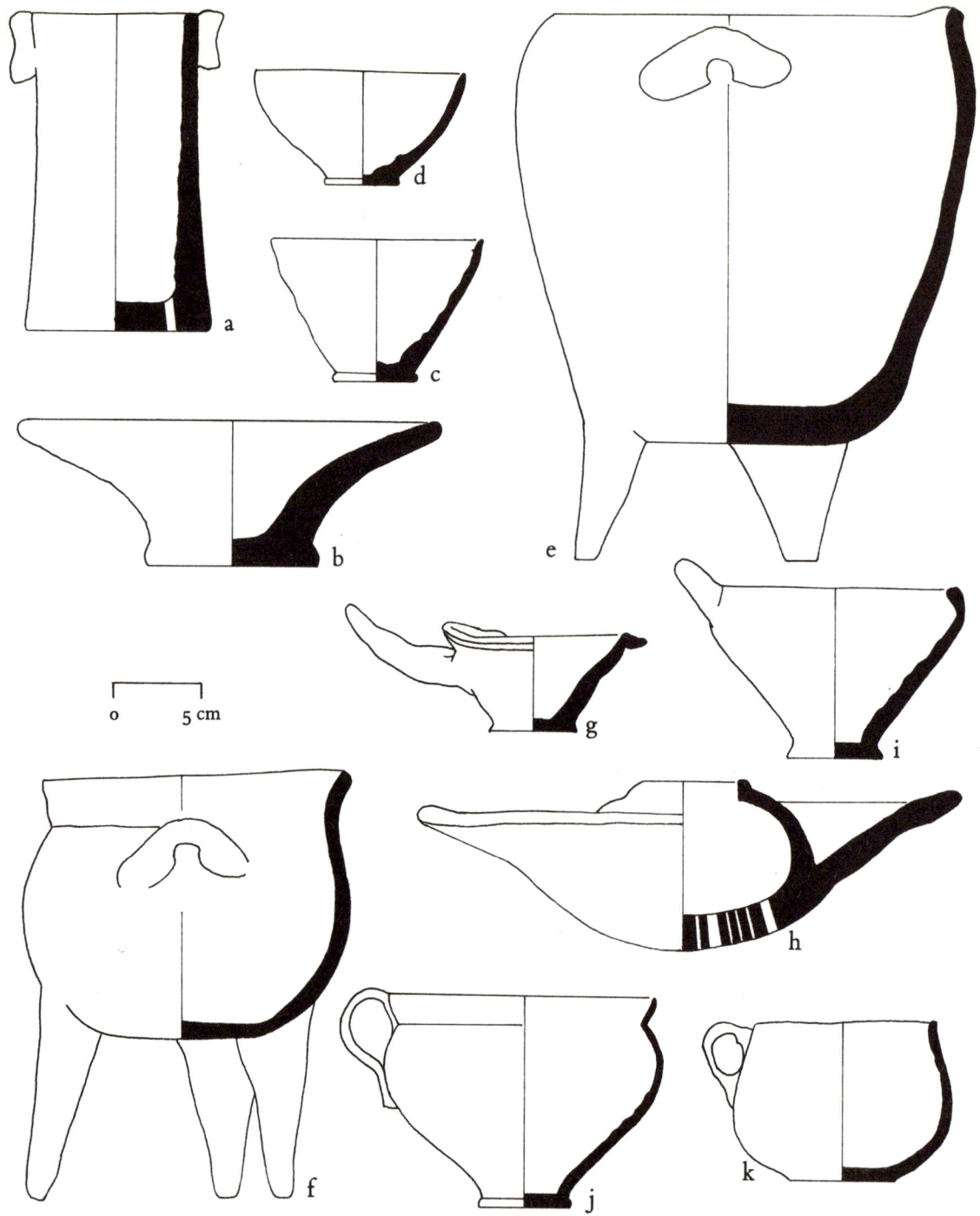

o   5 cm

a

b

c

d

e

f

g

h

i

j

k

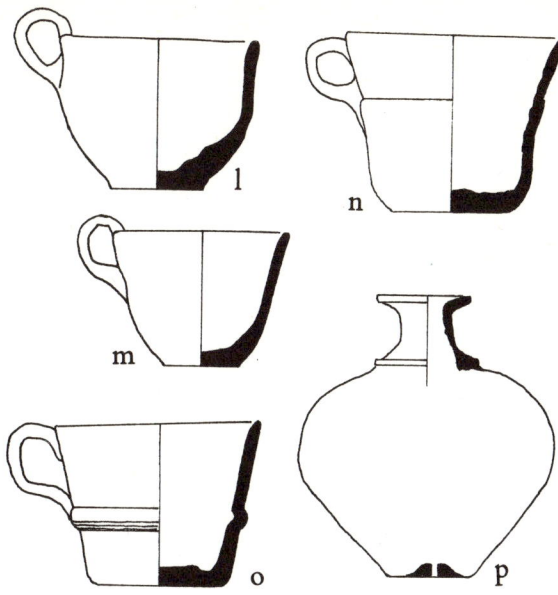

55, 56 Spätkykladische Keramik aus Akrotiri
a: zylindrisches Pflanzengefäß; b: Obst-
schale; c,d: konische Tassen; e,f: Kochgefäße;
g,h: Gefäße für Räucherwerk; i: kykladische
Schale; j–m: Tassen; n,o: Tassen des »Keftiu«-
Typs; p: Rhyton

ihren wertvollsten Besitz mit, zum anderen waren die
Bedingungen für die Erhaltung der Artefakte ideal.
Jedes der bisher freigelegten Gebäude enthielt eine
Fülle von Keramikprodukten. So haben wir heute
mehrere tausend mehr oder weniger unversehrter Va-
sen sowie eine Unmenge von Scherben.

Keramikgefäße dienten den verschiedensten Zwekken. Sie sind eine wertvolle Quelle für Informationen
über die Menschen, die sie einst herstellten. Großvolumige Gefäße dienten der Bevorratung (mit Lebens-
mitteln, Flüssigkeiten, Kleidung usw.), andere dem
Transport bestimmter Waren. Es gab Gefäße für die
Zubereitung und das Garen von Gerichten, für Essen
und Trinken sowie vielfältige andere Tätigkeiten
(Badewannen, flache Pfannen zum Abbrennen von
Räucherwerk, Öllampen, Kultgefäße, Bienenstöcke,
Blumentöpfe und dergleichen). Größe, Form, Beschaf-

fenheit, sogar die Art der Dekoration waren genau
auf den Verwendungszweck abgestimmt.

Technik

Wissenschaftliche Untersuchungen von Keramikfragmenten aus Akrotiri (polarisationsmikros-
pisch, mineralogisch, chemisch und dünnschliffanaly-
tisch) haben im wesentlichen die von den Archäologen nach Stilmerkmalen vorgenommene Einteilung
und Trennung in lokal gefertigte Ware und Import-
ware bestätigt. Erwartungsgemäß ist die Vielfalt von
Formen und Größen bei der lokal produzierten Ware
ausgeprägter als bei Importstücken. Wahrscheinlich
stellten die einheimischen Töpfer Gefäße für praktisch
alle Gelegenheiten her, von kleinen Trinkbechern und
Haushaltsgefäßen bis zu den großen Behältern, Badewannen und selbst rituellen Vasen. Importstücke andererseits gelangten entweder als (besonders große)
Behältnisse für andere Importgüter oder speziell als
»Luxusartikel« nach Akrotiri.

Die lokal gefertigte Ware zeichnet sich durch eine
etwas grobere Beschaffenheit und die braungelbe Färbung des Tons aus. Die Analyse zeigt, daß dieser Ton
Bimsstein und vulkanische Gesteinseinschlüsse enthält. Im Unterschied zur Keramik anderer Kykladeninseln ist für Akrotiri das Fehlen von Glimmer typisch. Es wird daher angenommen, daß die dreifüßigen Kochgefäße, in deren Biskuit Glimmereinschlüs-
se nachgewiesen wurden, entweder als Fertigware
importiert oder lokal aus Importton gefertigt wurden.
Die rotbraune Färbung des Tons erinnert an naxische
Töpferwaren. Es spricht auch nichts dagegen, daß
der Dreifuß-Kochtopf tatsächlich von der Insel Naxos
stammt. Da Glimmer den Ton besonders wärmebe-
ständig macht, ist die Auswahl des Materials zur Herstellung von Kochgefäßen sicher kein Zufall.

Formen

Folgt man Furumarks Definition von Form als »der
Art, in der das Gefäß entsprechend den Erfordernissen
des praktischen Gebrauchs ausgeführt ist«, so lassen

sich in Akrotiri mehr als fünfzig Gefäßtypen unterscheiden, und ständig kommen weitere hinzu. Jede Ausgrabung bringt neue Überraschungen und eine Erweiterung des bisherigen Bestandes. Eine Auswahl ist in den Abbildungen 57 bis 73 vorgestellt.

Eine Kategorie umfaßt mehrere Arten von Pithoi, das sind große Vorratsgefäße. Bei einem der Pithoi war der Auslauf sehr weit unten angesetzt, und so diente dieser zweifellos der Aufbewahrung einer Flüssigkeit. Auch die zweckentfremdete Nutzung von Badewannen zur Aufbewahrung von Mehl, Getreide und Hülsenfrüchten ist bekannt. Eine weitere umfangreiche Kategorie von Vasen in Akrotiri bilden Gefäße zum Schöpfen und Gießen. Die charakteristischsten Vertreter dieser Kategorie sind Schnabelkannen, Vasen, die als Büste geformt sind oder Brustwarzen betonen, Tüllenkannen sowie *askoi* (flachbauchige Gefäße). Zahlreiche Tassen sind als Trinkgefäße zu klassifizieren. Zu dieser Kategorie zählt ferner eine kleine Vase mit einem röhrenförmigen Ausguß, die die Bezeichnung »Trinkflasche« erhielt.

Neben diesen breit gefaßten Kategorien von Gefäßen gibt es kleinere Gruppen, wie Pflanzengefäße, Obstschalen, Seiher, dreifüßige Kochgefäße und Räucherschalen. Unterschiedliche Rhytone (Vasen mit kleiner Ausgußöffnung am Boden) werden im allgemeinen als Trankopfergefäße beschrieben, doch zählen einige der konischen Trichter, die sich fast in jedem Haus in Akrotiri in größerer Zahl fanden, gleichfalls zu dieser Klasse von Gefäßen. Zoomorphe Rhytone, zum Beispiel in Form von Stieren, Tritonmuscheln, Löwen-, Stier- und Eberköpfen, erfüllten zweifellos rituelle Funktionen.

50

58 Spätkykladischer
Tüllenpithos mit
senkrecht und
waagerecht um-
laufendem Strich-
muster; einheimi-
sche Werkstatt,
Höhe 12,8 cm. Er
wurde im Raum
Beta 1 gefunden.

Dekoration

Sehr selten sind Vasen ohne Schmuck entworfen worden. (Zu den schmucklosen Arten zählen kleine konische Tassen, Kochgefäße, Gefäße zum Abbrennen
von Räucherwerk sowie generell solche, deren Gebrauch die Dekoration zerstören müßte.) Selbst Haus-
haltsgefäße, darunter Vorratskrüge, sind mit Orna-
menten dekoriert.

Die alte kykladische Tradition der Ritzdekoration
scheint überholt gewesen zu sein, denn sie tritt uns
nur noch bei wenigen Gegenständen des Hausrats entgegen. Dazu zählen große eiförmige Vorratsgefäße
mit aufgelegten horizontalen Tonbändern zur Verblendung der Nahtstellen. Solche Bänder tragen oft
vertikale Riffelungen.

Plastische Dekorationen sind häufiger als Ritzdeko-
rationen und dennoch nicht allgemein verbreitet.
Auch sie werden für große Vasen bevorzugt, bilden

Reihen kleiner Halbmonde als Bandauflagen oder
Schnurdekors. Knopfaufsätze dienen ebenfalls als De-
koration; man findet sie zwischen den Henkeln von
Krügen sowie beiderseits des Ausgusses bei einer Art
von Schnabelgefäßen, wo man sie auch als gemaltes
Augenimitat kennt.

Am häufigsten wurden Vasen bemalt. Als Hauptfarben dienten Schwarz, Braun und Rot. Zwischentöne entstanden beim Brennen. Weiß kennt man nur
bei Importstücken zur Akzentuierung auf dunkel gemalten Motiven oder als ergänzendes Element.

Die Anordnung der gemalten Motive auf der Keramik von Akrotiri folgt zwei Systemen, die sich grund-
sätzlich voneinander unterscheiden. Das eine entspricht
der kretischen Tradition der zonenförmigen Anordnung der Themen des Dekors. Die Gesamtfläche der
Vase wird durch horizontale Bänder in genau definier-
te schmale und breite horizontale Zonen unterteilt.
Innerhalb einer Zone besteht die Dekoration entweder

50, 66
67

74

aus einem sich ständig wiederholenden oder aus mehreren Motiven. Das zweite System folgt der kykladischen Tradition, die die Motive ohne Untergliederungen auf die Gesamtfläche der Vase frei verteilt.

58 Motivisch stehen die Dekorationen gleichfalls in der Tradition beider Systeme. Geometrische Motive sind in der kretischen Keramiktradition sehr lebendig, Bildelemente besitzen eine lange Geschichte in der kykladischen Tradition. Die geometrischen Motive

74 erschöpfen sich weitgehend in linearen Darstellungen, wie horizontalen Bändern, Gruppen vertikaler Riffe-

lungen (muschelschalenartig), Spiralen und Kreisen. Bilddarstellungen finden wir beinahe ausnahmslos auf 57—65 Vasen aus einheimischer Werkstatt. Die Themen sind 68—70 im allgemeinen der Tier- und Pflanzenwelt entnommen, der Mensch als Motiv ist nicht gänzlich unbekannt. Schilfe und Gräser, Pflanzen oder Ähren der Gerste, Lilien, Krokusse, Myrte und Wicken sind die floralen Motive auf der theräischen Keramik, aus dem Tierreich stammende Motive sind vornehmlich Fische, Vögel und Wildziegen. Interessant bei der kykladischen Ware ist die Dekoration von Gefäßen mit

59 Spätkykladische Schnabelkanne mit Pflanzendekor in Dunkel-auf-Hell-Malerei aus Delta 2; einheimische Werkstatt, Höhe **36,5 cm**

60 Spätkykladisches Gefäß mit Blumendekor in Dunkel-auf-Hell-Malerei; einheimische Werkstatt, Höhe 15 cm

Abbildungen anderer Gefäße. So werden Krüge und Kannen häufig mit Vasen in Form von Büsten bemalt.

Keramikgefäße wurden in Akrotiri zweifellos vielseitig verwendet. Bedenkt man die Standardisierung der Typen sowie den Zusammenhang zwischen Vasenformen und bestimmten Motiven der Dekoration, so könnte man annehmen, daß die Produktion beinahe industriemäßig betrieben wurde. Man gewinnt den Eindruck, irgendwo müsse sich ein Zentrum der Produktion von Vasen für alle möglichen Zwecke befunden haben. Vielleicht hatten sich die Töpfer selbst zu einer Art Zunft oder Gilde zusammengeschlossen. Die Standardisierung hatte jedoch keine sklavische Imitation zur Folge, denn die Kreativität der Töpfer von Thera spricht nicht nur aus der Einzigartigkeit bestimmter Typen von Keramik, sondern auch aus der Originalität der Dekoration, der Themen und der Komposition.

Steinbearbeitung

Obwohl die Besiedlung der Ausgrabungsorte hauptsächlich in der späten Bronzezeit erfolgte und man daher annehmen könnte, Steinwerkzeuge sollten weitestgehend durch solche aus Metall abgelöst worden sein, erbringen die Ausgrabungen in Akrotiri große Mengen von Steinwerkzeugen und Steingefäßen. 75—80 Diese ungewöhnliche Tatsache dürfte sich aus dem Überfluß geeigneten Materials für Steinwerkzeuge auf der Insel erklären.

Die Steinbearbeitung in Akrotiri hat drei Hauptgruppen von Erzeugnissen hervorgebracht: Werkzeuge, Vasen und Kleingeräte.

Mahlwerkzeuge, Stößel, Poliergeräte, Hämmer, Ambosse, Mahlsteine, Abrißwerkzeuge und Anker sind die wichtigsten Steinwerkzeuge und Steingerätschaften der späten Bronzezeit in Thera.

61 Spätkykladische Importkanne mit Blumendekor in Dunkel-auf-Hell-Malerei aus Delta 1,
Höhe 40,8 cm

62 Spätkykladische Büstenkanne aus einheimischer
Werkstatt. Sie ist 43,5 cm hoch und mit
Schwalben dekoriert. Sie wurde in Raum Delta
9.1 gefunden.

63 Spätkykladisches Gefäß mit Delphindekor aus
Beta 2; einheimische Werkstatt, Höhe 18,4 cm

Die in Akrotiri gefundenen Steinvasen gehören zu zwei Hauptkategorien: Importvasen und einheimische Erzeugnisse. Professor Peter Warren, führender Spezialist für minoische Steinvasen, geht davon aus, daß in Akrotiri eine »blühende einheimische Industrie für die Bearbeitung sowohl einheimischer Materialien vulkanischen Ursprungs als auch kostbarer importierter Steine« existierte. Daneben gab es Importe kostbarer Vasen aus Kreta und anderen Gegenden. Professor Warren unterscheidet bei den Steinvasen von Akrotiri folgende auf der Insel nicht vorhandene Materialien: Alabaster, Gips, verschiedene Kalksteine und Marmor, *rosso antico* sowie Serpentin. An unterschiedlichen Vasenformen aus importierten Steinen sind das Alabastron, verschiedene Schalen und Kannen, Kalykes, Tassen, Öllampen, Pithoi und Rhytone bekannt.

64 Spätkykladische Vase mit Rebendekor aus Delta 4; einheimische Werkstatt, Höhe 50,1 cm
65 Spätkykladische Büstenkanne aus Delta 4, Höhe 54,9 cm

Trotz der Verschiedenartigkeit bestimmter Typen ist die Zahl der importierten Vasen wesentlich kleiner als die der aus einheimischem Stein produzierten. Einheimische Waren sind zudem weniger verfeinert und dienten vermutlich dem täglichen Gebrauch. Wir finden verschiedene flache Schalen, Mörser, Öllampen und großvolumige Pithoi, die sämtlich aus vulkanischen Gesteinen hergestellt sind (Trachyt, schwarze Lava, Tuffgestein).

Neben einigen aus einheimischem Gestein gefertigten Kleingegenständen fand man in Akrotiri auch mehrere importierte Siegel. Diese belegen die bestehenden Beziehungen der Kultur von Thera zur minoisch-mykenischen Welt.

Obsidianschneiden gehören in Akrotiri zu den selteneren Funden. Möglicherweise verstand man es, bessere, längere und größere Schneiden aus Bronze zu fertigen. Entsprechende Funde jedenfalls lassen diese Vermutung zu. Reichlich enthalten die Funde Obsidianflocken und -blättchen. Möglicherweise gelangten sie fertig bearbeitet von Melos nach Akrotiri. Die Entdeckung reichlicher Obsidianvorräte legt aber auch die Vermutung nahe, daß Gegenstände daraus auf der Insel selbst hergestellt wurden.

Metallurgie

Trotz der geringen Zahl von Metallgegenständen in Akrotiri kann der Überfluß aus der spätkykladischen Periode I wenigstens zum Teil dem Handel mit Metallbarren zugeschrieben werden. Kreta und Zypern waren die bedeutendsten spätbronzezeitlichen Zentren der Metallproduktion, und es ist anzunehmen, daß kykladische Unternehmer als Zwischenhändler von Metallen tätig waren. Metallgegenstände galten in Akrotiri als Luxusartikel und wurden möglicherweise von den Bewohnern mitgeführt, als sie die Stadt vor dem Ausbruch des Vulkans eilends verließen. Sporadische Funde spätbronzezeitlicher Metallgegenstände, besonders aus Bronze und Blei, werden festgestellt. Gold und Silber sind praktisch unbekannt. Erwähnenswert unter den Bronzegerätschaften sind Angelhaken, Messer, Dolche, Meißel, Sicheln und Ahlen. Dazu kommen noch einige Bronzegefäße, wie die Schalen einer Waage, Pfannen zum Braten und Backen, dreifüßige Kochkessel, Krüge und Schalen.

Blei tritt in Akrotiri fast ausschließlich als Material für flache Wägestücke in Erscheinung. Man ver-

82, 83, 84

66 Spätkykladische
tönerne Öllampe
aus Delta 2,
Höhe 5,3 cm

67 Spätkykladischer
tönerner »Bratrost«
aus Delta 2, Länge
38,2 cm

schiedene Größen davon gefunden. Heute machen sie etwa ein Drittel aller aus dem ägäischen Raum bekannt gewordenen minoischen Bleigewichte aus. Ein Gegenstand in Form eines Kreuzes und gleichfalls aus Blei stammt aus dem Raum Delta 8.

Von den wenigen gefundenen Silbergegenständen sind die kleinen, aus feinem Silberdraht gefertigten Ringe aus dem Raum Delta 16 am bedeutendsten. Gold ist mit Ausnahme des winzigen Restes eines dünnen Blättchens unter den Funden nicht vertreten.

Möbel

Die Vulkanasche, die Akrotiri verschüttete, drang oft in großen Mengen ins Innere der Häuser ein. In diesen Schichten feinsten vulkanischen Staubes sind Leerräume enthalten, die von inzwischen zerfallenen Gegenständen aus Holz stammen. Man hat diese Räume als Formen verwendet und Gipsabgüsse von Möbelstükken, wie Betten, Tischen, Stühlen und Hockern, angefertigt. Auf diese Weise entstand auch die Kopie einer schmalen Bettstatt von 1,60 Meter Länge und 0,68 Meter Breite aus dem Raum Delta 2, ebenso das

Fragment eines Hockers, der nach seiner Rekonstruktion 42 × 28 Zentimeter und 38 Zentimeter in der Höhe maß. Abgüsse von Teilen anderer Hocker und eines Stuhles wurden an anderen Stellen der Ausgrabungsstätte gewonnen. Am bemerkenswertesten ist aber wohl ein runder Tisch aus dem Erdgeschoß des Raumes Delta 1, dessen drei Füße Spuren von Schnitzereien aufweisen. Es sind weitgehende Ähnlichkeiten 85,86 zwischen diesem dreifüßigen Tisch und den kleinen »Opfertischen«, wie sie aus der minoischen Kultur und von Akrotiri bekannt sind, festzustellen. Die »Opfertische« von Akrotiri sind aus Ton angefertigt oder mit Stuck überzogen und in derselben Technik wie die Wandbilder bemalt. Herausragende Beispiele sind die mit Delphinen geschmückten Stucktische. 15 Zum Mobiliar rechnet schließlich auch ein kleiner steinerner Hocker aus den mittelkykladischen Schichten.

Weberei

Die Webkunst kann in Akrotiri nur indirekt nachgewiesen werden, da Funde von Textilien fehlen. Die Wandmalereien zeigen zwar Kleidermoden für Män-

68 Spätkykladische Vase mit Pflanzendekor in Hell-
auf-Dunkel-Malerei aus Delta 8; einheimische
Werkstatt, Höhe 25,5 cm
69 Einheimisches Seihgefäß mit Pflanzendekor in
Hell-auf-Dunkel-Malerei aus Alpha 2,
Höhe 23,9 cm
70 Spätkykladische Vase (Kymbe) mit Delphindekor aus Beta 2; einheimische Werkstatt,
Länge 43,2 cm

71 Spätkykladisches
tönernes Rhyton
in Form einer Tri-
tonmuschel,
Länge 22,4 cm

72 Spätkykladisches
tönernes Löwen-
kopfrhyton aus
Raum 4 im West-
haus, Höhe
11,4 cm

73 Spätkykladisches
tönernes Stierrhy-
ton aus Alpha 2,
Länge 24,6 cm

ner und Frauen, erlauben aber keine Aussagen darüber, ob das Material für die Gewänder aus einheimischen Quellen stammte oder nicht. Funde von zerstoßenen Purpurschnecken, die zur Verstärkung der Fußböden dienten, lassen vermuten, daß die Garnfärberei — und damit auch die Weberei — in Akrotiri betrieben wurde (Purpurschnecken lieferten die rote Farbe). Den unmittelbaren Beweis erbringen zahlreiche Funde linsenförmiger Objekte in den Ruinen fast aller Häuser. Ihre Form läßt auf den Verwendungszweck als Wirtel schließen. Man findet sie inmitten des Schuttes aus den Obergeschossen in Gruppen zu mehreren Dutzend, was darauf schließen läßt, daß der Webstuhl zur Einrichtung der Wohngemächer eines Hauses gehörte. Weben war demnach eine Hauptbeschäftigung in der Hauswirtschaft, und viele Menschen, vermutlich die Frauen, waren damit befaßt. Webstücke wurden wahrscheinlich in so reichlichen Mengen erzeugt, daß man sie, wie es die Wandbilder zeigen, nicht nur für eine abwechslungsreiche Kleidung, sondern auch als Segeltuch und zu anderen Zwecken benutzte. Wollgarne spann man aus der Wolle der einheimischen Schafe und Ziegen, Flachs zur Leinenweberei wurde vermutlich auf den Feldern angebaut.

88 Mit der Webkunst eng verwandt ist die Kunst des Flechtens. Abdrücke von Geflechten kennen wir auf Keramik der frühkykladischen Stufe II; in Akrotiri sind sie besonders an der Unterseite früh- und mittelkykladischer Vasen zu finden. Offenbar dienten Matten als Unterlage, auf denen, ähnlich wie auf der Scheibe des Töpfers, langsam von Hand gedreht die Gefäße entstanden, oder die Vasen wurden nach der Herstellung zum Trocknen darauf abgestellt. Interessant ist, daß seit Beginn des Spätkykladikums I keine weiteren Abdrücke von Geflechten an getöpferten Vasen mehr auftreten. Doch ist die Flechterei für diesen Zeitabschnitt direkt nachgewiesen. Reste von Mattengeflecht hat man als Abdeckung im Bronzemagazin im Raum Delta 3, im Kellergeschoß des Raumes 4 im Westhaus und an anderen Stellen gefunden.

Mit der Mattenflechterei eng verwandt ist die Korbflechterei. Als Material dienten wohl Binsen und Weiden. Erhalten blieben sie (wenn auch in pulverisierter Form) nur, wenn die feine Vulkanasche sie vollständig bedeckte. Ihre Erhaltung, Bergung und Konservierung ist eine bemerkenswerte Leistung der griechischen Restauratoren. Ein wahrscheinlich aus Weidenruten geflochtener Korb wurde im Mühlenhaus im Sektor Alpha gefunden. Darunter fand man eine Anzahl Seeigelschalen und mehrere Stifte. Vielleicht hatte man die Seeigel als Produkt des Meeres zum Trocknen in den Korb gelegt und diesen mit den Stiften an der Decke aufgehängt, kurz bevor die Vulkankatastrophe über die Stadt hereinbrach. Weitere aus Bast geflochtene Körbe wurden im Keller des Raumes 4 im Westhaus, im Keller des Raumes Delta 1 und andernorts gefunden.

Speisen und Getränke

Wie ihre Vorfahren betrieben die Bewohner des spätbronzezeitlichen Akrotiri die Viehwirtschaft, was aus zahlreichen Knochenfunden unschwer zu erkennen ist. Quantitative Untersuchungen haben ergeben, daß Schaf und Ziege als Hauptfleischlieferanten dienten (72 % aller Knochenfunde), gefolgt von Schweinen (19 %) und Rindern (9 %). Da Rinderknochen keine Anzeichen des Schlachtens aufweisen, ist anzunehmen, daß Rinder als Arbeitstiere beim Pflügen der Felder, zum Tragen von Lasten und zur Gewinnung von Milch, nicht aber von Fleisch dienten. Auch Wild wurde gegessen; darauf deuten die Eberzähne hin, die man in den Speiseresten fand. Da in der spätkykladischen Zeitstufe I Wildschweine wahrscheinlich nicht auf der Insel beheimatet waren, muß vermutet werden, daß sie in Kreta oder auf dem griechischen Festland erlegt und dann nach Thera gebracht wurden.

Ergänzt wurde der tägliche Speisezettel der Einwohner von Thera durch Tiere des Meeres. Außer Fisch verachtete man auch Delikatessen wie Seeigel, Napfschnecken und Tritonmuscheln nicht. (Zahlreiche Schalen dieser Schnecken hat man in den Ruinen der Häuser und in Gefäßen gefunden.) Schnecken müssen sich großer Beliebtheit erfreut haben. Man 89

74 Dekorationen auf Keramik aus Akrotiri

hat große Pithoi gefunden, die weiße Schneckenschalen einer Art enthielten, welche auf der Insel nicht beheimatet war, aber in großen Mengen in Kreta auftrat, so daß umfangreiche Importe von Delikatessen anzunehmen sind.

Aus karbonisierten Resten von Getreide wissen wir, daß in den Küchen von Akrotiri auch verschiedene Hülsenfrüchte, möglicherweise Linsen und Erbsen, verwendet wurden. Brot wurde aus Gerstenmehl gebacken, was aus Funden von Mahlresten im Raum Alpha 1 angenommen werden kann und worauf die in allen Häusern installierten Mahlwerke gleichfalls schließen lassen. Oliven wurden wahrscheinlich importiert, Safran und Sesam dienten der Verfeinerung von Backwaren. Ob man Olivenöl zur Zubereitung der Speisen oder zum Einreiben des Körpers verwendete, kann nur vermutet werden. Als sicher kann dagegen gelten, daß Nüsse — Mandeln und Pistazien — verspeist wurden, denn man bewahrte sie in Gefäßen auf. Möglich ist auch, daß man in Akrotiri den [91] Honig kannte. Rebendekors auf vielen Vasen führen zu dem Schluß, daß auch Weinbau betrieben worden ist.

Es ist anzunehmen, daß die Früchte des Weinstocks nicht nur verzehrt, sondern auch zu Wein verarbeitet wurden, den man in speziell dafür vorgesehenen Gefäßen aufbewahrte. Auf Reisen und durch den Handel mögen die Einwohner von Thera auch exotischere Getränke kennengelernt haben, wie zum Beispiel Bier, ein wohlbekanntes ägyptisches Getränk.

Handel und Verkehr

Sowohl die Wandmalereien mit dem Flottenfries im [90, 93] Westhaus als auch die exotischen Tiere auf vielen an- [12] deren Bildern legen die Vermutung nahe, daß Akrotiri enge Kontakte mit der Außenwelt unterhielt. Die Segelschiffe der spätkykladischen Zeitstufe I waren seetüchtig genug, die rauhe Ägäis zu bewältigen. Das am besten erhaltene (nicht aber das größte) Schiff der Flotte läßt neunzehn Ruderer auf einer Seite des Schiffes erkennen, und neunzehn weitere dürften demnach Platz auf der anderen Seite gefunden haben. Nimmt man an, daß jedem Ruderer ein Raum von 70 bis 80 Zentimetern zugedacht war, nähmen neunzehn von ihnen immerhin mindestens dreizehn bis fünfzehn Meter Schiffslänge ein. Nimmt man ferner an, daß die Darstellung des Wandbildes maßstabgerecht ist, so muß das Schiff eine Gesamtlänge von mindestens 39 bis 45 Metern gehabt haben, da die Ruderer nur ein Drittel der Gesamtlänge des Schiffes beanspru-

75 Spätkykladische Marmorvase aus Delta 16, Durchmesser 16,2 cm

76 Spätkykladisches
   Steinsiegel mit
   Greif aus Delta 16
77 Spätkykladisches
   Trinkgefäß aus
   Marmor aus Delta
   16, Höhe 20,3 cm

chen. Mit Schiffen dieser Größe dürften Reisen zwischen den Inseln kein Problem gewesen sein.

Die Annahme, daß der überseeische Handel für Akrotiri von existentieller Bedeutung war, wird weiter unterstrichen durch den Nachweis (vgl. Kapitel 2 und 5), daß die Bewohner der Kykladeninseln wahrscheinlich die gesamte Bronzezeit hindurch die Kontrolle über die Seewege in der Ägäis ausübten. Ferner ist sehr wahrscheinlich, daß sie auch den Handel zwischen der Ägäis und dem östlichen Mittelmeer beherrschten. Die Funde in Akrotiri selbst belegen die engen Kontakte zwischen Thera und dem griechischen Festland sowie Kreta. Keramik aus diesen beiden Ländern ist darunter häufig. Entweder diente sie als Behältnis für andere Waren (zum Beispiel Nahrungsmitteln) oder wurde selbst als Objekt gehandelt. Professor Peter Warren hat darauf verwiesen, daß in Thera mehr kretische Vasen als an beliebigen anderen Ausgrabungsorten in Kreta selbst oder anderswo, mit Ausnahme von Knossos, gefunden wurden.

Die engen Beziehungen zwischen Thera und den anderen Inseln der Ägäis werden unter anderem durch den Import großer Mengen Obsidian von Melos demonstriert. Die Verbindungen nach dem östlichen Mittelmeer werden ebenso deutlich, wenn man beispielsweise die Gipsvasen betrachtet, für die Professor Warren einen syrisch-palästinensischen Ursprung annimmt, oder die syrische Amphore aus dem Raum Delta 9.1. Möglicherweise wurde in dieser Amphore Bier oder Getreide importiert, wie Frau K. Thorpe-Scholes feststellt. Zwei Straußenei-Fayencen aus dem Raum Delta 16 lassen auf Kontakte mit Ägypten

schließen, selbst wenn die Verarbeitung der Eierschalen zu Rhytonen, wie Marinatos erklärt, »eine ägäische Arbeit belegt«.

Silber und Blei sind wahrscheinlich Importe aus Laurion an der Ostküste Attikas oder von der Insel Siphnos. Bronzevasen und -gerätschaften weisen Ähnlichkeiten mit kretisch-mykenischen Funden auf und sind wahrscheinlich Importe von Kreta oder dem hellenischen Festland. Die Funde in Akrotiri weisen Thera auch als Produktionszentrum für dreifüßige Mörser aus einheimischem Dazit aus, die in großer Zahl nach Kreta exportiert wurden. Nicht alle Waren sind jedoch aus so dauerhaften Materialien angefertigt, daß sie bei Ausgrabungen von Archäologen gefunden werden könnten, und daher muß es auch einen lebhaften Austausch vergänglicher Objekte gegeben haben. Thera könnte Wein, Safran und Honig exportiert und Olivenöl, Olivenfrüchte, Textilerzeugnisse sowie Holz importiert haben.

Schreiben und Rechnen

Obwohl die sogenannten Töpfermarken, die als Ritzzeichen auf vielen mittelkykladischen Vasen zu finden sind, von einigen Forschern als Symbole für eine Art gesamtägäischer Kommunikation gedeutet werden, scheint es verfrüht, von einer »Schrift« in den Kykladen zu sprechen. Dabei ist das von Sir Arthur Evans unter der Bezeichnung »Linear A« zusammengefaßte Silbenschriftsystem wohl die größte Leistung des minoischen Kreta im ägäischen Kulturkreis. Vermutlich nahm es seinen Ausgang in Phaistos in den frühen Jahrhunderten der mittelminoischen Periode. Von dort verbreitete es sich rasch in ganz Kreta und war gegen Ende dieser Periode auch schon auf anderen ägäischen Inseln in Gebrauch. Fragmente von Tontafeln in Linear-A-Schrift wurden sowohl in Ayia Irini auf Kea als auch in Phylakopi auf Melos gefunden. In Thera wurden Tontafeln dieser Art bisher nicht entdeckt, doch ist es sehr wahrscheinlich, daß auch Thera bereits in den kretischen Kulturkreis eingetreten war. Einige wenige Scherben, die in den Ruinen gefunden wurden, tragen Linear-A-Zeichen. Außerdem weist die Schulter eines großen Gefäßes im Raum Delta 4 eine vollständige Inschrift in Linear A auf. Sie besteht aus vier Zeichen, die als a-re-sa-na gedeutet werden — möglicherweise der Name einer Person oder des Ursprungsortes des Gefäßinhalts.

Eindeutiger belegbar ist die Verwendung des minoischen Maßsystems in Thera wie auch in der übrigen Ägäis. Bleigewichte hat man in großer Zahl in verschiedenen Größen gefunden. K. Petruso, der sich näher mit ihnen befaßt hat, weist darauf hin, daß »das häufigste Verhältnis zweier aufeinanderfolgender Stückelungen im System 1:2 ist«. Einige Gewichte tragen Marken, die Teile oder Vielfache einer Einheit symbolisieren, die man mit etwa 61 Gramm nachweisen konnte. Die Anwendung dieses Maßsystems und

78 Spätkykladische steinerne »Abrißkugel«; in die Rillen solcher Steine wurde ein Seil gelegt, so konnten sie beim Abriß von Häusern als Werkzeug verwendet werden. Ursprünglicher Anbringungsort war der Mühlenplatz.
Länge 31,6 cm

die Entdeckung zahlreicher Gewichte — Akrotiri lieferte bisher 50 % (über einhundert) aller bekannten minoischen Wägestücke — ist nicht nur ein Beweis für kretische Einflüsse in Thera, sondern belegt gleichermaßen die Bedeutung Akrotiris als Handelszentrum in der Ägäis.

Die gesellschaftlichen Verhältnisse

Da schriftliche Dokumente fehlen, ist es schwierig, die gesellschaftlichen Strukturen des spätkykladischen Akrotiri zu rekonstruieren. Der Historiker ist gezwungen, sich an materiellen Überresten zu orientieren, die aber immer nur Teilaussagen liefern. Gewöhnlich geben Gräber und Opfergaben gewisse Aufschlüsse über sozialen Status und Religion. Leider hat man aber in Akrotiri bisher keine Grabstätten gefunden, und deshalb kann das Folgende auch nur als eine vorläufige Aussage über die gesellschaftlichen Verhältnisse in Akrotiri betrachtet werden. Die bislang bekannte materielle Kultur von Akrotiri läßt Gegenstände aus wertvollem Material, die Hinweise auf den gesellschaftlichen und wirtschaftlichen Status der Eigentümer geben könnten, vermissen. Offenbar verblieb den Bewohnern des Ortes ausreichend Zeit, vor der hereinbrechenden Katastrophe zu fliehen und den

79 Spätkykladischer
   Steinmörser aus
   Delta 2,
   Höhe 14,2 cm
80 Spätkykladische
   steinerne Öllampe
   aus Delta 1,
   Höhe 12,1 cm

größten Teil der wertvollen Habe zu bergen. Den Archäologen bleiben die Anlage der Stadt und ihre Bauweise sowie das künstlerische Erbe in Form der Wandmalereien und der gleichfalls in früheren Abschnitten vorgestellten gegenständlichen Kunst. Auf dieser Grundlage sind bestimmte Aussagen über die Menschen von Akrotiri möglich.

Es wurde bereits nachgewiesen, daß das Akrotiri der spätkykladischen Periode I keine Neugründung war, sondern sich in seiner Form bereits während des Mittelkykladikums herausgebildet hatte und sein Ursprung frühbronzezeitlich ist. Da eine Unterbrechung dieser tausendjährigen Entwicklung nicht erkennbar ist, darf man wohl davon ausgehen, daß es sich beim größten Teil der Bewohner um Einheimische handelte. Der starke minoische Einfluß auf Kunst und Architektur hat einige Forscher zu dem Schluß gebracht, Akrotiri sei eine spätminoische Gründung. Doch erscheint diese sogenannte Minoisierung bei näherer Betrachtung als eine zu oberflächliche Charakterisierung. Zweifellos kopierten die Töpfer von Akrotiri die Formen einiger minoischer Vasen, doch Gestaltung und Motive blieben eigenständig kykladisch. Die für minoische Vasen charakteristische tektonische Aufteilung in Streifen und Felder verliert sich auf den Kykladen — und so auch in Akrotiri — und macht einer freieren Aufteilung und Anordnung der Motive Platz. Ferner finden wir auf den Kykladen — und in Akrotiri — seltener geometrische oder lineare Dekors, wie sie uns von spätminoischen Vasen der Zeitstufe I a vertraut sind; dort sind Bildmotive stärker verbreitet.[*] Als weiteres kykladisches Merkmal kann die häufige Verwendung von Themen aus dem Tierreich genannt werden; diese sind für Kreta nahezu unbekannt. Ähnliches trifft für die Wandbilder zu, die trotz ihrer minoischen Malweise größere Freiheit als die stärker der Tradition verhafteten kretischen Kunstwerke ausstrahlen. Die naturalistische Darstellungsweise auf den Fresken in Thera entspricht eher dem Geist der Kunst der Kykladen. Aus all diesen Überlegungen folgt, daß Akrotiri eine einheimische kykladische Bewohnerschaft hatte. Dies schließt die Existenz kleiner Minoritäten, hauptsächlich aus Kreta und dem griechischen Festland, nicht aus.

Betrachtet man andere Siedlungen jener Zeit und die verhältnismäßig geringe Ausdehnung der Insel, so ist die Bezeichnung Stadt für Akrotiri mit seinen vielen Menschen und dem hohen Stand der Organisation des Zusammenlebens berechtigt. Bisher wurde eine Fläche von mehr als 1700 Quadratmetern ausgegraben, dabei wurden große zwei-, drei- und vierstöckige Bauwerke freigelegt. Diese waren entweder die Wohnstätten einer wohlhabenden Schicht — in diesem Falle hätten sich die Wohnungen der ärmeren Bevölkerung weiter außerhalb befunden —, oder die mehrgeschossigen Häuser sprechen für die Knappheit des zur Verfügung stehenden Baulandes. In beiden Fällen muß die Bevölkerung der Stadt zahlreich gewesen sein, und sie lebte auf engem Raum, denn unbebaut blieben nur wenige Plätze. In dieser Hinsicht ähnelt Akrotiri einer Reihe von Städten des mittelalterlichen Europa. Die Anlage der Stadt und ihre Architektur führen zu der Erkenntnis, daß der Stand der gesellschaftlichen Organisation sehr hoch war. Die Straßen waren befestigt, und unter ihnen verlief eine Kanalisation zur Beseitigung der Abwässer. Für den guten baulichen Zustand der Häuser dürfte eine Art zentraler kommunaler Behörde Sorge getragen haben. Diese Vermutung wird bestärkt durch die umfangreichen Baumaßnahmen, welche nach dem Erdbeben, das dem Vulkanausbruch vorausging, in Angriff genommen wurden. Die Straßen wurden wieder passierbar gemacht und beschädigte Wände niedergerissen, so daß das Leben wieder in gewohnte Bahnen zurückkehren konnte. Unwahrscheinlich ist die Konzentration der Macht in den Händen einer Person, eines Herrschers oder Priesterkönigs (wie in den minoischen Palästen auf Kreta), da keines der bisher freigelegten Häuser die Größe eines Palastes oder eine palastähnliche Ausstattung aufweist. Alle Bauten sind Privathäuser, die Familien mit zahlreichen Mitgliedern (möglicherweise Großfamilien) ein behagliches Zuhause boten. Daß es sich insgesamt um eine städtische Siedlung handelt, läßt sich auch aus dem völligen Fehlen von Stallungen für die Tierhaltung sowohl im einzelnen Haus als auch in der Stadt insgesamt schließen. Nebenräume dienten als Magazine oder wurden als Werkstätten benutzt.

Die Wandbilder von Akrotiri geben uns einigen Aufschluß über die sozialen Verhältnisse in Thera. Die Tatsache, daß Wandmalereien in allen bisher freigelegten Häusern vorhanden sind, bedeutet, daß ein ansehnlicher Teil der Gesellschaft solche kannte und sich auch leistete. Die Malweise der Bilder, so wurde bereits festgestellt, ist minoisch. Die Konventionen der kretischen Paläste müssen für die Künstler aber nicht verbindlich gewesen sein, so daß ihre Arbeiten folkloristische Züge tragen können und von Originalität und Individualität geprägt sind. Die Gesellschaft von Thera war bereits so zivilisiert und differenziert, daß die Maler eine spezielle Berufsgruppe bildeten. Die Wandbilder sind so zahlreich und unterschiedlich in der Qualität der Ausführung und im Inhalt, daß sie nicht das Werk von Amateuren sein können. Professor Schachermeyr hat darauf verwiesen, daß es in Akrotiri »keine höfische Kunst (gab), denn es gab keinen Hof und keine Konventionen. Künstler unterschiedlichster Richtungen kamen zusammen und erhielten entsprechend der einzelnen Wohnhäuser unterschiedliche Aufträge.«

Auch die Gewerke müssen spezielle Gruppen gebildet haben: Architekten, Steinmetzen und Zimmerleute lösten viele komplizierte Aufgaben, die die bauliche Anlage mancher Häuser stellte. Die Töpfer, das haben wir bereits gesehen, arbeiteten mit nahezu industriemäßigen Methoden, um den Bedarf der Bevölkerung zu decken. Obwohl bisher weder Töpferwerkstätten noch Brennöfen bei den Ausgrabungen gefunden werden konnten, deutet doch alles darauf hin, daß der größte Teil der gefundenen Töpferwaren aus einheimischer Produktion stammt. Der Grad der Vereinheitlichung von Herstellungsweise, Formen und Dekors, Textur und Brand ist ein Anzeichen für die Existenz eines großen Produktionszentrums.

Auch die Steinschneider müssen eine handwerklich spezialisierte Gruppe gewesen sein. Bei der Betrachtung der Steinverarbeitung haben wir gesehen, daß mindestens eine Art von Gefäßen, der dreifüßige Dazit-Mörser, in Thera produziert und in großen Stückzahlen exportiert wurde. Tatsächlich spielten Steinwerkzeuge, Gerätschaften und Gefäße im Alltag von Akrotiri eine ebenso herausragende Rolle, daß sie — wie die Töpferwaren — »industriemäßig« produziert worden sein müssen.

Schiffbau ist auf Thera weder direkt noch indirekt zu belegen. Handel und Verkehr sowie die erwiesene lange Tradition der kykladischen Seefahrerei legen jedoch den Schluß nahe, daß diese Handwerkskunst sich schon sehr früh auf den Inseln entwickelte. Das hätte dann zahlreiche unterschiedliche Handwerker erfordert: Zimmerleute, Schiffbauer, Takler, Segelmacher und viele andere.

So gab es im bronzezeitlichen Akrotiri neben den Bauern und Fischern, die die notwendigen Nahrungsmittel zu liefern hatten, spezialisierte Gruppen von Künstlern und Handwerkern. Wie jedoch die Organisation dieser Gruppen beschaffen war, wer in welcher Weise in sie aufgenommen wurde, wie ihre innere Struktur gewesen sein mag, das bleibt nur zu vermuten. Vielleicht haben Zünfte bestanden, doch das wissen wir nicht mit Bestimmtheit. Wir kennen weder die wirtschaftliche Lage noch den sozialen Status dieser Handwerker, und wir wissen auch nicht, wie sich ihre Beziehungen zur Bevölkerung gestalteten, die ihre Produkte und Leistungen in Anspruch nahm. Schlossen die Beziehungen zwischen Patron und Klient beispielsweise auch »finanzielle« Transaktionen ein?

Obwohl für die Religion direkte Beweise im bronzezeitlichen Akrotiri gleichfalls nicht beigebracht werden können, geben Architektur, Kunst und die verschiedenen Artefakte jedoch darüber mittelbar Aufschluß. Der religiöse Charakter des »Reinigungsbeckens« in der minoischen Architektur ist im allgemeinen nicht umstritten. Eine derartige Einrichtung — ein rechteckiger Raum mit Zugang über mehrere Stufen — befand sich im Keller von Xesté 3 und ist das einzige Baudenkmal der gesamten bisherigen Ausgrabungen, das ohne Zweifel religiösen Charakter besitzt. Die Entdeckung eines Paares von steinernen »Kulthörnern« läßt auch auf einen religiösen Verwendungszweck des Ostflügels im Sektor Delta schließen. Die im allgemeinen als rituelle Gegenstände angesehenen Gefäße, wie verschiedene Rhytone und »Opfertische«, sowie das »Reinigungsbecken« und die »Kulthörner« sprechen für eine Religion, die in ihrer

Ausübung der des minoischen Kreta vergleichbar, wenn nicht gar mit ihr identisch war. Aus einigen Wandmalereien kann man Andeutungen über Ausübung von Riten und Festen entnehmen, an denen die Menschen aus Akrotiri teilnahmen. Ungelöst bleibt die Frage, ob die weiblichen Figuren aus dem Haus der Damen zu einer religiösen Szene gehörten. Der mögliche Zusammenhang der Wandmalerei der Lilien im Raum Delta 2 mit einem großen Frühlingsfest wurde bereits erwähnt. Vielleicht sind an den Wänden des »Reinigungsbeckens« von Xesté 3 Szenen eines Herbstfestes dargestellt. Der Charakter des Raumes läßt keinen Zweifel an der rituellen Bedeutung der Tätigkeit der »Krokuspflückerinnen«. Abschließend kann festgestellt werden, daß die Religion der Einwohner von Akrotiri — zumindest was die Rituale betrifft — die gleiche wie die in Kreta praktizierte gewesen zu sein scheint. Dies beweist den nachhaltigen Einfluß der Minoer auf die Bewohner der Kykladeninseln.

11

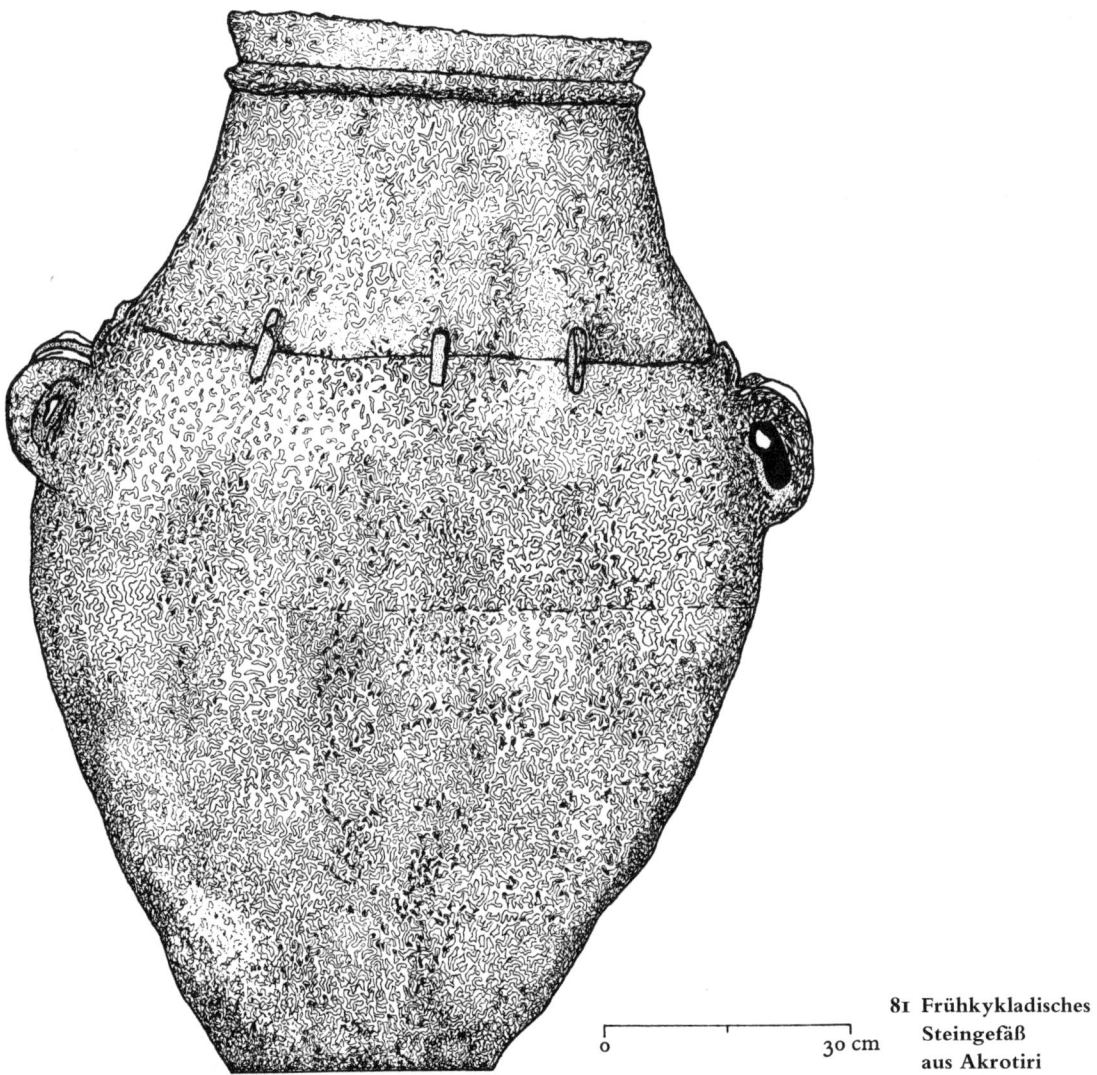

0 ⊢——————⊣ 30 cm

81 Frühkykladisches Steingefäß aus Akrotiri

KAPITEL 5
THERA UND DIE ÄGÄIS IN DER SPÄTEN BRONZEZEIT

Die minoische Expansion in der Ägäis

Die frühminoische Siedlung Kastri auf der Insel Kythera ist die älteste bisher bekannte kretische Kolonie, doch dürften Kontakte zwischen Kreta und der übrigen Welt bereits viel früher bestanden haben. Importe melischen Obsidians beispielsweise erreichten die Insel bereits im Neolithikum, also im 6. Jahrtausend v. Chr. Wir wissen, daß sich diese Kontakte in der Frühbronzezeit verstärkten. Belegt sind bisher nur kykladische Exporte nach Kreta (Obsidian, Keramik, Marmorplastiken), nicht aber frühminoische Lieferungen in die Kykladen, obwohl diese in Form weniger beständiger Waren (Holz, Tuche, Wolle und dergleichen) erfolgt sein könnten. Die ältesten Funde kretischer Keramik außerhalb der Insel sind Fragmente der Kamares-Ware. Keramikfunde der mittelminoischen Zeitstufen II und III gab es in Melos, Kea, Delos, Thera, Naxos, Aigina, Paros, Amorgos, Lerna und Kythera. Aus dem ägäischen Raum sind ähnliche Keramikfunde außerdem in Milet, Alisar Hüyük, Boghazköy und Iasos in Kleinasien sowie auf der Insel Kos bezeugt. Weiter im Süden und Osten gelangten mittelminoische Erzeugnisse bis nach Syrien, Zypern und Ägypten. Ihre Entdeckung im östlichen Mittelmeerraum ist der unumstößliche Beweis für bereits in der ersten Hälfte des zweiten Jahrtausends v. Chr. bestehende feste Verbindungen zwischen dieser Region und der Ägäis. Derartige Funde minoischer Objekte können jedoch nicht als Beweis für die Existenz minoischer Kolonien rund um das östliche Mittelmeer gelten. Sie sind auch kein Indiz dafür, daß mittelminoische Händler — wie behauptet wurde — »innerhalb bestehender Siedlungen Enklaven gebildet« haben. Die mittelminoischen Produkte müssen

nicht einmal auf minoischen Schiffen transportiert worden sein.

Gänzlich anders ist das Bild in der Spätbronzezeit, wo auch archäologische und literarische Belege für die minoische Präsenz in der Ägäis weit substantieller sind. In Homers Ilias spricht Helena davon, daß Menelaos in Sparta Idomeneus beherbergte, wenn dieser ihn aus Kreta besuchte (III. Gesang, 230—233). Aus dem Homerischen Demeterhymnus erfahren wir, daß die Göttin nach beschwerlicher Reise von Kreta aus Thorikos erreichte. Folgt man dem Apollonhymnus, so kamen die Kreter von Knossos über Pylos nach Krissa (bei Delphi). Von Kretern unter Führung Sarpedons, des Bruders von Minos, wird berichtet, sie hätten Milet in Kleinasien gegründet. Einer der ältesten Namen für Rhodos war Telchinis, nach den Telchinen, die die Insel auf dem Weg von Kreta nach Zypern erreichten. Zahlreiche Sagen und Legenden um die Gestalt des Minos sprechen indirekt von Kontakten zwischen Kreta und anderen Orten fern und nah. So soll Minos in Attika eingefallen sein, um den Tod seines Sohnes Androgeos zu rächen, und er soll die Athener gezwungen haben, alle neun Jahre an Kreta Tribut zu entrichten, indem sieben Jünglinge und sieben Mädchen dem Minotaurus zum Fraß geliefert wurden. Der westliche Mittelmeerraum steht zu Minos' Lebensende in Beziehung. Der Überlieferung zufolge reiste Minos nach Sizilien, um des Daidalos habhaft zu werden, fand dort aber den Tod und wurde begraben.

Doch es gibt nicht nur Legenden, die Verbindungen zwischen Kreta und dessen mediterranen Nachbarn herstellen, sondern es tragen auch mehrere kretische Handelsniederlassungen den Namen »Minoa«. Eine von ihnen soll im Golf von Mirampeliou, eine zweite in der Bucht von Soudas bestanden haben.

Außerhalb von Kreta wird von einem Minoa bei Epidaurus Limera (dem heutigen Monemvasia) an der lakonischen Küste der Peleponnes berichtet. Eine Insel vor Megara im Golf von Saronikos wurde ebenfalls Minoa genannt, ferner eine der drei archaischen Städte auf der Insel Amorgos. Weitere Städte dieses Namens soll es auf Siphnos und Paros gegeben haben, während auf Delos ein Brunnen so genannt wurde. Tatsächlich bezeichnet man, Apollonios von Rhodos zufolge, einige der Kykladen auch als minoische Inseln. Doch blieb der Ortsname »Minoa« nicht auf den ägäischen Raum beschränkt. Ein »Minoa« ist von der syrischen Küste bei Gaza, ein weiteres in Arabien bekannt; im westlichen Mittelmeer gab es ein Minoa auf Korfu und ein weiteres an der Südküste von Sizilien.

An den meisten Orten, die der Legende oder der Überlieferung nach in Verbindung mit Kreta gebracht werden, belegen archäologische Funde solche Kontakte mit der Insel bis in das Mittelminoikum. Es muß jedoch unterstrichen werden, daß diese Funde noch keine Beweise für minoische Einflüsse liefern und erst recht nicht die Existenz minoischer Siedlungen belegen.

Archäologische Ausgrabungen haben den Beweis erbracht, daß die ausgeprägte minoische Präsenz in der Ägäis zeitlich mit der ersten Phase der spätminoischen Zeitstufe I (1550—1500 v. Chr.) zusammenfällt. So stark ist diese Präsenz an drei wichtigen Ausgrabungsorten in den Kykladen, daß einige Wissenschaftler den Begriff von der »Minoisierung« geprägt haben. In Phylakopi, Ayia Irini und Akrotiri ist der kretische Einfluß in der Kunst, der Architektur, der Keramik, der Metallbearbeitung und in anderen Bereichen zu spüren. Eine Siedlung der spätminoischen Zeitstufe I wurde nachweislich in Ialysos (Trianda) auf Rhodos gegründet, bevor die Mykener auf die Insel kamen. Doch ist dies neben Kastri auf Kythera die einzige unwiderlegbar minoische Fundstätte außerhalb Kretas, die auch als echte minoische Kolonie angesehen werden kann. Die Hinweise in den alten Quellen auf die minoische Seeherrschaft und die Kolonisierung der Kykladen durch die Minoer muß also in einem neuen Licht gesehen werden.

Die Kykladen in der spätbronzezeitlichen Zeitstufe I

Wie wir bereits bemerkt haben, weitete sich der minoische Einfluß in der Ägäis in der spätminoischen Zeitstufe I aus. Besonders deutliche Zeugnisse dafür finden sich in Ayia Irini auf Kea, Phylakopi auf Melos und in Akrotiri. Charakteristisch für alle drei Orte ist aber gleichzeitig ein ausgeprägtes Festhalten an alten Traditionen. Die Kultur der Kykladen hatte sich seit der frühen Bronzezeit ohne Unterbrechung entfalten können. In Phylakopi III ist trotz einiger minoischer Merkmale in der Architektur (zum Beispiel die Verwendung von Säulen), trotz des Charakters der Fragmente von Wandmalereien und der Vorherrschaft minoischer Formen und Motive in der Keramik der Charakter der Siedlung unzweifelhaft kykladisch. Wie Furumark hervorhob, liefern die Architektur sowie einige Arten von Haushaltkeramik den Beweis für das Fortbestehen der einheimischen Kultur. Er interpretiert die Unterbrechung der Produktion einheimischer Dekorware, die vordem eine Blüte erlebte, als Hinweis darauf, daß Melos, »obwohl noch bewohnt von Menschen des alten Schlages, nun unter minoischer Herrschaft stand«.

Im Ayia Irini des Spätkykladikums I reicht das Nebeneinanderbestehen von Keramik des Späthelladikums I und des Spätminoikums I A nicht aus, den lokalen Charakter der Ansiedlung in Frage zu stellen, da nach J. Davies »lokale Stile sich weiterer Beliebtheit erfreuten und die Techniken sich nicht wandelten«. Die Bedeutung von Ayia Irini für die Gewinnung von Silber aufgrund seiner Lage in der Nähe der Bergwerke von Laureion trägt dazu bei, den sich in dieser materiellen Kultur offenbarenden kosmopolitischen Charakter zu erklären. Das mag auch der Grund für die Einführung minoischer Methoden bei der Stadtverwaltung gewesen sein, so etwa des metrischen Systems für Berechnungen sowie der Schrift.

Das gleiche Bild ergibt sich, wenn wir Akrotiri auf Thera betrachten. Der minoische Einfluß in der Architektur, Keramik und Wandmalerei überlagert die lokalen Techniken und Traditionen, ohne sie zu verdrängen.

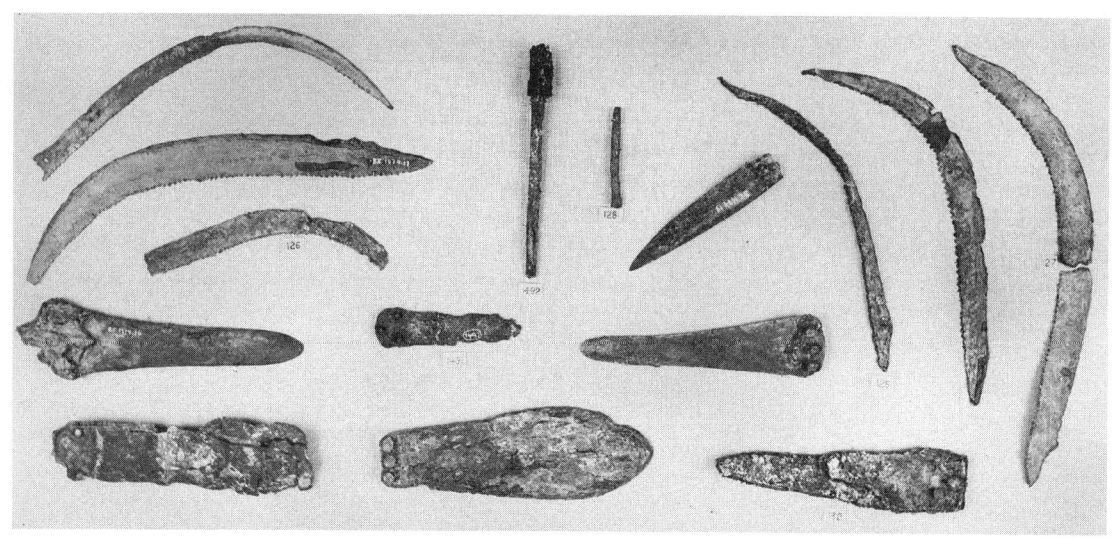

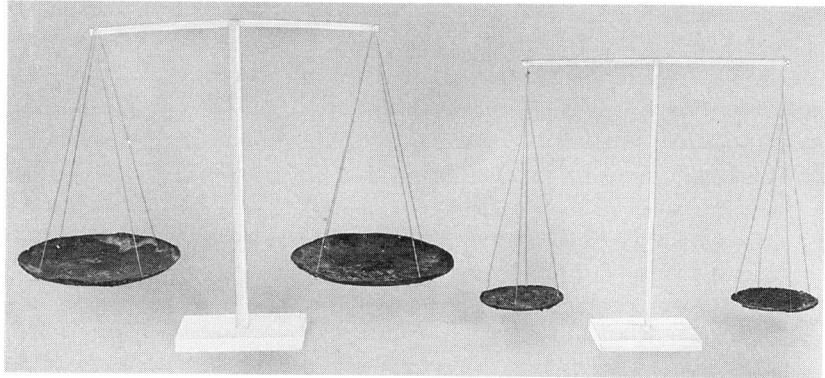

82 Werkzeuge und
Waffen aus Bronze.
Oben links und
rechts verschiedene
Sicheln, oben Mitte
zwei Ahlenbruch-
stücke, rechts daneben
eine Messerklinge.
In den unteren beiden
Reihen unterschiedlich
geformte Dolche

83 Bronzene Waag-
schalen

84 Bronzene Schnabel-
tasse aus Delta 3,
Höhe 8 cm

Diese drei wichtigen Ausgrabungsorte liefern somit ein Gesamtbild, das wahrscheinlich auch Gültigkeit für die übrigen Kykladen besitzt. Nach den Funden auf dem Gebiet der Architektur und der Artefakte zu urteilen, ist die spätkykladische Kultur die natürliche Fortsetzung der mittelkykladischen. Ausländische Einflüsse, ob minoisch oder helladisch, haben ihre Spuren hinterlassen, die Eigenständigkeit in der Substanz aber nie zu verdrängen vermocht. In dieser Periode wurden die Inseln zum Mittelpunkt der Kontakte zwischen den verschiedenen umliegenden Kulturkreisen, besonders zwischen Kreta und dem hellenischen Festland.

Thera im Spätkykladikum I

Die blühende Stadt Akrotiri war im sechzehnten Jahrhundert v. Chr. nicht die einzige Ansiedlung auf Thera. Trotz seiner geringen Ausdehnung muß Thera in der spätkykladischen Zeitstufe I relativ dicht besiedelt gewesen sein. Mehrere Stätten des Spätkykladikums I wurden meist bei Steinbrucharbeiten gefunden, doch nur wenige sind bisher systematisch erforscht worden. Sie sind gewöhnlich durch geringe architektonische Reste und einige Töpferscherben bemerkbar. Meist wird es sich um kleine, vereinzelt stehende Häuser auf dem Lande mit Stallungen für die Tiere oder Flecken in der Nähe des großen Akrotiri gehandelt haben.

In vieler Hinsicht ist es bedauerlich, daß die Belege über die Verteilung der bronzezeitlichen Siedlungen auf Thera aus den Arbeiten in den Steinbrüchen stammen (wo man ohne große Schwierigkeiten bis zu diesen Schichten vordringt). Denn wenn dabei nicht mit großer Vorsicht verfahren und dem Anliegen der Archäologen ein hohes Maß von Verständnis entgegengebracht wird, können die Bulldozer viele der in der Vulkanasche begrabenen alten Stücke zerstören. Dazu kommt noch, daß die Konzentration dieser Arbeiten auf die Klippen des Kraterbeckens, wo die Ascheschichten mächtiger und leichter zu gewinnen sind, die bekannten Siedlungsstrukturen des bronzezeitlichen Thera zwangsläufig verzerrt. Möglicherweise aber

ist das Bild weniger stark beeinträchtigt, da die Geländeformen ähnliche Strukturen andeuten. Trotz der Schwierigkeiten bei der Entnahme von Materialproben scheint erwiesen, daß in der spätkykladischen Zeitstufe I, unmittelbar vor dem Ausbruch des Vulkans um das Jahr 1500 v. Chr., der Südwesten von Thera dichter besiedelt war als der Norden. Selbst die heutige Lage läßt erkennen, daß vor der Eruption der größte Teil des Nordostens der Insel bergig war und Landwirtschaft dort nicht betrieben werden konnte. Die heutigen ebenen Flächen entstanden zumeist durch die Ablagerung der Vulkanasche im Spätkykladikum I, durch die die Insel sich nach dem Meer hin vergrößerte. Die Gegend von Oia war das flachste Gebiet im Norden. Auf dem Gelände des Steinbruchs von Oia muß wohl die bedeutendste nördliche Siedlung des prähistorischen Thera gelegen haben. In unmittelbarer Nähe der Küste war sie vielleicht sogar Hauptkontaktpunkt zwischen Thera und dem benachbarten Ios.

Vor dem Vulkanausbruch des Jahres 1500 v. Chr. war die Südwestregion Theras zweifellos durch die geringsten Erhebungen gekennzeichnet und damit am besten für den Ackerbau geeignet. Selbst wenn der Vulkan nicht, wie einige Wissenschaftler behaupten, eine Höhe von 1800 Metern hatte, wäre der Südwesten auch dann noch immer in seinem Windschatten geblieben, verschont von den kalten Winden des Nordens und wahrscheinlich reichlicher mit Niederschlägen versorgt als alle anderen Teile der Insel. So ergaben sich dort zwei wichtige Vorteile: Schiffe fanden sicheren Schutz, und landwirtschaftliche Kulturen gediehen gut und reiften früh. Ja, es steht zu erwarten, daß man hier auf weitere Fundstätten der spätkykladischen Zeitstufe I stoßen wird.

Thera, die Kykladen und die minoische Seeherrschaft

Der ausgeprägte minoische Einfluß auf die Bauweise, die materielle Kultur und die Kunst des Spätkykladikums I hat häufig als Bestätigung für ältere Auffassungen herhalten müssen, die Kykladen seien minoisch besiedelt worden. Wir haben jedoch gesehen, daß der minoische Einfluß die eigenständige Kultur der ortsansässigen Bevölkerung nur überlagerte.

Herodot gibt als erster der Überzeugung Ausdruck, daß die kykladischen Inseln von König Minos kolonisiert worden seien. Später schließt sich Thukydides dieser Auffassung an, der die Kolonisierung als ersten politischen Tatbestand der griechischen Geschichte überhaupt betrachtet. König Minos sei, so erklären diese Historiker, bemüht gewesen, dem Piratentum auf See ein Ende zu machen. Da die Piraten aber Karer und Leleger, also Bewohner der Kykladen, waren, mußte man dazu ihre Inseln erobern. Die Realität mag aber so einfach nicht gewesen sein. Archäologische Funde zeigen, daß eine schnelle Kolonisierung nicht stattfand, daß der Prozeß vielmehr sehr langsam verlief. Zweifellos sprechen Herodot und Thukydides bereits damals verschwommene und verzerrte Wahrheiten über diese Einflüsse in der Sprache ihrer Zeit an, als Kolonisierung gewöhnliche Praxis war. Kolonien aber entstanden gewöhnlich aufgrund politischer, religiöser oder wirtschaftlicher Konflikte, doch keine dieser Ursachen traf für das minoische Kreta zu. Die ausreichende Selbstversorgung mit landwirtschaftlichen Produkten muß eventuelle Spannun-

85 Spätkykladischer »Opfertisch« aus Stuck mit Delphindekor aus dem Raum 4 des Westhauses, Höhe 30 cm

86 Rekonstruktion eines Dreifußtisches aus Delta 1

87 Abguß eines Dreifußtisches aus Delta 1. Der beim Zerfall des ursprünglichen Holztisches in der Vulkanasche entstandene Hohlraum wurde zur Rekonstruktion des Möbels mit Gips ausgegossen.

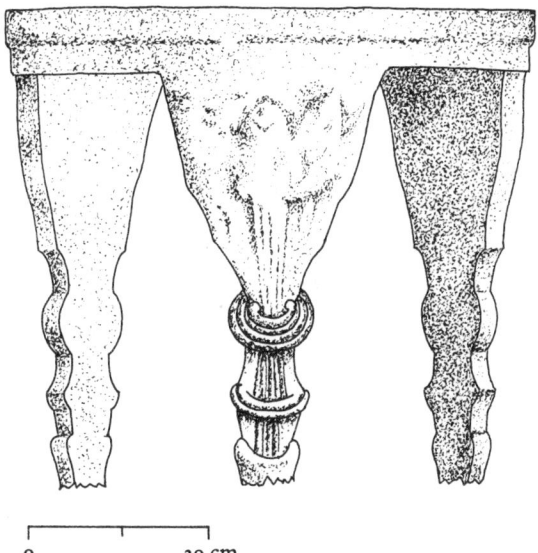

0   20 cm

gen auf der Insel stets gemildert haben, wie archäologische Funde erkennen lassen. Keine der mittel- oder spätminoischen Siedlungen der Zeitstufe I war befestigt. Waffen aller Art fehlen als Grabbeigaben. Der heitere Charakter der minoischen Kunst vermittelt das Bild einer mit sich selbst im Einklang stehenden, friedfertigen Gesellschaft, die kaum Anlaß gesehen haben dürfte, kriegerische Kolonisierungsaktionen zu unternehmen. Die Kykladen hatten zudem Mangel an fruchtbarem Ackerland, und auch für die wichtigsten kykladischen Rohstoffe, wie Marmor und Obsidian, bestand im Spätminoikum keine große Nachfrage.

Betrachtet man nun die Zeugnisse von den Kykladen selbst, so sind die Argumente gegen die These einer minoischen Kolonisierung von gleicher Überzeugungskraft. Der Wohlstand von Siedlungen, wie Phylakopi, Ayia Irini und Akrotiri, beruhte nicht allein auf der Landwirtschaft, und es ist auch nicht möglich, daß die Kunst von Akrotiri von einer primitiven, Ackerbau und Viehzucht betreibenden Gesellschaft hätte hervorgebracht werden können. Der Handel muß die Lebensader dieser Gemeinschaften von frühester Zeit an gewesen sein. Furumark hebt bei seiner Besprechung der ägäischen Geschichte dieser Zeit hervor, daß »die Bewohner der Inseln von frühester Zeit an zur See gefahren sein müssen und die frühen Verbindungen der Kykladen mit Kreta vermutlich zum großen Teil ihren Aktivitäten zuzuschreiben sind«. Das Fehlen kretischer Importe im mittelhelladischen Griechenland erklärt er mit der »Übermacht des kykladischen Handels und der Schiffahrt im ägäischen Raum«. Offenbar hat Kreta sich mit dieser »Übermacht« abgefunden, die sich im Spätkykladikum I (Spätminoikum I A) fortsetzte. Wissenschaftler, deren Arbeitsbereich die südmediterranen Küsten sind, bestätigen diese Annahme weitgehend. R. S. Merillees macht im Zusammenhang mit den bronzezeitlichen Beziehungen der Ägäis zu Ägypten darauf aufmerksam, daß »die Minoer in der Zeit der 18. Dynastie im indirekten (d. h. nicht direkten) Kontakt mit Ägypten standen und während der Herrschaft der Königin Hatschepsut von den Mykenern verdrängt wurden«.

Die Chronologie der 18. Dynastie (ca. 1550 bis 1473 v. Chr.) stimmt mehr oder minder mit dem Spätkykladikum I überein. Die Regierungszeit der Königin Hatschepsut schließt unmittelbar an (1473 bis 1458 v. Chr.). Träger dieser indirekten Kontakte zwischen Kreta und Ägypten hätten also durchaus ebenjene Bewohner der kykladischen Inseln sein können, in deren Händen Handel und Schiffahrt in der Ägäis lagen. Merillees kann recht behalten, wenn er sagt, daß sich die spätere Erwähnung von Bewohnern der »Inseln inmitten des Meeres« in ägyptischen Quellen auf Mykener und deren Handel mit Ägypten bezöge. Aber jene »Inseln inmitten des Meeres«, die die westliche Grenze des Einflußbereiches von Thutmosis III. bildeten, könnten auch die Kykladen sein.

Nun läßt sich argumentieren, daß die Vorstellung von der Beherrschung des Handels durch die Kykladen unhaltbar sei, da man ja an den Orten des östlichen Mittelmeeres, für die Kontakte mit der Ägäis belegt sind, kykladische Funde nicht gemacht habe. Doch ist dieses Argument nicht stichhaltig, denn, wie wir bereits dargelegt haben, gab es auf den Kykladen zu jener Zeit keine Produkte, die für die Märkte des Auslandes von Interesse gewesen wären und von diesen hätten aufgenommen werden können. Produktion für Exportmärkte gab es damals in Kreta und später im mykenischen Griechenland. Wir gehen hier davon aus, daß der Transport dieser kretischen und mykenischen Erzeugnisse in kykladischen Schiffen erfolgte, denn die Bewohner der Inseln verfügten über jahrhundertelange Erfahrungen beim Bau und bei der Führung großer Segelschiffe, mit denen Reisen in ferne Gebiete unternommen werden konnten. Das seemännische Können der Bewohner der Kykladen erklärt dann auch, weshalb König Minos die Inseln brauchte. Bei Herodot, dem »Vater der Geschichtsschreibung«, ist nachzulesen, daß Minos seine Schiffe mit Bewohnern dieser Inseln bemannte. Dazu aber mußte Minos zuerst ihre Herzen erobern, nicht ihre Inseln. Er sicherte sich auf diese Weise nicht nur die Transportmittel für seinen wachsenden Handel mit dem Osten, sondern gleichzeitig auch eine Verteidigungszone, die Kreta vor Angriffen aus dem Norden Schutz bot. Die Inseln hatten ihrerseits ein großes

88 Abdrücke von
   Matten auf Resten
   mittelkykladi-
   scher Keramik
89 Bodenstück eines
   Gefäßes mit
   Schneckenschalen
   aus Alpha 2, ver-
   mutlich kretischer
   Import,
   Höhe 13,7 cm

90 Ausschnitt aus dem »Flottenfresko« im Raum 5
des Westhauses. Es zeigt Schiffe beim Verlassen
des Hafens.

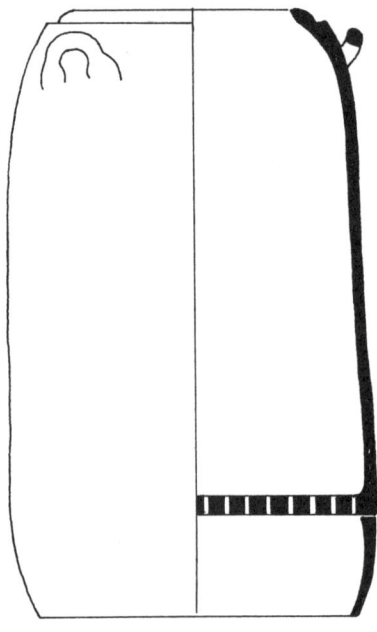

91 Keramikbienenstock aus Raum Delta 17. Die Haltung von Bienen zur Honiggewinnung muß folglich in Akrotiri bekannt gewesen sein. Es ist jedoch nicht auszuschließen, daß es sich bei diesem Gefäß um einen Pflanzentrockner handelt.

0   20 cm

Interesse, mit Kreta zusammenzuarbeiten, und sie waren gewillt, ihr Land zu verteidigen und damit Kreta Schutz zu bieten.

Wenn sich in der Tat harmonischer Beziehungen der genannten Art entwickelten, so lassen sich Antworten auf eine Reihe von Fragen finden. Die Blüte des Spätkykladikums erklärt sich dann nämlich aus dem intensiv betriebenen Austausch von Waren. Die künstlerische Eigenständigkeit der Inseln kann dem Grad ihrer kulturellen und politischen Autonomie zugeschrieben werden, und die Kolonien auf den Kykladen, deren Gründung durch König Minos der Historiker Thukydides beschreibt, lassen sich besser als diplomatische Missionen erklären, die Kreta entsandte, um sich der Freundschaft und Kooperation der Inseln zu versichern. Möglicherweise standen diesen Missionen Angehörige des kretischen Adels vor, was mit Thukydides übereinstimmen würde, der schreibt, Minos habe selbst seine Söhne entsandt, um Kolonien auf den Inseln zu gründen.

Wenn den Kykladen — wie es wahrscheinlich ist — eine solche Mittlerrolle zukommt, erscheint die Thalassokratie — die Beherrschung der Meere —

durch das minoische Kreta in einem neuen Licht. Sie war dann nicht militärischer Natur, beruhte nicht auf der Gewalt der Waffen. Vielmehr war sie ökonomischer Art, basierte auf dem Handel mit fernen Ländern und hatte die Unterstützung durch die Bewohner der Kykladen oder bezog diese ein. Die Beherrschung eines so verletzlichen, sensiblen Systems muß sehr schwierig gewesen sein. Kreta mußte sorgsam darauf bedacht bleiben, zu seinen Nachbarn im Norden freundschaftliche Beziehungen zu pflegen, deren Ansprüche mit der zunehmenden Minoisierung ihres Lebensstils zweifellos ständig größer wurden. In der Tat endet die Seeherrschaft vermutlich zu der Zeit, in der die Kreter die Kontrolle über die Inseln verlieren.

Mykener auf Thera?

Thera erreichte seine höchste Blüte in der spätkykladischen Zeitstufe I, zeitgleich mit den Schachtgräbern von Mykene. Seit Schliemann in Mykene das Gräberrund A als Ruhestätte von Fürsten mit den bis dahin einmaligen Beigaben entdeckte, führt die Wissenschaft einen endlosen Streit um die Herkunft des Goldes und der anderen Kunstwerke. Eine zufriedenstellende Antwort ist bisher auf diese Fragen nicht gegeben worden. Professor Emily Vermeule hat sich in einer Reihe von Vorlesungen zu diesem Thema geäußert, sie hat gängige Auffassungen kommentiert und eigene beigesteuert. Ausgehend davon, daß es im mittelhelladischen Griechenland eine vergleichbare Kunsttradition nicht gibt, sei zu bedenken, daß »einige der Künstler möglicherweise ihre Ausbildung woanders, vermutlich auf Kreta oder den kykladischen Inseln, erhielten und ihnen allen in bestimmtem Maße gute Objekte aus anderen Kulturen zur Anschauung zugänglich waren«. Sie beschäftigt sich dann mit verschiedenen denkbaren Fremdeinflüssen auf die Kunst der Schachtgräber und bemerkt, daß »auch die Kykladen sich zweifellos als von größerem Einfluß erweisen werden, als wir es heute wissen, besonders wahrscheinlich beim Gräberrund B«.

Einige Kunstgegenstände aus den Funden von Akrotiri haben eine auffallende Ähnlichkeit mit Objekten aus den mykenischen Schachtgräbern. Die Gefäße der sogenannten »Leatherware«-Keramik (das heißt Keramik mit lederartiger Oberflächenstruktur) aus Melos, Thera und Mykene lassen auf enge Kontakte zwischen den Kykladen und dem Festland schließen. Die Zusammensetzung des für ihre Herstellung verwendeten Tons zeigt die Herkunft von außerhalb der Kykladen an. Andererseits gelangte man bei der Untersuchung des Tons zu dem Ergebnis, daß die »Schwalbengefäße« von Akrotiri, Phylakopi und dem Schachtgrab Gamma in Mykene sämtlich kykladischen Ursprungs sind und mit hoher Wahrscheinlichkeit aus derselben Töpferwerkstatt stammen. Ein Paar goldener Ohrringe aus den Funden im Schachtgrab III ist identisch mit denen einer »Krokuspflückerin« im Fresko von Xesté 3 in Akrotiri. Die Miniaturen aus dem Westhaus von Akrotiri stellen ebenfalls Szenen dar, aus denen eher mykenischer als minoischer Geist spricht. In der Tat hat Marinatos den in der Kabine auf dem Flaggschiff dargestellten »Flottenadmiral« schlichtweg als Mykener bezeichnet. Die Bewaffnung der Krieger auf den Fragmenten der Nordwand besteht aus Langspeeren, ledernen

Turmschilden und Eberzahnhelmen. Solche Helme sind aus den mykenischen Gräbern des griechischen Festlandes wohlbekannt. Dazu stehen Motive wie der »Schiffbruch« den Schlachtszenen auf den mykenischen Silbervasen sehr viel näher und sind dem friedvollen Wesen und Geist der minoischen Kunst weitestgehend fremd. Weitere Details der Miniaturbilder von Thera und ihrer Gemeinsamkeiten mit der mykenischen Kunst sind Gegenstand neuerer Arbeiten von S. Immerwahr, O. Negbi und S. Iakovides. Iakovides hat darauf verwiesen, daß diese Elemente »zu zahlreich, zu konzentriert und chronologisch zu dicht beieinanderliegen, um Ergebnisse des bloßen Zufalls zu sein«. Iakovides stimmt Marinatos und Negbi nicht nur darin zu, daß sich die Mykener auf Thera bereits zur Zeit der Schachtgräber angesiedelt hatten, sondern geht noch weiter und sagt, diese Mykener hätten in der Gesellschaft von Thera führende Positionen bekleidet. Der »Flottenadmiral«, den Marinatos als den Besitzer des Westhauses identifizierte, wäre ein Angehöriger der Oberschicht gewesen.

Ob die Menschen auf den Wandmalereien aus dem Westhaus eine bestimmte Rassenzugehörigkeit erkennen lassen, ist Ansichtssache. Das Vorhandensein mykenischer Elemente in der Kunst von Akrotiri steht jedoch außer Zweifel. Das zwingt zu dem Schluß, daß Thera selbst auf der Höhe seiner Bindungen zu Kreta enge Beziehungen mit dem hellenischen Festland pflegte. Entweder geschah das mit Billigung Kretas, oder Kreta war zu schwach, Einwände dagegen geltend zu machen. Mykenische Elemente im melischen Phylakopi bezeugen, daß auch auf den übrigen Kykladen die gleiche minoische Politik galt.

Die mykenische Präsenz auf den Kykladen, so nahe bei Kreta und selbst im sechzehnten Jahrhundert v. Chr. auf dem Höhepunkt der minoischen Seeherrschaft, ist historisch äußerst interessant, beweist sie doch, daß die Kontrolle der Schiffahrtswege bei den Kykladen lag und die Bewohner der Inseln vermutlich als Zwischenhändler zwischen Kreta, dem griechischen Festland und dem östlichen Mittelmeer aktiv waren. (Es ist sogar wahrscheinlich, daß sie diese Rolle beibehielten, als Mykene später die Rolle Kretas beim Handel mit dem Osten übernahm.) Zudem konnten die Schiffe, auf denen die mykenischen Krieger auf den Wandbildern in Thera dargestellt sind, nur kretisch oder kykladisch sein. Die Festländer konnten sich zu jener Zeit wohl nicht auf vergleichbare Erfahrungen beim Bau von Schiffen und beim Befahren der Meere berufen. Gleichgültig also, ob der Transport der Krieger auf fremden Schiffen erfolgte, die man zu diesem Zweck gechartert hatte, oder ob sie Söldner im Dienste der kretischen oder der kykladischen Macht waren — sicher ist, daß sie bei einem solchen Unterfangen in engeren Kontakt mit dem System kamen, das im ägäischen Raum das Gleichgewicht der Macht bewahrte, und es läßt sich unschwer vorstellen, welche Schlußfolgerungen sie zogen, sobald sie Klarheit über die von den Kykladen ausgeübte Funktion hatten. Zweifellos bedienten sie sich, wie die Minoer vor ihnen, der Inseln als Mittler bei ihren überseeischen Handelsunternehmungen. Die ersten seetüchtigen mykenischen Schiffe könnten von Fachleuten der Kykladen gebaut und mit kykladischen Seeleuten bemannt gewesen sein. Auf diese Weise hätten die Mykener an den ausgedehnten Handelsbeziehungen der Inseln partizipieren können, und der mykenische Handelseinfluß im gesamten östlichen Mittelmeer fände eine plausiblere Erklärung. Bereits vor Ende des fünfzehnten Jahrhunderts v. Chr. hatten die Mykener eine Kolonie in Ialysos (Trianda) auf Rhodos gegründet, und in der spätmykenischen Phase III A 1, um 1400 v. Chr., bestanden im östlichen Mittelmeer mykenische Handelszentren.

Das Erscheinen der Mykener in der Ägäis im sechzehnten Jahrhundert v. Chr. war zweifellos eine erste Herausforderung für die Minoer. Im gleichen Maße, wie die Mykener in der Ägäis vordrangen, wurde der minoische Einfluß geschmälert. Die zunehmende Zahl mykenischer Handelsplätze im östlichen Mittelmeer beschleunigte schließlich den endgültigen Niedergang der minoischen Macht in der Ägäis. Mitte des fünfzehnten Jahrhunderts v. Chr. war die minoische Seeherrschaft beendet, und die Bedeutung Kretas schwand rapide. Dieser Machtverfall ist häufig dem Vulkanausbruch von Thera zugeschrieben worden. Was immer jedoch die Folgen dieser Eruption für Kreta gewesen sein mögen, die Präsenz mykenischer Elemente auf den Kykladen vor dem Vulkanausbruch beweist, daß es einen Zusammenhang zwischen dem Niedergang der minoischen und dem Erstarken der mykenischen Macht gegeben haben muß. Die Ursachen für den Machtverlust Kretas waren also in erster Linie politischer und ökonomischer Natur, und der Ausbruch des Vulkans von Thera mag diesen Prozeß lediglich noch beschleunigt haben.

KAPITEL 6

DAS ENDE DES SPÄTKYKLADISCHEN THERA

Der archäologische Befund

Die Kultur von Thera hatte ihren Zenit erreicht, als, unerwartet und unter dramatischen Umständen, das Ende über sie hereinbrach. Den genauen Ablauf der Ereignisse werden wir nie erfahren, denn schriftliche Aufzeichnungen darüber gibt es aus jenen Tagen nicht. Doch die Archäologie hat hinreichend viele Anhaltspunkte erbracht, so daß man die Rekonstruktion einiger Szenen aus jener Zeit wagen kann.

Da menschliche Überreste in den Ruinen von Akrotiri gänzlich fehlen, ist anzunehmen, daß die Stadt von den Bewohnern verlassen worden war, bevor die ersten Häuser einstürzten. Das bedeutet aber, daß es Vorwarnungen gegeben haben muß. Höchstwahrscheinlich waren den starken Erdstößen kleinere Erschütterungen vorausgegangen, welche die Bewohner bewogen, ihre Häuser zu verlassen und Schutz auf freiem Feld zu suchen — eine für die Menschen in Bebengebieten typische Verhaltensweise. Die archäologischen Befunde lassen eindeutig erkennen, daß einem starken Beben mehrere kleine vorausgingen und diesem dann eine Phase der Bebenruhe — vielleicht von mehreren Monaten Dauer — folgte, in der die Bewohner in ihre Stadt zurückkehrten. Die Rückkehr ist überzeugend dokumentiert, denn einige Häuser waren notdürftig repariert und wieder bewohnbar gemacht worden. Dieser Umstand wurde von Marinatos ursprünglich so gedeutet, daß die Stadt in die Hände von Plünderern gefallen sei, die die Häuser der Wohlhabenden besetzten, um sie auszurauben. Mit dem Fortschreiten der Ausgrabungsarbeiten wurde dann aber klar, daß Renovierungsarbeiten in solchem Umfang durchgeführt worden waren, daß die Stadt von ihren Bewohnern wieder in Besitz genommen werden konnte.

Aufliegend auf dem eingeebneten Schutt hat man in wieder bewohnten Teilen der Stadt eine Reihe von Steinwerkzeugen gefunden; Hämmern und Ambossen nicht unähnlich, weisen sie Merkmale eines systematischen Gebrauchs bei der Beseitigung und dem Niederreißen von Häusern auf. Besonders eine Klasse schwerer Steinhämmer bis zu 14 Kilogramm Gewicht und ohne Ansatz für Schäftung, jedoch mit deutlichen Zeichen des Gebrauchs an beiden Enden, mag für die frühe Abrißtechnik eine Rolle gespielt haben. Ein umlaufendes Rillenpaar und kleine Vertiefungen in diesen Steinen lassen vermuten, daß man ein Seil um sie legte und verknotete, die Knoten in die Dellen legte und die Steine hängend dazu benutzte, Häuserwände zum Einsturz zu bringen, sehr ähnlich unserer heutigen Abrißtechnik. 78

Auch die Telchinenstraße, die einzige vollständig freigelegte Straße der Stadt, liefert Beweise für die systematische Beseitigung der Schäden des Bebens. 27 Hier hatte man den Schutt entlang der Straße an den Mauern zu Bergen getürmt und auf diese Weise Raum für den Transport von Material für die Reparatur der Häuser geschaffen. Im Obergeschoß von Raum 4 des Westhauses wurden zwei mit frischem Mörtel zum Verputzen von Wänden gefüllte Toneimer gefunden, was darauf hinweist, daß diese Arbeiten ausgeführt und plötzlich unterbrochen wurden. Doch leicht dürften die Erdstöße nicht gewesen sein, die diese Unterbrechung erzwangen. Vielmehr hatte wahrscheinlich der Ausbruch des Vulkans begonnen. Auch hier weist das Fehlen von Leichenfunden (weder von Tieren noch von Menschen wurden Überreste gefunden) auf eine rechtzeitige Warnung hin. Vielleicht hatten Dämpfe und Gase den eigentlichen Ausbruch angekündigt, so daß den Bewohnern Zeit blieb, die Stadt zu verlassen und wertvollen Besitz mitzunehmen.

Dies ist die einzige Erklärung dafür, daß bisher in Akrotiri kostbare Objekte nicht gefunden wurden. Eigenartigerweise fand man mit Getreide gefüllte Krüge zwischen den Türen des *polythyron* im Obergeschoß des Raumes Delta 1. Dieser ungewöhnliche Aufbewahrungsort mag als Versuch der Bewohner gelten, in der Hoffnung auf Rückkehr einige Nahrungsmittelvorräte zu retten.

Beim zweiten Mal wurde dann die Stadt endgültig verlassen. Kurze Zeit darauf überzog eine etwa drei Zentimeter dicke Schicht aus Bimsteinkügelchen die Stadt und die ganze Insel. Der Bimstein ist oberflächlich verkrustet, also muß Regen gefallen sein, der den Bimstein sich »setzen« und verkrusten ließ, ihn jedoch nicht wegspülte. Die leichte Oxydation dieser Schicht wird von Fachleuten als das Ergebnis eines mehrmonatigen Kontaktes des Bimsteins mit dem Sauerstoff der Luft gedeutet, der maximal zwei Jahre angedauert haben kann. Danach begann der Vulkan sehr viel größere Bimsteinbrocken — oft mit mehr als 15 Zentimeter Durchmesser — in großen Mengen auszuwerfen, welche die Stadt nacheinander mit mehreren Schichten überzogen, die den einzelnen Ausbrüchen des Vulkans entsprechen dürften. Die Gesamtmächtigkeit der Bimsteinablagerung schwankt von etwa einem halben Meter bis zu mehr als einem Meter. Die geringere Mächtigkeit findet man auf Mauervorsprüngen, während sie zwischen den Häusern größer ist. Wie Schnee nach und nach Niveauunterschiede verschwinden läßt, so wurde auch hier das gesamte Gelände mehr oder weniger eingeebnet. Gelegentlich war Bimstein durch offene Fenster oder Öffnungen auf Straßenhöhe in das Innere der Häuser gelangt, wie beim Gebäude Delta (Raum 16), dem Westhaus oder Xesté 3. Andernorts häufte er sich vor den verschlossenen Türen und erreichte eine so große Dichte, daß die Abdrücke der Türen, wie beim Eingang zum Westhaus, dem östlichsten Eingang zum Gebäude Delta und einigen Fenstern auf Straßenhöhe (zum Beispiel Gebäude Beta und Xesté 3) erhalten blieben, lange nachdem diese Objekte bereits zerfallen waren.

Die Endphase der Eruption ist archäologisch dokumentiert durch einen mächtigen Mantel vulkanischer Asche, auch als Tephra oder Puzzolan bekannt, der das gesamte Gebiet selbst Tausende von Jahren nach der Erosion noch unter einer Schicht von mehr als fünf Metern begräbt. In dieser abschließenden Phase heftigster vulkanischer Tätigkeit wurden mit der Tephra auch riesige Basaltbrocken ausgeworfen. Marinatos nannte sie »Bomben«, nachdem er sie gesehen hatte, und stellte fest, daß sie auch auf die Stadt niedergegangen sein müssen. Er behielt recht, denn solche »Bomben«, die man in situ fand, hatten schwere Schäden am Gebäude Xesté 4 angerichtet.

In einigen Fällen wehte feine Vulkanasche durch offene Fenster in die Häuser und füllte ganze Räume, zum Glück für die Archäologen, denn alles, was sie unter sich begrub, blieb in ausgezeichnetem Zustand erhalten. Außerdem haben Artefakte aus organischen Materialien, wie Holz, nach ihrem langsamen Zerfall Leerräume in der Asche geschaffen. Wir haben bereits festgestellt, daß man durch das Ausgießen dieser Räume mit Gips exakte Nachbildungen von Tischen, Betten, Hockern und Stühlen hergestellt hat. Andere organische Materialien blieben vor dem Zerfall bewahrt, so daß Gegenstände, wie Weiden- und Binsenkörbe, pulverisiert aus den Tephraschichten geborgen werden konnten. Wie lange es dauerte, bis Akrotiri vollends versank, ist nicht bekannt und archäologisch nicht nachweisbar. Mit Beginn der Eruption aber kam jede Tätigkeit der Menschen zum Erliegen, und alle Lebenszeichen erloschen. Glaubt man den Vulkanologen, liefen die Ereignisse rasch ab und erreichten in kurzer Zeit ihren Abschluß.

Der unter der Kraterhülle entstandene Hohlraum führte zum Einsturz des Mittelteils der Insel und zur Bildung des Kraterbeckens. Doch auch hier fehlt der archäologische Nachweis, daß die Bildung dieses Kraters eine direkte Folge der Eruption gewesen ist. Zweifellos war er vor der Eruption noch nicht vorhanden, wie Reste spätkykladischer Häuser dicht am Rande des Beckens ebenso wie die Tatsache beweisen, daß mindestens eines der von Mamet und Gorceix bei Balos freigelegten Häuser beim Einsturz der Wände des Kraterbeckens zweigeteilt wurde.

92 Schnitt durch die
Bimssteinschich-
ten im Bereich
zwischen dem
Westhaus und dem
Haus der Damen

Der geologische Befund

Der bronzezeitliche Vulkanausbruch von Santorin ist
der einzige, der mit einer vorgeschichtlichen Kultur
in Zusammenhang gebracht wird und daher auch der
einzige, dessen Folgen für diese Kultur sich untersu-
chen lassen. Der Vulkan hat in den letzten Jahren bei
Geologen und Vulkanologen merklich an Interesse
gewonnen. Zwei sehr erfolgreiche internationale
Kongresse (1969 und 1978) haben sich mit Thera beschäftigt. Dabei sind sich die Fachleute in folgenden
Punkten einig:

Wie wir in Kapitel 1 gesehen haben, werden die
bronzezeitlichen Ablagerungen auf der Insel Thera als
oberer Bimssteinkomplex bezeichnet, um sie von
zwei weiteren im Profil der Kraterwände deutlich
sichtbaren Horizonten aus sehr viel früherer Zeit, dem
mittleren und dem unteren Bimssteinkomplex, zu unterscheiden. Der obere Bimssteinkomplex mit seiner
Mächtigkeit bis zu 60 Metern besteht aus einer bis zu
fünf Meter dicken Basisschicht aus blaßrosa Brocken,
dem sogenannten Rosenbimsstein. Auf dieser Schicht
lagert eine mächtige Decke aus Asche mit eingestreu-
ten Bimssteinbrocken sowie Anteilen älterer Gestei-

ne. Da es keine Anzeichen für horizontale Kräfte und Ablagerungen gibt, geht man davon aus, daß der Rosenbimsstein das Ergebnis eines »Bimssteinfalles« ist. Die aufliegende Tephraschicht ist zweigeteilt. Die untere Teilschicht von maximal sieben Meter Mächtigkeit besteht aus Aschebänken, die entstanden, als heftige Druckstöße Wolken von Asche mit großer Geschwindigkeit nach oben führten. Die obere Teilschicht besteht aus sogenannten »chaotischen« Ascheablagerungen bis zu 50 Meter Mächtigkeit. Un-

tersuchungen des Rosenbimssteins, der Tephrabänke und der chaotischen Tephra haben signifikante Unterschiede zwischen den Schichten hinsichtlich ihrer chemischen und mineralogischen Zusammensetzung nicht ergeben, was darauf schließen läßt, daß es zu keiner Unterbrechung der Vulkantätigkeit kam, sondern nur die Art der Eruption sich wandelte. Ferner gestattet das Fehlen eines stratigraphischen Bruches zwischen den Tephrabänken und der chaotischen Tephra den Schluß, daß die obere der beiden Teilschichten

im Ergebnis eines Aschestromes und nicht, wie früher angenommen, eines Schlammstromes entstanden ist. Die Anteile älterer Gesteine in der Asche erklären sich aus der Tatsache, daß die Wände des Kraters im Laufe der Eruption allmählich einstürzten. Einige der massiven Gesteinsbrocken, die auf das bronzezeitliche Akrotiri niedergingen, waren gleichen Ursprungs.

Vergleicht man die vulkanischen Ablagerungen um den Krater in Akrotiri mit denjenigen in den Steinbrüchen von Thera und andernorts, so fällt sofort die

93 Weiteres Detail aus dem »Flottenfresko« (vgl. Abb. **91**), hier ein Mittelausschnitt. Im oberen Teil ist die zeichnerische Darstellung des am besten erhaltenen Schiffes zu sehen.

geringere Mächtigkeit der Ablagerungen in Akrotiri auf. Die Erklärung dürfte in der Entfernung der Stadt vom Vulkankegel sowie der dort schneller als im zentralen Teil der Insel stattfindenden Erosion liegen.

Berücksichtigt man neben dem archäologischen auch den geologischen Befund, gelangt man zu der Erkenntnis, daß der Vulkanausbruch folgendermaßen ablief: Einer Reihe von Erschütterungen und Beben folgte eine kurze Periode der Ruhe. Dann setzte die Eruption ein, bei der zuerst Bimssteinkügelchen in geringer Menge ausgeworfen wurden. Nach einer erneuten kurzen Ruhe entwickelten sich die Ereignisse mit großer Geschwindigkeit, und die einzelnen Phasen der Eruption nahmen an Heftigkeit zu. Zuerst entstand der Rosenbimsstein. Die abschließende paroxysmale Eruption, bei der gewaltige Aschemassen emporgerissen wurden, muß verheerend gewesen sein. Nach Charles und Dorothy Vitaliano bildeten sich bei dieser Eruption die beiden Tephraschichten auf der Insel, die sieben Meter dicke, durch hohe Druckstöße gebildete Ablagerung und die 50 Meter dicke chaotische Tephra, die allmählich in einen Aschestrom überging. Die Asche muß, wenn man sich ihre Verbreitung im östlichen Mittelmeer betrachtet, bis in große Höhen emporgerissen worden sein. Man hat Spuren davon auf der Insel Melos (in Phylakopi III) sowie an mehreren Orten des Spätminoikums I A im östlichen Kreta (zum Beispiel Zakros und Pyrgos) gefunden. Ablagerungen von 10 bis 30 Zentimetern wurden in neuerer Zeit auf den Inseln Rhodos (Trianda) und Kos gefunden. Sie bestätigen die aus der Untersuchung von Bohrkernen von Tiefseesedimenten gewonnenen Erkenntnisse, daß die Tephra eine östliche bis südöstliche Verbreitung erfahren hat, was besagt, daß zur Zeit der Eruption westliche bis nordwestliche Winde vorherrschend waren.

Durch den Auswurf großer Mengen von Stoffen bildete sich unter der Erdrinde eine große Kammer, deren Dach schließlich riß und in sich zusammenstürzte. Die Fläche des so entstandenen Kraterbeckens betrug etwa 83 Quadratkilometer. Aus der ursprünglichen Kreisform der Insel entstand der heutige halbmondartige Umriß, der die Inseln Santorin, Therasia und Asproinisi umfaßt. Es ist unmöglich, das ganze Ausmaß des Abgrundes zu begreifen, der beim Einsturz der Magmakammer entstand, wenn man bedenkt, daß die See an einigen Stellen im Krater eine Tiefe von 480 Metern erreicht und die Wände über dem Meer sich in 300 Meter Höhe strecken. Durch Breschen im Ring aus festem Land stürzte das Meer im Nordwesten und im Südwesten der Insel in die entstandene Leere. Sollte der Einsturz mit großer Plötzlichkeit vonstatten gegangen sein, müssen nach Westen und Südwesten hin Flutwellen entstanden sein. Einer neueren Meinung zufolge stürzte die Kammer jedoch nicht plötzlich ein, so daß nicht notwendig eine Flutwelle entstanden sein muß.

Die Chronologie

Stiluntersuchungen der Keramik ergaben, daß die Katastrophe von Thera zur gleichen Zeit stattfand, als auch die Entwicklung der kretischen Keramik des Spätminoikums I A ihr Ende fand. In der Tat repräsentieren sowohl die minoische Importkeramik in Akrotiri als auch lokale Imitate den im Kreta der spätminoischen Zeitstufe I A dominierenden Stil. Bisher gibt es keine Funde des für die Keramik der spätminoischen Phase I B typischen »Meeresstils«. Hat man diese beiden ausgeprägten und stratigraphisch markanten Stile als Termini post und ante quem, ist das Ende Theras auf den Abschluß des kretischen Spätminoikums I A zu datieren, und dieser fand unumstritten um das Jahr 1500 v. Chr. statt.

Die Altersbestimmung nach der Radiokarbonmethode ist leider ohne Erfolg geblieben. Die entscheidenden Arbeiten wurden seit Beginn der Ausgrabungen (1967) dem Laboratorium des University Museum von Philadelphia in Pennsylvania übertragen. In den Jahren von 1967 bis 1977 wurden dort zahlreiche Proben analysiert und eine große Datenmenge erfaßt. Eine Auswertung der Ergebnisse liegt uns im ersten Band der Protokolle des Zweiten Internationalen Thera-Kongresses (London 1978) vor. Die Proben wurden in zwei Kategorien unterteilt: eine langlebige (Holzkohle bzw. Holz) und eine kurzlebige (Bohnen, Getreidekörner, Sträucher). Die Zeitangaben für die

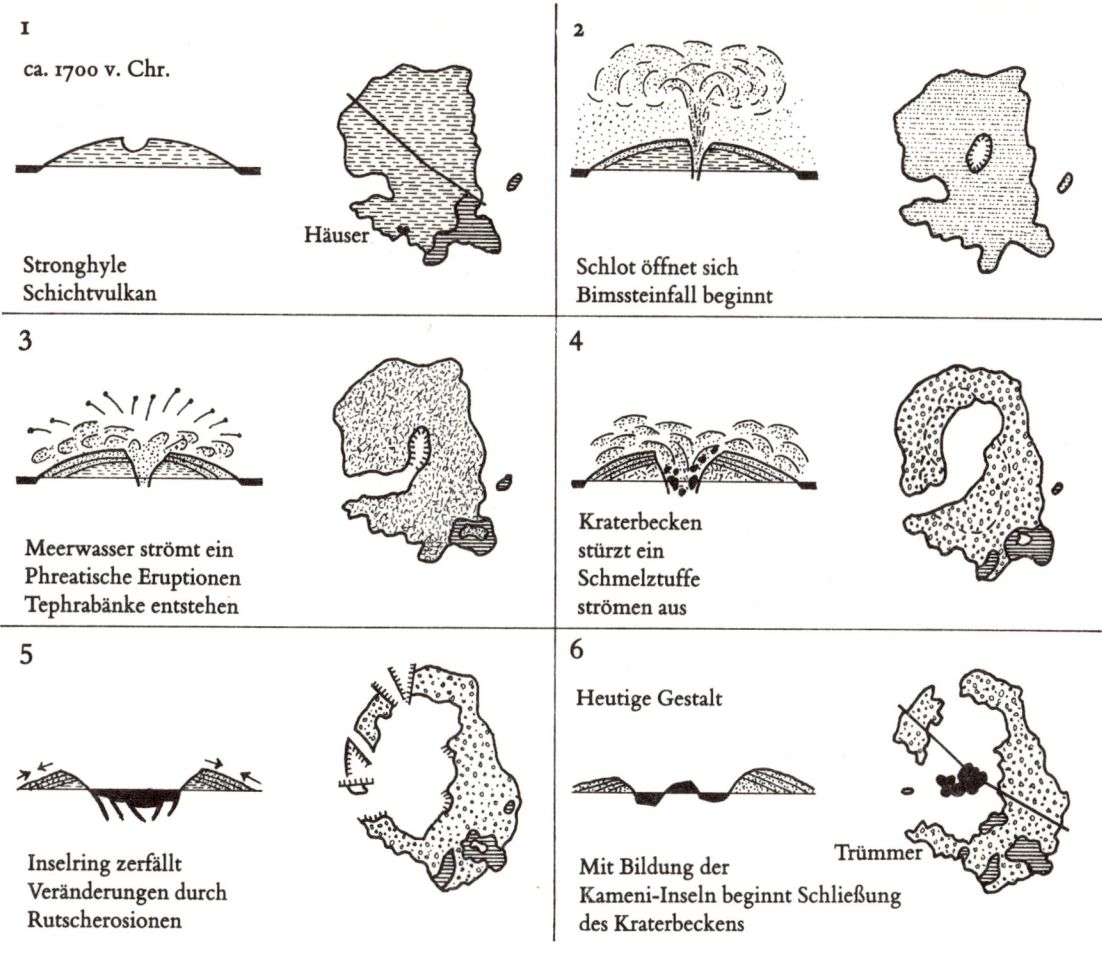

1

ca. 1700 v. Chr.

Stronghyle
Schichtvulkan

Häuser

2

Schlot öffnet sich
Bimssteinfall beginnt

3

Meerwasser strömt ein
Phreatische Eruptionen
Tephrabänke entstehen

4

Kraterbecken
stürzt ein
Schmelztuffe
strömen aus

5

Inselring zerfällt
Veränderungen durch
Rutscherosionen

6

Heutige Gestalt

Trümmer

Mit Bildung der
Kameni-Inseln beginnt Schließung
des Kraterbeckens

94 Geologische Entwicklung Theras von etwa 1700
v. Chr. bis zur Gegenwart (nach H. Pichler und
W. L. Friedrich)

1) Die Insel Stronghyle unmittelbar vor dem
Vulkanausbruch in spätminoischer Zeit.
Monolithos ist eine kleine Insel östlich von
Thera.

2) Beginn der Eruption nach 1500 v. Chr. Die
gesamte Insel Stronghyle wird von einer
Bimssteinschicht überzogen.

3) Das einströmende Meerwasser schwemmt
Teile des Bimssteins und der abgelagerten
Asche weg und legt die Bergspitzen von
Profitis Elias und Monolithos frei.

4) Der Einsturz des Kraterbeckens wird von
weiteren Ascheablagerungen auf den verblei-
benden Teilen der Insel begleitet.

5) Der Ring bricht auseinander und läßt die Inseln Thera, Therasia und Aspronisi entstehen.
Die durch die Erosion versetzten Aschemassen lassen Monolithos zum Bestandteil von
Thera werden.

6) Erneute vulkanische Tätigkeit in späteren
Jahrhunderten führt zum Entstehen der Kameni-Inseln inmitten des Kraterbeckens.

Zerstörung von Akrotiri reichen danach von 1100 ± 190 bis 2590 ± 80 v. Chr. Einige Spezialisten führen diese Widersprüche auf Gase aus dem Vulkan zurück. Jüngere Untersuchungen zeigen, daß dies in der Tat möglich ist, da sich bei Radiokarbonuntersuchungen von Pflanzen auf aktiven Vulkanen, einschließlich Thera, ähnliche Abweichungen bei der Datierung ergeben haben.

Versuche der Datierung mit Hilfe der Dendrochronologie mußten unterbleiben, da geeignete Holzreste nicht zur Verfügung stehen. (Dieses Problem besteht allgemein in der gesamten Ägäis, wo die Bedingungen für die Erhaltung von Holz ungünstig sind.) Erfolg versprechen chronologische Untersuchungen langer Bohrkerne von Grönlandeis auf der Grundlage von Sauerstoffisotopmessungen. Bedingung dafür ist natürlich, daß Tephra aus dem Santorin der spätbronzezeitlichen Eruption in diesen Eiskernen nachgewiesen werden kann.

Obwohl die wissenschaftlichen Auseinandersetzungen über die Auswirkungen der Eruption von Thera auf Kreta und Probleme der minoischen Chronologie weitergehen, steht außer Zweifel, daß die archäologische Datierung dieses einschneidenden Ereignisses noch immer die präziseste ist. Denn nicht nur auf Thera fällt das Ende von Akrotiri mit dem Abschluß der spätkykladischen Zeitstufe I zusammen, sondern auch auf Kreta sind Tephraspuren in den Bodenhorizonten des Spätminoikums I A eingelagert. Reste santorinischer Tephra finden sich in vergleichbaren Horizonten in Phylakopi auf Melos und der Siedlung Ialysos (Trianda) auf Rhodos. Auch diese Beweise führen zur Datierung der spätbronzezeitlichen Eruption von Thera um das Jahr 1500 v. Chr.

Die westlichen und nordwestlichen Richtungen, aus denen die Winde zur Zeit der Eruption geweht haben müssen, lassen den Sommer als Zeitpunkt der Katastrophe wahrscheinlich werden, da sie dann gewöhnlich von dort kommen. Die neue Ernte muß unmittelbar bevorgestanden haben, denn die Vorräte in Akrotiri waren nahezu erschöpft. Der Vulkan könnte also im Juni oder Juli ausgebrochen sein.

KAPITEL 7

DIE ERUPTION VON THERA UND DIE ÄGÄIS

Thera und das Ende des minoischen Kreta

Die Entdeckung der Minoer in Knossos durch Sir Arthur Evans zu Beginn dieses Jahrhunderts führte zu einer grundlegenden Wandlung des Bildes der bronzezeitlichen Ägäis. K. T. Frost von der Queen's University in Belfast versuchte, eine Verbindung zwischen dem Ende des minoischen Kulturkreises und dem Untergang des mythischen Atlantis herzustellen. In seinen beiden Beiträgen »The Lost Continent« (Der verlorene Kontinent, in: The Times, 19. Februar 1909) und »The Critias and Minoan Creta« (Kritias und das minoische Kreta, in: Journal of Hellenic Studies 33, 1913) beschränkt sich Frost auf eine Verknüpfung der Legende mit der Realität und unternimmt keine Untersuchung der Ursachen, das heißt der Zerstörung des minoischen Kreta.

Knossos wurde offenbar von zwei Wellen der Zerstörung heimgesucht, die erste ereignete sich im Mittelminoikum III B und die zweite im Spätminoikum I A, wofür Sir Arthur Evans ursprünglich ein Erdbeben verantwortlich machte. Nachdem er L. Renaudins Studie über die Keramikfunde von Thera in den sechziger Jahren des vorigen Jahrhunderts (veröffentlicht im Bulletin de Correspondance Hellénique 46, 1922) gelesen hatte, änderte er seine Meinung. Er erkannte, daß die Keramik von Thera dem Spätminoikum I A zuzurechnen ist, und erwog, ob nicht die Eruption von Thera zur Zerstörung von Knossos im Spätminoikum I geführt haben könnte. H. R. Hall andererseits bestand ohne genügend Beweismaterial darauf, daß der Vulkanausbruch von Thera und die erste Zerstörung von Knossos im Mittelminoikum III B miteinander in Beziehung stünden.

Als Begründer der Hypothese, die die Eruption von Thera in einen Zusammenhang mit der Zerstörung des minoischen Kreta bringt, kann Professor Spyridon Marinatos gelten. Er selbst hat an mehreren minoischen Stätten in Kreta, die allesamt im Spätminoikum I zerstört wurden, Ausgrabungen durchgeführt. Da er sich als Kenner der Archäologie der Ägäis als erster die möglichen Folgen des Vulkanausbruchs vor Augen hielt, gelangte er zu der Erkenntnis, daß der Vulkan von Thera die Ursache für die große Verwüstung gewesen sein könnte. Er legte diese Hypothese 1939 in einem heute klassischen Beitrag in der englischen Zeitschrift »Antiquity« unter der Überschrift »The Volcanic Destruction of Minoan Creta« (Die vulkanische Zerstörung des minoischen Kreta) dar. Folgt man Marinatos, so war die Eruption des Vulkans begleitet von Beben, die in den meisten minoischen Stätten schwere Zerstörungen anrichteten. Gebiete an der Nordküste von Kreta wurden innerhalb kürzester Zeit Opfer enormer, durch den Vulkan verursachter Flutwellen und hörten auf zu existieren. Marinatos wagte den Versuch, aus den stratigraphischen Befunden, der Menge an ausgeworfenen Stoffen und der Bildung des Kraterbeckens von Thera auf die Stärke der Eruption zu schließen. Dazu suchte er nach einem vergleichbaren Ereignis und fand es im Krakatau, einem Vulkan in der Sundastraße zwischen Sumatra und Djawa, der im Jahre 1883 ausgebrochen war. Vulkanologen äußerten die Ansicht, er sei vom gleichen Typ wie der Thera-Vulkan der Spätbronzezeit. Vergleichende Untersuchungen ihres Aufbaus haben Parallelen der historischen Entwicklung aufgezeigt. Es ist daher notwendig, sich der ausführlich dokumentierten Eruption des Krakatau zu erinnern, um eine Vorstellung von dem zu gewinnen, was sich bei dem Vulkanausbruch von Thera ereignete.

Am 20. Mai 1883 zeigte der Krakatau-Vulkan Anzeichen einer verstärkten Aktivität, die aber schon bald wieder abklangen. Nichts deutete auf die bevorstehenden Ereignisse hin. Am 19. Juni wurde er wieder aktiv und steigerte seine Aktivität allmählich bis zum 26. August, an dem es um 13 Uhr zur ersten starken Eruption kam. Ein Crescendo zunehmend stärkerer Explosionen erreichte nach vier Stunden, nämlich um 17 Uhr, seinen Höhepunkt mit dem ersten Zusammenbruch. Die ganze Nacht hindurch spie der Berg weiter Feuer, bis es am 27. August um 10 Uhr morgens zur letzten heftigen Eruption kam, bei der eine Aschewolke bis in 80 Kilometer Höhe geschleudert wurde. Auch nach diesem Kollaps gab es weitere Explosionen, die jedoch bis in die frühen Morgenstunden des 28. August allmählich abklangen.

Diese Beschreibung der Ereignisse läßt zwei Phasen erkennen. Die erste, sehr verhalten und nur von kurzer Dauer, setzt am 28. Mai ein. Sie ist vergleichbar mit jener Phase des Vulkanausbruchs von Thera, als die Bewohner von Akrotiri vorgewarnt waren und ihre Häuser verließen. Ihren Abschluß fand diese Phase, als eine feine Schicht von Bimssteinkügelchen die gesamte Insel überzog. Die zweite Phase der Eruption des Krakatau, die sehr viel intensiver verlief, hielt 71 Tage an, vom 19. Juni bis zum 28. August. Sie deckt sich mit derjenigen Phase von Thera, in der enorme Bimssteinmassen und Asche hinausgeschleudert wurden und die Insel unter einer mächtigen Decke versank. Innerhalb dieser Phase kommt es in beiden Fällen zu der alles beschließenden Explosion, der Entstehung einer großen Wolke feinster Teilchen und der endgültigen Sprengung des Vulkans.

Besatzungen von Schiffen, die in der Nähe von Krakatau kreuzten, berichteten, schwimmender Bimsstein habe sich gelegentlich bis zu drei Meter Höhe gestaut. Aus 250 Kilometer Entfernung beobachteten andere Seeleute, es habe sich drei Tage nach dem Ende der Eruptionen eine Staubschicht auf ihre Schiffe gelegt. In der Tat hüllte die Staubwolke die gesamte Region ein und verdunkelte den Tag noch 410 Kilometer vom Epizentrum entfernt. Orte in 210 Kilometer Entfernung waren für vierundzwanzig Stunden in Dunkelheit gehüllt, in 80 Kilometer Entfernung sogar für siebenundfünfzig Stunden. Die Finsternis in unmittelbarer Nähe der Eruption dauerte drei Tage an und war so tief, daß nicht einmal das Licht der Lampen die Dunkelheit zu durchdringen vermochte. Ungewöhnlich schöne Sonnenuntergänge wurden dank des Staubes in der Atmosphäre im Winter darauf in Amerika und Europa beobachtet.

Die Eruption des Krakatau wurde von großem Getöse begleitet, das noch in mehr als 4500 Kilometer Entfernung auf der Insel Rodriguez im Indischen Ozean vernommen wurde. Im Umkreis von 130 Kilometern ging das Glas zu Bruch. Man hat errechnet, daß die Explosion die Spengkraft von 150 Megatonnen TNT hatte. Die das Ende besiegelnde Sprengung verursachte eine Flutwelle, die noch in 50 Kilometer Entfernung vom Krakatau eine Höhe von 36 Metern erreichte und 295 Dörfer an den benachbarten Küsten von Djawa und Sumatra zerstörte. Mehr als 36 000 Menschen verloren ihr Leben, die meisten ertranken in den Fluten. Durch die Flutwelle wurde das Kanonenboot »Berow«, das im Hafen von Teloeg Betoeng, 80 Kilometer nördlich des Krakatau, vor Anker gelegen hatte, drei Kilometer landein geschleudert.

Der Vergleich Theras mit Krakatau brachte Marinatos zu der Erkenntnis, daß die Eruption von Thera noch weitaus stärker gewesen sein mußte, denn das entstandene Kraterbecken mißt beinahe das Vierfache des Krakataukraters. Betrachtet man die Entfernung zwischen Kreta und Thera sowie die Tiefe des Meeres in diesem Gebiet, so sagt Marinatos, muß man davon ausgehen, daß auch die Flutwelle noch stärker und verheerender war. Diese Naturkräfte, so stellt Marinatos fest, besorgten das Ende der minoischen Kultur, da sie nicht nur die Paläste und die Städte zerstörten, sondern auch die minoische Flotte als Grundlage der Macht des Staates. Marinatos baute diese Hypothese in späteren Arbeiten noch weiter aus: Die angenommene totale Zerstörung der minoischen Flotte gibt den Mykenern des hellenischen Festlandes Gelegenheit zur Expansion. In kurzer Zeit nehmen sie Knossos ein, wo sie eine mykenische Dynastie errichtet haben dürften. Die kriegerischen neuen Herren von Knossos behielten offenbar das bestehende Verwaltungssystem bei und paßten sich ihm an. Für die Buchhaltung der Paläste bediente sich der knossische

Hof der minoischen Silbenschrift Linear A. Ohne die der Linear-A-Schrift zugrunde liegende Sprache zu verstehen, beauftragten die mykenischen Herrscher minoische Schreiber mit der Weiterführung dieser Buchhaltung, jedoch in ihrer, der mykenischen Sprache. Die Schreiber veränderten lediglich einige Zeichen der Linear-A-Schrift, um Möglichkeiten des Ausdrucks auch für die Leute zu finden, die die Sprache der neuen Herren zusätzlich enthielt. Daraus entwickelte sich, ergänzt um einige weitere Zeichen, die Linear-B-Schrift. Michael Ventris, der eine Entzifferung von Linear B vorlegte, wies nach, daß sich hinter diesen Symbolen Laute und Wörter des Griechischen verbergen und der Palast von Knossos demnach von Menschen, die Griechisch sprachen, bewohnt gewesen war. Marinatos ging in einem Artikel mit der spektakulären Überschrift »The Volcanic Origin of Linear B« (Der vulkanische Ursprung von Linear B) in der Zeitschrift »Europa« (1967) auf die Konsequenzen dieser Überlegungen ein. Kernpunkt seines Artikels waren die Auswirkungen der Eruption von Thera auf die europäischen Kulturen, hatte sie doch einer alten europäischen Sprache (dem Griechischen) zu einer Schrift verholfen.

Marinatos' Hypothese über den Ausbruch des Vulkans von Thera wurde vom Moment ihrer Veröffentlichung an heftig widersprochen. Selbst die Herausgeber der Zeitschrift »Antiquity« druckten am Ende des Artikels von 1939 eine Anmerkung, in der sie ihre Skepsis über die Haltbarkeit der Aussagen ausdrückten. Das Hauptargument gegen die Hypothese ist und bleibt die in der Chronologie klaffende Lücke. Die Eruption ereignete sich im Spätminoikum I A, der Nachweis für die allgemeine Zerstörung in Kreta datiert aber aus der Zeit des Spätminoikums I B. Als Marinatos mit seiner Hypothese an die Öffentlichkeit trat, herrschte eine allgemeine Verwirrung hinsichtlich dieser beiden Zeitstufen. Viele, einschließlich Marinatos selbst, glaubten, die Stile beider Stufen seien zeitgleich, obwohl Sir Arthur Evans sie zu dieser Zeit bereits voneinander unterschieden und zwei getrennten Zeitstufen zugeordnet hatte. Umfangreiche Forschungen nach dem zweiten Weltkrieg haben die von Evans getroffenen Unterscheidungen bestätigt.

Es besteht generell kein Zweifel an einer allgemeinen Zerstörung der kretischen Paläste, mit Ausnahme des Palastes von Knossos, und anderer Stätten gegen Ende des Spätminoikums I B, das heißt um 1450 v. Chr. Die Forscher, welche Thera mit diesem Ereignis in Verbindung bringen, behaupten, da sie das Ende von Akrotiri zeitlich nicht nach vorn verlegen können, daß der Vulkanausbruch begonnen habe, nachdem die Stadt schon längst verlassen und zerstört gewesen sei. Leicht modifiziert, wird diese Ansicht von Marinatos, Page, Platon, Luce und Warren geteilt. Folgt man ihnen, so wurde der Untergang Kretas durch die die Eruption von Thera begleitenden Beben und die durch den Ascheregen hervorgerufene Verödung besiegelt. Diese Hypothese wird gestützt durch Behauptungen, der Schutt auf den Straßen in Akrotiri sei in Wirklichkeit Erdreich, das sich nach der Zerstörung durch das Beben gebildet habe. Dabei steht ein Zeitraum von mehreren Jahrzehnten zur Diskussion (Money, Warren). Bodenuntersuchungen haben in der Tat Humusanteile im Schutt ergeben; doch läßt selbst dies noch viele Fragen unbeantwortet.

Erstens müßten sich in den Ruinen der Stadt mehrere Jahrzehnte nach dem Beben Spuren der einsetzenden Verwitterung zeigen; doch sie fehlen. Ganz im Gegenteil stehen die Mauern scharf und kantig aus dem Bimsstein hervor, es gibt keine glättenden Erosionen. Mauerrisse sind ausschließlich mit Bimsstein gefüllt, was bei Mauern, die so viele Jahre den Unbilden der Witterung ausgesetzt waren, nicht zu erwarten wäre. Zweitens müßte das Erdreich, das sich gebildet haben soll, überall vorhanden sein, nicht nur an Stellen, wo Schutt von den Rettungsmannschaften nach dem Beben abgelagert wurde. Und drittens ist die Rückkehr der Bewohner, der Beginn der Aufräumungs- und Wiederaufbauarbeiten hinreichend bewiesen. Diese Arbeiten wären zweifellos abgeschlossen und nicht wieder aufgegeben worden. Und da es dann auch, wie früher, wieder Kontakte mit Kreta gegeben hätte, wären zweifellos auch Vasen des Meeresstils importiert worden. Diese drei Aspekte erschüttern schon die Hypothese, daß der Ort für relativ lange Zeit brachgelegen hätte. Der Humus im Schutt ist leicht zu erklären, war doch der Lehm, der als

Baumaterial Verwendung fand, dem Erdreich vor der Zerstörung entnommen worden. Bei der Umwandlung von Boden zu Lehm geht Humus nicht verloren. Die Ansammlungen auf den Schutthaufen finden deshalb eine ganze natürliche Erklärung: Beim Enttrümmern wurden zuerst die Steine und die großen Brokken bewegt, das lose Material schaufelte man erst anschließend beiseite.

Daß die Eruption von Thera zeitlich den Zerstörungen in Kreta vorausging, wird auch durch Funde von Bimsteinbrocken in Bereichen, die rituellen Zwekken dienten, belegt. Mehrere Forscher (Platon, Vitaliano) verweisen darauf, daß Bimsstein, der auf Kreta angeschwemmt wurde, in den Schreinen als Votivgabe zur Versöhnung der Gottheiten, die, wie man glaubte, die Eruption herbeigeführt hatten, niedergelegt wurde. Funde solcher Gaben stammen aus dem Palast von Zakros und dem minoischen Herrenhaus in Nirou Chani. In Amnisos, dem Hafen von Knossos, hat Marinatos ebenfalls Bimsstein aus der spätbronzezeitlichen Eruption des Thera-Vulkans gefunden. Dieser Fund war der Anlaß für seine Hypothese. Doch war der Bimsstein nicht wahllos über die Ruinen verteilt, sondern, nach Dorothy Vitaliano, »in einem gemauerten Behältnis mit einer weit über dem Boden liegenden kleinen Öffnung konzentriert«. Diese Einzelheit ist von entscheidender Bedeutung, beweist sie doch, daß der Bimsstein vor der Zerstörung des Herrenhauses in Amnisos dort aufbewahrt wurde und der Vulkanausbruch, durch den der Bimsstein an die Erdoberfläche gelangte, sich viel früher ereignet haben muß.

Eine grundlegende andere Hypothese zum Datum der Eruption stammt von L. Pomerance, einem amerikanischen Amateurarchäologen. Er ignoriert alle Keramikstile und Formen, die die bis heute beweiskräftigste und präziseste Methode archäologischer Zeitbestimmung bilden, und behauptet, die Eruption des Vulkans von Thera habe um 1200 v. Chr. stattgefunden, also etwa drei Jahrhunderte später als allgemein angenommen. Er geht ganz selbstverständlich davon aus, daß die Zerstörung von Thera eine »weiträumige Sintflut« verursacht haben muß. Pomerance deutet das Fehlen archäologischer Dokumente für eine

solche Sintflut als Beweis dafür, daß die Katastrophe nicht zu der von Fachleuten angenommenen Zeit eintrat. Im Gegenteil, so glaubt er, die vagen Hinweise auf Kontakte zwischen der Ägäis und Ägypten zur Zeit der 18. Dynastie (1550 bis 1307 v. Chr.) bewiesen, daß es damals nicht zu einer derartigen Katastrophe gekommen sei. Neuere Forschungen sprechen von weniger dramatischen Auswirkungen der Thera-Eruption selbst innerhalb des ägäischen Raumes und begegnen auch der Frage der Flutwelle mit starker Skepsis. Die Hypothese von Pomerance findet daher nur einen geringen Widerhall.

In einem früheren Beitrag hat der Autor den Versuch unternommen, eine Antwort auf die Frage der Zerstörung von Thera und die Verödung Kretas im Spätminoikum I B zu geben. Er geht davon aus, daß der Einsturz des zentralen Teils von Thera und damit die Bildung des Beckens erst geraume Zeit nach der Eruption eingetreten sein können. Folgt man dieser Sicht der Ereignisse, wurden die Zerstörungen in Kreta durch Erdbeben verursacht, die den Einsturz der Insel begleiteten und weniger durch dabei entstandene Flutwellen. Die Festigkeit des Daches einer Magmakammer hängt von einer Reihe von Faktoren ab, darunter ihrer Mächtigkeit, dem Gestein, das sie bildet, dem Ausmaß der Risse und der Masse der sie belastenden Auswürfe. Die Vulkanologen sind heute nahezu einhellig der Auffassung, daß der Einsturz der Kraterwände und die Bildung des Beckens ein allmählicher Vorgang war. Die in Akrotiri gewonnenen Erkenntnisse bestätigen das, wo riesige Auswürfe des Vulkans in situ mit der Tephra gefunden werden.

Die Hypothese von der allmählichen Bildung des Kraterbeckens richtet sich gegen die früher vertretene Meinung, das Dach der Magmakammer sei plötzlich eingestürzt und die dabei entstandenen Flutwellen (tsunami) hätten zur Zerstörung von Kreta geführt. Das japanische Wort »tsunami«, so erläuterte der Vulkanologe I. Yokoyama auf dem Zweiten Internationalen Thera-Kongreß (1978), bedeute eigentlich »Hafenwelle« und bezeichne den Anstieg des Wasserpegels an der Küste. Es handelt sich also nicht um zerstörerische Wellen; ja Schiffe in einiger Entfernung von der Küste nehmen »tsunami« vielleicht nicht einmal mehr wahr. Die Schäden beschränken sich auf die Küstenbereiche, die beim allmählichen Anstieg des Wasserspiegels überflutet werden und beim Rückgang der Fluten in Mitleidenschaft gezogen werden. Die Wirkung einer »tsunami« hängt aber auch davon ab, ob sich ihr Hindernisse — Klippen oder Inseln — in den Weg stellen.

Die Hypothese von der Zerstörung durch eine »tsunami« wird von den archäologischen Funden in Kreta nur in sehr geringem Maße gestützt. Mit Ausnahme von Amnisos, wo eine Anzahl von Quadersteinen möglicherweise durch Wassereinwirkung bewegt wurden, sind die Zerstörungen an beinahe allen Stätten der Küste, wie wir noch sehen werden, durch

Feuersbrünste entstanden. Feuersbrunst und Flutwelle — eine höchst unwahrscheinliche Kombination! Selbst wenn die »tsunami« eine Höhe von 200 Metern erreicht haben sollte (so Marinos, Galanopoulos; Yokoyama hingegen glaubte, sie sei nur 63 Meter hoch gewesen, und Pichler und Schiering schätzten sie jüngst auf lediglich 8 bis 10 Meter), ist es unwahrscheinlich, daß sie Schäden entlang der gesamten Nordküste Kretas angerichtet haben soll. Keine ungeteilte Zustimmung wird auch das Argument finden, die Flutwelle hätte die gesamte minoische Flotte verschlungen, denn das hätte ja wohl nur geschehen können, wenn zu dem betreffenden Zeitpunkt auch alle minoischen Schiffe in den nördlichen Häfen gelegen

95 Winkel der ostwärtigen Aschestreuung nach der Eruption von Thera auf der Grundlage von Belegen aus Tiefseebohrkernen und Landfunden

GRIECHENLAND

ÄGÄISCHES MEER

ANATOLIEN (TÜRKEI)

THERA

RHODOS

ZYPERN

SYRIEN

KRETA

M I T T E L M E E R

Sirbonisches Meer

ÄGYPTEN

hätten, was ebenso unwahrscheinlich ist. Wenn wir annehmen, daß Kreta eine Handelsflotte besaß, dann wäre diese verteilt gewesen, auf See oder vor Anker in fremden Häfen im östlichen Mittelmeer. Zum Zeitpunkt der Eruption hätten sicher nur wenige Schiffe in nordkretischen oder kykladischen Häfen gelegen und wären Opfer der »tsunami« geworden.

Die Anhänger der Hypothese von Marinatos betonen mit Nachdruck die Folgen des Aschefalls auf Kreta. Diese fanden im Zusammenhang mit der Arbeit zweier amerikanischer Forscher, D. Ninkovitch und B. Heezen, ein besonders starkes Echo. Sie hatten spätbronzezeitliche Tephra von Thera auf dem Boden der Ägäischen Meeres entdeckt. Bei der Untersuchung von Tiefseebohrkernen kamen sie zu dem Schluß, daß die Wolke aus Gas, Dämpfen und Staub, die der Vulkan von Thera emporgeschleudert hatte, »das gesamte Kreta sowie Teile der Peleponnes und Kleinasiens bedeckt haben kann«. Ausgehend von dieser Festellung, wurde in mehreren Untersuchungen der Frage nachgegangen, welche Folgen der Staub gehabt hätte, wäre er auf Kreta niedergegangen. Aus diesen Untersuchungen weiß man heute über bestimmte Fragen weitaus besser Bescheid als früher. So ist uns heute bekannt, daß sich der Aschefall in südöstlicher Richtung ausdehnte und der Westteil Kretas unberührt blieb. Ferner wurde der Ostteil der Insel durch eine Schicht von nicht mehr als 10 Zentimeter Tephra bedeckt (Vitaliano). Weitere neuere Arbeiten haben mehrere Forscher bewogen, die angenommene Mächtigkeit der neuen Tephraschicht auf ein bis fünf Zentimeter zu verringern (Thorarinsson, Watkins und andere). Andere (Pichler und Schiering) wiederum meinen, die geringen Tephramengen, die man an spätminoischen Stätten gefunden habe, seien auf den Gebrauch von Bimsstein »in Werkstätten und Haushalten« zurückzuführen. Die Dicke der Ascheschicht ist entscheidend dafür, ob man ihr eine zerstörerische Wirkung auf Kreta zuerkennt oder nicht. Doch selbst jene, welche ihr ein Maximum von 10 Zentimetern einräumen, äußern Zweifel über die daraus abzuleitenden negativen Folgen, sofern nicht auch noch Giftgase eine Rolle gespielt hätten. In diesem Zusammenhang führt Dorothy Vitaliano drei über-

zeugende Argumente an. Zum einen erscheint es unlogisch, daß Dächer unter der Last einer Tephraschicht von nur 10 Zentimetern einstürzen, selbst wenn unberücksichtigt bleibt, daß die Bewohner diese zum größten Teil selbst beseitigt hätten. Zum anderen wäre angesichts der Beschaffenheit des Geländes auf Kreta und besonders im Verein mit Niederschlägen die lose Tephraschicht innerhalb kurzer Zeit weggespült und abgetragen worden. Drittens »hat sich Asche bis etwa 30 Zentimeter auf lange Sicht durch die Speicherung von Feuchtigkeit oft als sehr nützlich erwiesen«. Viele Forscher disputieren daher die Frage, ob Tephrafall auf Ostkreta überhaupt eine Rolle bei der Zerstörung der minoischen Stätten zukommt.

Da sich die Auffassungen mehren, welche die Bedeutung von »tsunami« und Aschefall für das Ende der minoischen Kultur in Zweifel ziehen, soll ein genauerer Blick auf die archäologischen Befunde geworfen werden. Wie der inzwischen verstorbene Sir Denys Page, einer der glühenden Verfechter der Hypothese von Marinatos, bereits festellte, belegen die Funde der meisten Stätten, die Beweise für die Zerstörung im Spätminoikum I liefern, daß sich die Verwüstung in der zweiten Hälfte dieser Zeitstufe, also im Spätminoikum I B, ereigneten. Von der Mehrzahl der nachstehend genannten fünfzehn Stätten ist ebenso erwiesen, daß sie durch Feuer zerstört wurden:

Stätte	Ursache der Zerstörung	Zeitstufe der Zerstörung
Amnisos	Feuer und Flutwelle	Spätminoikum I
Gournia	Feuer	Spätminoikum I B
Hagia Triada	Feuer	Spätminoikum I B
Katsambas	unbestimmt	Spätminoikum I A
Knossos	Erdbeben	Spätminoikum I A
Mallia	(teilweise) Feuer	Spätminoikum I B
Mochlos	unbestimmt	Spätminoikum I B
Nirou Chani	Feuer	Spätminoikum I B
Palaikastro	Feuer	Spätminoikum I B
Phaistos	Feuer	Spätminoikum I B
Pseira	unbestimmt	Spätminoikum I B
Sklavokampos	Feuer	Spätminoikum I B
Tylissos	Feuer	Spätminoikum I B
Vathypatro	Feuer	Spätminoikum I B
Zakros	Feuer	Spätminoikum I B

95

Jeder Versuch, diese Zerstörung mit Erdbeben und der Eruption von Thera in Verbindung zu bringen, bedeutet, diesem Beben vulkanischen Ursprung zuzuschreiben. Doch bereits Dorothy Vitaliano verwies darauf, daß »vulkanische Beben von sehr geringer Tiefe . . . und gewöhnlich sehr schwach sind . . . Man spürt sie nur in der Nähe ausbrechender Vulkane, und selten sind sie stark genug, selbst dort Schäden zu bewirken«. Es könnte deshalb mit größerer Wahrscheinlichkeit ein tektonisches (das heißt ein von der Eruption von Thera unbeeinflußtes) Beben gewesen sein, das die Zerstörungen hervorrief. Dies stimmte auch mit den chronologischen Anhaltspunkten überein. Doch Vitaliano argumentiert gleichermaßen auch gegen die Wahrscheinlichkeit eines tektonischen Bebens. Weshalb, so fragt sie, sollte ausgerechnet Knossos bei einem solchen Beben verschont geblieben sein? H. Pichler und W. Schiering resümieren, die Zerstörungen im Kreta des Spätminoikums I B seien auf lokale Beben in einer »tektonisch instabilen Region« zurückzuführen. Doch auch dagegen führt Frau Vitaliano ins Feld, es wäre wohl ein überraschender Zufall — da die meisten Stätten Anzeichen der Zerstörung durch Feuer aufweisen —, daß alle Erdbeben dann eingetreten sein sollten, als die Feuer brannten und die Öllampen ihr Licht spendeten. Auch würden nicht alle Öllampen bei einem Beben gleichzeitig umstürzen.

Aus dieser Diskussion folgt, daß einige Forscher heute eher geneigt sind, die Ursache für die Verödung Kretas nicht in der Eruption des Vulkans von Thera zu sehen. Sinclair Hood geht so weit, die Zerstörung der spätminoischen Stätten der Zeitstufe I B dem Einfluß des Menschen, einem Eroberungskrieg etwa, zuzuschreiben. Zur Erhärtung seiner Auffassung führt er die unbestrittene Anwesenheit von Herrschern des hellenischen Festlandes in Knossos an. Betrachtet man, was im Kapitel 5 über die sogenannte minoische Thalassokratis (Seeherrschaft) — die Rolle der kykladischen Inseln und die mögliche Gegenwart von Mykenern auf Thera selbst vor der Eruption — gesagt wurde, so scheint Sinclair Hoods Hypothese durchaus begründet zu sein. Doch hätten mehrere Faktoren eine Rolle spielen können. Natürliche Ursachen, Erdbeben zum Beispiel, mögen im Spätminoikum I B den kretischen Widerstand lediglich geschwächt haben, woraufhin die Insel dann Piraten der Kykladen zum Opfer fiel, die die wohlhabenden minoischen Städte plünderten und in Schutt und Asche legten. Das würde auch erklären, weshalb nur der östliche Teil der Insel, der den Kykladen näher war, betroffen war.

Es bestand keine Notwendigkeit für die Zerstörung von Knossos, denn der Palast war von den Angreifern bereits eingenommen worden. Die Bewohner von Ostkreta sind nach Westen, in den abgelegeneren und daher auch sichereren Teil der Insel, geflohen. Sollten die ostkretischen Stätten auf diese Weise zerstört worden sein, so erklärt sich auch das Fehlen von Beweisen, die Hoods Hypothese eines Aggressionskrieges untermauern könnten, da es dann keine Eroberung, sondern einen vollständigen Rückzug gegeben hätte. Vergleichbare Ereignisse, also Überfälle durch Piraten, sind in der Geschichte der Kykladeninseln nicht unbekannt.

Thera, die Ägäis und das östliche Mittelmeer

Der Vergleich des Vulkanausbruches von Thera mit dem von Krakatau hat zu Spekulationen über die möglichen Auswirkungen dieser bronzezeitlichen Eruption auf den ägäischen Raum, das Mittelmeer und selbst darüber hinaus geführt. Frau Vitaliano, zum Beispiel, spricht von einer »mehr oder weniger ausgedehnten Verfinsterung nach jeder großen Explosion . . . spektakulären elektrischen Entladungen in der Aschewolke über dem Vulkan . . . sehr starken Regenfällen und heftigen Gewittern durch die feinen Ascheteilchen in der Atmosphäre, die als Kondensationskerne dienen . . . einem spürbaren Sinken der Temperatur« wegen der Verfinsterung der Sonne. Sie nennt ferner »gewaltige Schockwellen oder laute Knalle nach den stärksten Explosionen, die möglicherweise noch weit über den mediterranen Raum hinaus zu spüren und zu hören waren, wobei einige Erschütterungen so stark gewesen sind, daß Schäden an Gebäuden noch in beträchtlicher Entfernung entstanden«. Und schließlich habe es »außerordentlich spektakuläre flammende Sonnenuntergänge in der ganzen Welt noch viele Monate nach der Eruption« gegeben. Wir haben gesehen, daß, nach Ninkovitch und Heezen, die anfängliche Wolke aus Gas, Dämpfen und Staub wahrscheinlich ganz Kreta und Teile der Peloponnes und Kleinasiens bedeckte. Beide Forscher äußern sich auch genauer über die mögliche Entfernung, in der der Donner der Explosionen noch zu hören war, wenn sie sagen, man »sollte ihn bis Gibraltar, Skandinavien, zum Arabischen Meer und Zentralafrika vernommen haben«.

Ähnliche Angaben wurden über die Auswirkungen der Flutwelle gemacht, je nachdem, welche Höhe einzelne Wissenschaftler für sie annahmen. Die Entdeckung von Bimssteinablagerungen auf der Insel Anaphi, mehr als 25 Kilometer östlich von Thera, in einer Höhe von 250 Metern bedeutete, daß die »tsunami« eine Höhe von mehr als 200 Metern erreicht haben müßten. Aufgrund dieser Annahme schrieben Ninkovitch und Heezen, daß »die Küste von Tunesien bis Syrien binnen drei Stunden nach dem Zusammensturz der Insel Stronghyle überflutet gewesen sein muß«. I. Yokoyama andererseits schließt aus Bimssteinablagerungen auf Anaphi in 40 bis 50 Meter Höhe und in Jaffa-Tel Aviv in 7 Meter Höhe auf eine »tsunami« von ursprünglich 63 Meter Höhe, die Anaphi binnen zehn Minuten, Kreta mit einer Höhe von noch 11 Metern nach 25 Minuten und Tel Aviv nach 105 Minuten erreichte. Claude Schaeffer, Leiter der Ausgrabungen des alten Ugarit in Syrien, schreibt die Zerstörung des Hafens und eines Teils der Stadt in der zweiten Hälfte des fünfzehnten Jahrhunderts v. Chr. der Wirkung der Flutwelle zu. Neuere wissenschaftliche Arbeiten von Keller und Vitaliano jedoch lösen den Bimsstein von Anaphi völlig aus dem Zusammenhang mit der spätbronzezeitlichen Eruption des Thera-Vulkans und entziehen mithin den obigen Hypothesen die Grundlagen. Neuere Angaben von Pichler und Schiering reduzieren die Höhe der »tsunami« ohnehin auf ursprünglich nur 8 bis 10 Meter.

Systematische Untersuchungen der Tephra-Ablagerungen im Meer begannen bereits im Jahre 1947. Mehrere wissenschaftliche Expeditionen (Albatross 1947–48; Vema 1956, 1958; Watkins und andere

1978) haben seitdem Bohrkerne aus den unterschiedlichsten Gebieten entnommen und sind zu folgenden Erkenntnissen gekommen: Tephra der Eruption verbreitete sich in östlicher und südöstlicher Richtung; die Achse der Verbreitung verläuft über die Insel Karpathos. Spezialisten (Watkins und andere) rechnen mit einer bis fünf Zentimeter mächtigen Tephraschicht über Ostkreta, heben aber hervor, daß »die minoischen Kolonien auf Rhodos und im Südosten der heutigen Türkei wohl unter starkem Tephrafall gelitten haben«. Diese Feststellung gewinnt Glaubwürdigkeit durch zwei weitere Entdeckungen aus jüngster Zeit. Bei Erkundungen auf der Insel Kos hat Professor J. Keller Ablagerungen santorinischer Tephra etwa 500 Meter nördlich von Kap Phokas gefunden. Die durchschnittliche Mächtigkeit dieser Ablagerungen beträgt etwa 30 Zentimeter und erreichte an einer Stelle sogar 60 Zentimeter. Die zweite Fundstätte ist in Trianda (Ialysos) auf Rhodos, wo bei neuerlichen Ausgrabungen einer spätbronzezeitlichen Siedlung eine Schicht feiner Tephra von etwa 10 Zentimetern freigelegt wurde. Chemische, mineralogische und refraktive Untersuchungen (von Keller und Vitaliano) haben ergeben, daß es sich um Tephra aus der Eruption von Thera handelt. Die Erkentnis jedoch, daß die Tephra als Auflage auf einer Schicht der spätminoischen Zeitstufe I A ohne sichtbaren Bruch von anderen Schichten abgelöst wird, besagt, daß der Aschefall auf Rhodos nicht sehr ergiebig gewesen ist.

Angeregt durch Marinatos' Versuch, eine Verbindung zwischen der Eruption von Thera und dem Ende der minoischen Kultur herzustellen, haben mehrere Forscher eine neue Deutung alter Sagen und Legenden versucht. Bereits 1960 brachte Professor Galanopoulos vom Seismologischen Institut Athen die Vulkaneruption von Thera in einen Zusammenhang mit der Deukalionischen Flut und der Antlantissage. Er verstand den Ursprung beider Sagen in den Flutwellen und den Stürmen nach der großen Eruption. In jüngerer Zeit hat N. Platon, ehemals Professor für Archäologie an der Universität Saloniki, eine Zusammenfassung wissenschaftlicher Versuche zur Ausdeutung biblischer und ägyptischer prophetischer Texte im Licht der Eruption von Thera vorgelegt. Nach dem Ende der 18. Dynastie tauchen in Ägypten Texte auf, die nach Meinung verschiedener Gelehrter an frühere Ereignisse erinnern:

»... Für neun Tage verließ niemand den Palast, und keiner konnte das Antlitz seines Gefährten sehen ...«

»... Es ist unvorstellbar, was im Lande geschah — in seiner ganzen Ausdehnung Verwirrung und großes Schreien und Gedröhn; o daß die Erde aufhörte zu dröhnen ... Die Städte sind zerstört ... Oberägypten ist verwüstet ... Blut allerorten ... Pestilenz im ganzen Lande ...«

»... Die Menschen segeln nicht mehr nach Byblos. Woher bekommen wir das Zedernholz für unsere Mumien ... und die Öle, mit denen Fürsten bis in das Land Kefti einbalsamiert werden? Sie kommen nicht mehr ...«

»... Die Sonne ist verfinstert und spendet dem Menschen ihr Licht nicht mehr. Leben ist nicht mehr möglich, wenn die Sonne hinter den Wolken verborgen ist. Re hat sein Antlitz von der Menschheit abgewandt. Wenn sie doch nur für eine Stunde schiene! Niemand weiß, wann Mittag ist. Man nimmt seinen Schatten nicht wahr. Die Sonne am Himmel ähnelt dem Mond ...«

Textstellen ähnlichen Inhalts finden sich bei einigen Propheten der Bibel, wie Zephanja (1,15; 2,5) und Jeremia (47, 2-4). Der amerikanische Historiker J. G. Benett jr. und Professor Galanopoulos haben sich kürzlich mit diesen prophetischen Texten beschäftigt und stellen fest, daß sie die Folgen der Eruption von Thera für Ägypten und das östliche Mittelmeer beschreiben. Dazu hat Benett die Auffassung geäußert, die im Buch Exodus beschriebenen ägyptischen Plagen könnten ebenfalls eine Folge des Vulkanausbruchs sein. Galanopoulos geht sogar noch einen Schritt weiter und deutet die Spaltung des Roten Meeres und den Durchzug der Israeliten mit der Entstehung von Flutwellen in Thera. Eine Verbindung zwischen beiden Ereignissen bereitet jedoch gewisse Schwierigkeiten. Zum ersten muß man den Forschern folgen, die den Auszug aus Ägypten in die Regierungszeit Thutmosis' III. (1490 bis 1436 v. Chr.) datieren. Die Schwachstelle dieser Datierung liegt darin, daß Thutmois III. seine Armeen mehrere Male siegreich nach Palästina und Syrien führte, wodurch es höchst unwahrscheinlich wird, daß die Israeliten sich zusammenschließen und ihren Auszug unternehmen konnten. Eine zweite Schwierigkeit läßt sich möglicherweise einfacher entkräften. Flutwellen im Mittelmeer hätten zu keiner Zeit Auswirkungen auf das Rote Meer haben können. Doch zahlreiche Gelehrte, darunter Professor Galanopoulos, übersetzen das hebräische »Jam Suf« mit »Schilfmeer« und identifizieren es mit dem Sirbonischen Meer. Der in der Bibel beschriebene Weg der Israeliten bei ihrem Auszug aus Ägypten bekräftigt eine solche Ausdeutung, die zudem logischer klingt. Im Text der Bibel (Exodus 14, 21) heißt es, das Wasser sei vor einem starken Wind zurückgewichen, der die ganze Nacht geweht habe. So könnte ein Zusammenhang zwischen dem Vulkanausbruch von Thera und dem Zurückweichen des Wassers beim Auszug der Israeliten aus Ägypten hergestellt werden.

Außer in den biblischen und ägyptischen prophetischen Texten haben Forscher auch nach Anklängen an die Eruption von Thera in verschiedenen alten Überlieferungen im Raum der Ägäis gesucht. Solche Überlieferungen sind lokaler Art und haben Überflutungen durch das Meer zum Inhalt. Demnach sind, wie Professor J. V. Luce herausgefunden hat, Orte wie Attika, Argolis, Troezen und Saranikos Kolpos, Lykien, die Troas, Rhodos und Samothrake vom Meer überflutet worden. Luce stellt darum fest, daß die geographische Lage dieser Orte dazu berechtigen würde, die Überflutungen als Folgen verheerender Flutwellen zu deuten, die, wie gesagt, möglicherweise in Thera ihren Ausgang hatten.

KAPITEL 8

THERA UND DIE SAGE VON ATLANTIS

Platons Erzählung

Obwohl es schwierig sein dürfte, die genaue Zahl der Bücher festzustellen, die über Atlantis, den verlorenen Kontinent, geschrieben wurden, gibt E. S. Ramage, der sich als Forscher in allerjüngster Zeit mit diesem Thema beschäftigt hat, als runde Zahl 2000 an; doch Schätzungen gehen gelegentlich bis 10 000. Und Ramage spricht ausdrücklich nur von Büchern, wenn er hinzufügt, »es ist ganz und gar unmöglich, die Zahl der zu diesem Thema verfaßten Artikel zu nennen«.

Keine der zahllosen Schriften wäre je verfaßt worden, noch hätten sich viele Generationen von Archäologen, Historikern, Philologen und Naturwissenschaftlern Atlantis je zugewandt, hätte nicht ein Mann um 350 v. Chr. die Geschichte als erster aufgeschrieben. Platon war es, der große Athener Philosoph, Freund und Schüler Sokrates'. Platons Lehren über die Organisation eines idealen Staates unter universalen Gesetzen füllen mehrere Bände. Für die Darlegung seiner Philosophie wählte er die Form des Dialogs zwischen bekannten Athener Persönlichkeiten seiner Zeit. Zwei dieser Dialoge, »Timaios« und »Kritias«, enthalten Passagen über den untergegangenen Kontinent Atlantis. In beiden Dialogen erzählt Kritias die Geschichte so, wie er sie von seinem Großvater Kritias, Sohn des Dropides, erfahren hat, der sie seinerseits von Solon hörte, einem der Sieben Weisen der Antike. Solon war es auch, der um das Jahr 600 v. Chr. die Reise von Athen nach Ägypten unternahm, dort Sais besuchte, wo er von ägyptischen Priestern die Erzählung von Atlantis vernahm. »Timaios«, der erste Dialog, bringt eine kurze Zusammenfassung der Erzählung, eine ausführliche Darstellung enthält »Kritias«.

Die Insel Atlantis jenseits der Säulen des Herakles im Atlantischen Ozean war größer als Libyen und Asien zusammengenommen. Ein großes und wunderbares Reich bestand auf dieser Insel und auf vielen anderen, dazu auf Teilen der Kontinente bis hin nach Tyrrhenien in Europa und Ägypten in Libyen. Poseidon schuf die Insel zum Schutz für Kleito, seine Geliebte, die die Tochter von Euenor und Leukippos war. Zwei Wälle im Wechsel mit drei Wassergräben umgaben den Hügel, auf dem Kleito lebte. Der Gott schuf zwei Quellen auf der Hauptinsel, eine kalte und eine warme. Die Insel brachte Nahrung in reicher Fülle hervor. Der Verbindung zwischen Poseidon und Kleito entsprangen fünf männliche Zwillingspaare. Atlas, ältester Sohn des Poseidon, wurde erster König der Insel und gab ihr seinen Namen.

Als Nachkommen Poseidons standen die Herrscher und die Bewohner von Atlantis unter dessen besonderem Schutz. Friede und Wohlstand regierten im Lande, das zahlreiche herrliche Tempel, Paläste, Kanäle, Brücken und Wasserspiele zierten. Seine Häfen wurden von Schiffen aus allen Teilen der Welt besucht, die der Insel viele Güter brachten.

Unter den vielen Sondergesetzen von Atlantis war aber dieses das wichtigste:

»... daß sie (die Könige — d. Ü.) niemals gegeneinander Waffen erheben dürften und alle Beistand zu leisten hätten, wollte etwa jemand versuchen, in irgendeiner ihrer Städte das Königsgeschlecht zu vernichten, indem sie gemeinsam wie ihre Vorgänger die Beschlüsse über Krieg und die anderen Unternehmungen berieten und dabei dem Atlas-Geschlecht die Führung übertrügen. Über den Tod keines seiner Anverwandten sollte der König jedoch Herr sein, von dem es nicht mehr als der Hälfte der Zehn richtig schiene.«

Für viele Generationen gaben Macht, Friede und Wohlstand Atlantis sein Gepräge. Denn seine Bewohner »waren . . . den Gesetzen gehorsam und freundlich gesinnt gegen das ihnen verwandte Göttliche . . . Als aber der Anteil des Gottes in ihnen dadurch schwand, daß er viel und häufig mit Sterblichem versetzt wurde, . . . da vermochten sie bereits nicht mehr ihre Lebensumstände zu ertragen und benahmen sich schändlich und erschienen dem, der es sehen konnte, als häßlich . . . Aber der Gott der Götter Zeus, der nach Gesetzen Waltende, erkannte, da er derartiges zu durchschauen vermochte, daß ein wackeres Geschlecht beklagenswerten Sinnes sei, und beschloß, ihnen eine Strafe aufzuerlegen, damit sie, zur Besonnenheit gebracht, verständiger würden, und er versammelte die Götter alle in ihrem ehrwürdigsten Wohnsitze, welcher im Mittelpunkt der gesamten Welt steht und alles überschaut, was des Werdens teilhaftig wurde; nachdem er sie versammelt hatte, sprach er: . . .«

An dieser Stelle endet der Dialog des Kritias. Den Ausgang der Erzählung erfährt der Leser jedoch aus diesen Passagen in »Timaios«:

». . . Als aber in späterer Zeit gewaltige Erdbeben und Überschwemmungen eintraten, versank während eines einzigen schrecklichen Tages und einer Nacht eure ganze Heeresmacht mit einem Male unter der Erde, und in gleicher Weise verschwand auch die Insel Atlantis, indem sie in das Meer versank. Dadurch ist auch das dortige Meer unbefahrbar und unerforschbar geworden, weil der in geringerer Tiefe befindliche Schlamm, den die untergehende Insel hervorbrachte, hinderlich ist. «

(Zitate S. 130 und 131 aus Platon, Timaios, Kritia, Philebos, bearbeitet von Klaus Widdra, Wissenschaftliche Buchgesellschaft Darmstadt, siebter Band, 1972)

Wieviel historische Wahrheit darf nun hinter der Legende vermutet werden? Um eine Antwort auf diese Frage zu finden, müssen wir uns die geographische Lage von Atlantis, seine Ausdehnung, den Entwicklungsstand seiner Zivilisation und das Datum seines Untergangs näher betrachten. Zu allem macht Platon ausführliche Angaben. Atlantis war ein Inselkontinent inmitten des wahren Ozeans jenseits der Säulen des Herakles (Gibraltar). Es war größer als Asien und Libyen zusammengenommen. Seine Bewohner hatten eine hohe Kultur entwickelt, und Atlantis verkörperte die größte Seemacht aller Zeiten, beherrschte nicht nur die eigene, sondern auch noch mehrere andere Inseln. Diesseits der Säulen des Herakles reichte seine Herrschaft bis nach Ägypten und bis Etrurien in Europa. Das mächtige und herrliche Reich ging unter an einem einzigen Tag und in einer Nacht, etwa 9000 Jahre vor Solon, der um 600 v. Chr. lebte.

Einheit und Vielfalt der Meinungen

Ob Platons Bericht über Atlantis Realität oder Phantasie ist, bleibt seit der Antike unter den Gelehrten umstritten und teilt sie in zwei Lager. In einem 1979 von E. S. Ramage unter dem Titel »Atlantis: Fact or Fiction?« vorgelegten Buch werden Argumente beider Seiten knapp und verständlich dargelegt.

Jene, die Platons Erzählung als Realität sehen, waren gezwungen, die Geschichte in einigen Punkten zu akzentuieren, zu korrigieren, ja zu verändern, besonders was die geographische Lage des versunkenen Kontinents betrifft. Atlantologen haben zu verschiedener Zeit unterschiedliche geographische Lagen für Atlantis gefunden. Sie sind zu zahlreich, um alle hier genannt zu werden. Man kann wohl sagen, daß es keinen Teil der Welt gibt, der nicht für die Lokalisierung von Atlantis in Betracht gezogen worden wäre. Wie Ramage bemerkt, hatte man bis zum Ende des neunzehnten Jahrhunderts die Bewohner von Atlantis mit »Völkern, so verschieden nach Rasse und Zeit, wie den Goten, den Galliern, den Druiden, Ägyptern und Skythen, und so unterschiedlichen Teilen der Welt, wie dem Mittelmeer, der Sahara, dem Kaukasus, Südafrika, Ceylon, Brasilien, Griechenland, den Britischen Inseln, den Niederlanden und Preußen« in Verbindung gebracht. Was Thera betrifft, so wurde der erste Versuch seiner Identifizierung mit Atlantis bereits 1885 von A. Nicaise unternommen.

Die bedeutenden Entdeckungen von Sir Arthur Evans in Knossos zu Beginn dieses Jahrhunderts gaben jenen Auftrieb, die an die Wahrheit der Platonschen Erzählung glaubten. Wie wir gesehen haben, postulierte K. T. Frost im Jahre 1909, daß die Zivilisation von Knossos keine andere als die von Platon beschriebene untergegangene Zivilisation von Atlantis war. Zweifellos gibt es Ähnlichkeiten, die eine solche Identifizierung zulassen. Teile der geographischen Beschreibung von Atlantis treffen auf Kreta zu, und Frost sah den politischen Status von Knossos in Platons Erzählung reflektiert. Frost fährt fort: »Der große Hafen (von Atlantis) mit seinen Schiffen und den Kaufleuten aus aller Herren Ländern, die aufwendigen Baderäume, das Stadion und das feierliche Opfer eines Stieres sind allesamt durch und durch, wenn auch nicht ausschließlich, minoisch; doch wenn wir lesen, wie der Stier ›im Tempel Poseidons ohne Waffen mit Stangen und Schlingen‹ gejagt wurde, haben wir eine unmißverständliche Beschreibung der Stierkampfarena von Knossos vor uns, ebenjener Sache, die Ausländer am meisten erstaunte und zur Entstehung der Sage vom Minotaurus führte«. Frost vermied es jedoch, eine Verbindung zwischen dem Ende des minoischen Kreta und der Tätigkeit des Vulkans von Thera herzustellen, obwohl Thera in der Atlantis-Erzählung bereits eine Rolle spielte. Das war ein Schwachpunkt in Frosts Hypothese, weil er es versäumte, das angebliche Ende von Atlantis »an nur einem Tag und in einer Nacht« mit den archäologischen Befunden in Einklang zu bringen. Statt dessen umging er das Problem und schrieb: »Als politische und kommerzielle Kraft wurden Knossos und die ihm verbündeten Städte just in jenem Moment, da sie am stärksten und sichersten schienen, hinweggespült. Es war, als sei das gesamte Königreich im Meer versunken, als sei die Erzählung von Atlantis wahr«.

Wir sind bereits vertraut mit der von Marinatos dreißig Jahre nach Frost, im Jahre 1939, publizierten Hypothese, nach der er den minoischen Verfall ursächlich der Eruption des Vulkans auf Thera um 1500 v. Chr. zuschreibt. Damit war dann die schwache Stelle in Frosts Argumentation beseitigt, denn angeblich war das plötzliche Ende Kretas nachweisbar. Marinatos selbst hat später einen Kern an Wahrheit in Platons Erzählung eingeräumt. Er meinte, die ägyptischen Priester hätten im Gespräch mit Solon über das Ende von Atlantis indirekt auf die spätbronzezeitliche Eruption von Thera Bezug genommen. Mit der vollständigen Zerstörung der minoischen Flotte durch die Flutwellen brachen die minoisch-ägyptischen Kontakte jäh ab. Die Nachricht darüber, was im Gefolge der Eruption geschah — vollständige Verfinsterung, Aschefall, giftige Gase, »tsunami« —, muß auch nach Ägypten gelangt sein. Dazu hätten Gerüchte, daß eine Insel im Meer versunken sei, Ägypten sicher mit großer Schnelligkeit erreicht. Folgt man Marinatos, so lag es nahe, daß die Ägypter Thera mit Kreta verwechselten und meinten, die versunkene Insel sei keine andere als die große Inselzivilisation (Kreta), zu der ihre Kontakte so plötzlich abgebrochen waren.

Marinatos' Hypothese war besser fundiert als diejenige von Frost. Professor A. Galanopoulos vom Athener Institut für Seismologie veranlaßte sie, aufgrund geologischer Untersuchungen Atlantis nicht nur mit Kreta, sondern auch mit Thera selbst zu identifizieren. Nach Galanopoulos entsprechen die beiden Regionen, aus denen Atlantis bestand — die alte Metropole und die Königsstadt — Thera bzw. Kreta. Die heutige kreisförmige Anordnung der Inseln Thera, Therasia und Aspronisi ist, Galanopoulos zufolge, der Rest eines der Landringe, die — im Wechsel mit Wasserkanälen — die Akropolis von Atlantis umgaben. Ein Teil des heutigen Kraterbeckens sei der alte Kanal, die Akropolis selbst stand nach dieser Darstellung auf dem durch die spätbronzezeitliche Eruption zerstörten zentralen Kegel. Nachdem damit ein Standort für die alte Metropolis gefunden war, erkannte Galanopoulos in Zentralkreta die Königsstadt. Dabei war die Ebene, in der die Königsstadt liegt, keine andere als die Ebene von Massara.

Galanopoulos ist nicht der letzte Name auf der Liste von Forschern, die Atlantis mit dem minoischen Kreta gleichsetzen. In jüngerer Zeit haben J. V. Luce, Professor für Klassische Philologie am Trinity College, Dublin, und Professor N. Platon, Ausgräber des Palastes von Zakros in Kreta, der Kreta-Hypothese von Atlantis zusätzliches Gewicht gegeben. Luce hat der Untersuchung des Falles Atlantis ein ganzes Buch gewidmet (»The End of Atlantis«, 1969) und kommt darin zu dem Schluß, daß die Sage einen wahren Kern enthalte. Er sieht in Atlantis die Macht des minoischen Kreta, und ihr Untergang bedeutet »das Ende der minoischen Dominanz in der Welt der Ägäis«. Er betrachtet das versunkene Atlantis eher »als historisches denn als geographisches Problem«. Und was die Eruption von Thera in der Spätbronzezeit betrifft, so seien »die Folgen für Thera verhältnismäßig unbedeutend im Vergleich mit den Folgen für die umliegenden minoisierten Inseln und das minoische Kernland im Süden. Eine glänzende und verfeinerte Kultur ging unter den brutalen Einwirkungen des Vulkanausbruchs von Thera zugrunde. Die Flutwellen waren der wirkliche ›Stier aus dem Meer‹, der den Herrschern von Knossos als Geißel gesandt wurde.« Die Identifizierung des minoischen Kreta mit Atlantis versucht auch Professor Platon. Er widmete ein ganzes Kapitel seines Buches »Zakros« (1971) ebenfalls diesem Thema.

Luce stellt in seinem Beitrag zu dem bereits erwähnten Band »Atlantis: Fact of Fiction?« fest, »man sollte im Geiste Solon gegen Platon als Autorität für den ägyptischen Ursprung der Erzählung setzen . . .«. Das heißt, Platon selbst hat die Atlantis-Erzählung in Ägypten gehört. Luce bemüht sich auch um eine etymologische Verknüpfung der Namen Atlantis und Kreta. Im allgemeinen wird nicht bestritten, daß Kreta ursprünglich »Keftiu« hieß. Nach Luce »ist Keftiu wahrscheinlich von einer Wurzel mit der Bedeutung ›Säule‹ abgeleitet, und eine westliche Insel mit einer ›Himmelssäule‹, das bedeutet, mit einem hochaufragenden Berg, der die Himmelskuppel trägt, fügte sich nahtlos in den Rahmen der ägyptischen Mythologie der Bronzezeit.« Und er fährt dann fort: »Der Grieche verband Keftiu wahrscheinlich selbst mit seiner eigenen Atlas-Mythologie.« Deshalb übersetzte er Keftiu mit »Insel des Atlas«, also Atlantis. Jedoch räumte Luce ein, die Auffassung Vidal-Naquets, die zwei sich in der See gegenüberstehenden Mächte, Athen und Atlantis, könnten in Platons Vorstellung das »gute« und das »böse« Schicksal Athens sein, hätte vielleicht ebenso einen Wahrheitsgehalt. Das »gute« Athen wäre in den Augen des konservativ denkenden Platon die Stadt ohne Kriegsflotte, mit einer klar geordneten Schichtung der Gesellschaft von Bauern und Grund-

besitzern. Das »böse« Athen (Atlantis) hingegen »wäre der maritime Staat durchtriebener Seeleute und habsüchtiger Kaufleute«.

Die Anhänger der minoischen Atlantis-Hypothese mußten den Widerspruch zwischen Platons Erzählung und den real vorhandenen Dokumenten »korrigieren«. Was die enorme Ausdehnung von Atlantis und das frühe Datum seines Unterganges (9000 Jahre vor Solon) betrifft, so liege, sagt man, eine Verwechslung der ägyptischen Symbole für 100 und 1000 vor. Neunhundert Jahre vor Solon wäre als Datierung für das Ende von Atlantis dann auch weit annehmbarer und stimmte in der Tat mehr oder weniger gut mit der Eruption von Thera (1500 v. Chr.) überein. Galanopoulos schlägt auch eine Erklärung der geographischen Lage von Atlantis jenseits der Säulen des Herakles vor. Er sagt, Solon müsse den ägyptischen Priestern wohl bedeutet haben, daß eine so riesige Insel im Mittelmeer nicht unterzubringen sei, und schlug daher vor, sie in den Atlantischen Ozean zu verlegen. Professor Platon andererseits erklärt die Lage von Atlantis aus dem Bemühen der Griechen, nach Abschluß der Kolonialexpansion im Mittelmeer quasi-mythische Orte und Ereignisse jenseits der Säulen des Herakles in den Atlantischen Ozean zu verlagern.

Diese Korrekturen und Ausdeutungen des Platonschen Berichts sind gleichzeitig ein Teil des Streits, ob die Gesamterzählung überhaupt wahr sei. Dazu sind weitere Zweifel seitens der Gegner der Atlantis-Legende in »Atlantis: Fact of Fiction?« geäußert worden. So hebt S. C. Fredericks hervor, »der vermeintliche Zusammenhang zwischen Thera und den beiden Dialogen Platons ist konstruiert und unnötig«, da Platon weder Atlantis mit Kreta in einen Zusammenhang stelle noch einen Vulkan erwähne. Außerdem sei bei ihm zu lesen, daß Atlantis vollständig versunken sei. Ein weiteres ernst zu nehmendes Argument ist, daß »keine der vorhandenen altägyptischen Quellen ein maritimes Inselreich erwähnt, das mit Atlantis oder dem minoischen Kreta identifiziert werden kann«, wie J. Rufus Fears bemerkt. Derselbe Wissenschaftler weist ferner darauf hin, daß die Atlantis-Sage selbst von den griechischen Quellen ignoriert werde, besonders von Platons illustrem Zeitgenossen und Freund, dem Redner Isokrates, in seinen »Panathenäen«, sowie von allen Autoren der Panegyriken, der Lobreden von Athen. Dorothy Vitaliano schließlich wirft die Frage auf, ob die kretische Zivilisation überhaupt Opfer einer Naturkatastrophe geworden ist. Ihre ausführlichen Argumente machen es unwahrscheinlich, daß Kreta der Prototyp der Atlantis-Sage war.

Alle gelehrten Gegner der Atlantis-Hypothese sind sich einig, Platons Bericht sei »eine poetische Phantasie« (Rufus Fears) oder »noch eine von Platons Sagen« (Vitaliano) zur Illustration »seiner Theorie der Menschheitsgeschichte als eines zyklischen Musters des Aufstiegs und Untergangs von Zivilisationen«

(Fredericks). Das wird durch den Schluß der Erzählung selbst untermauert, der Entscheidung der Götter, den sündigen und hoffärtigen Bewohnern von Atlantis ein Strafgericht zu senden.

Daß Atlantis eine Schöpfung Platonscher Phantasie war, hat schon sein bedeutendster Schüler, Aristoteles, verkündet, der bemerkt: »Der Mann, der es erträumte, ließ es wieder verschwinden.« Vielleicht hat E. S. Ramage recht, wenn er feststellt: »Es ist eine der Ironien der Suche nach Atlantis, daß Platon, der im Mittelplunkt unserer geistigen Tradition steht, heute vielfach das Opfer einer geistesfeindlichen Betrachtungsweise wird.«

Epilog
Thera und die Ägäis nach der Eruption

Die Eruption des Vulkans von Thera war, ungeachtet der Folgen für die Zivilisation der Ägäis, ein einschneidendes Ereignis und ein Wendepunkt in der Vorgeschichte der Ägäis. Nach 1500 v. Chr. werden der Niedergang des minoischen Kreta und der Aufstieg Mykenes augenscheinlicher. Auf Thera selbst kam das Leben, nachdem die Insel im Regen der Vulkanasche versank, zum Erliegen. Der Stand unseres heutigen Wissens erlaubt die Feststellung, daß wenigstens zweihundert Jahre verstrichen, ehe eine Neubesiedlung der Insel erfolgte. Beweise dafür liefert Monolithos an der Ostküste Theras, nahe dem heutigen Flughafen. Scherben der mykenischen Zeitstufe III B (Späthelladikum III B), die man dort an der Oberfläche fand, beweisen, daß die Festländer zu jener Zeit (Ende des vierzehnten Jahrhunderts v. Chr.) die Kontakte zu Thera wiederhergestellt hatten.

Wie Professor Iakovides hervorgehoben hat, gelten das fünfzehnte und das vierzehnte Jahrhundert v. Chr. als »eine Ära des Friedens und des Wohlstandes, in der die mykenische Kultur die Ägäis im wahrsten Sinne des Wortes beherrscht und ihren Einfluß auf ein Gebiet weit über die Grenzen des griechischen Heimatlandes ausgedehnt hat«. In dieser langen Periode (Späthelladikum II und Späthelladikum III A) war die Blütezeit der großen mykenischen Zentren auf dem griechischen Festland, darunter Mykene, Tirnys, Theben und Pylos. Die jüngste Untersuchung der Beziehungen zwischen der Ägäis und dem östlichen Mittelmeer von R. S. Merillees hat gezeigt, daß es, wie Keramikfunde der spätmykenischen Phase II (Späthelladikum II) in Ägypten beweisen, in der Regierungszeit von Königin Hatschepsut und König Thutmosis III. zu intensiveren Kontakten mit Ägypten kam. Zur Gründung der mykenischen Kolonie in Ialysos (Trianda) auf Rhodos kam es vermutlich gegen Ende des fünfzehnten Jahrhunderts v. Chr. am Ende der spätmykenischen Phase II B (1450 bis 1425 v. Chr.) oder zu Beginn der spätmykenischen Phase III A 1 (1425 bis 1400 v. Chr.).

Die Jahre zwischen den spätmykenischen Phasen III B (1300 bis 1230 v. Chr.) und III C 1 (1230 bis 1200 v. Chr.) gelten als Übergangsperiode. Zahlreiche Siedlungen auf dem griechischen Festland werden von ihren Bewohnern verlassen, die Paläste von Theben, Pylos, Gla und andere verwaisen. Die Ursachen für diese Veränderungen in der mykenischen Welt bleiben im dunkeln. Einige Forscher sehen eine Verbindung zwischen der Zerstörung der mykenischen Stätten und Piratenakten der rätselhaften »Seevölker«, die dann gemeinsame Sache mit einer Vielzahl vertriebener Mykener machten, in Länder des Südens und Ostens einbrachen und schließlich bis nach Ägypten gelangten. Die Menschen müssen ihre Wohnsitze mehr nach Zypern und der Küste Kleinasiens hin verlegt haben. Viele Kykladeninseln wurden zu wichtigen Produktionszentren für Keramik in den spätmykenischen Phasen III B und III C mit dem typischen Tintenfischdekor. Ein solches wichtiges Zentrum wird heute von den Archäologen in Koukounaries auf Paros freigelegt; der Standort eines zweiten Zentrums in Grotta auf Naxos ist bereits bekannt.

Die offenkundige Blüte der Zivilisation der Kykladen in der spätmykenischen Zeitstufe III veranlaßte Forscher wie Sir Denys Page dazu, diese Inseln mit dem in den Dokumenten der Hethiter, der damals dominierenden Macht in Anatolien, genannten Staat von Ahhijawa in Verbindung zu bringen. Page sieht die Bedeutung von Ahhijawa, dessen Hauptstadt er auf der Insel Rhodos lokalisierte, in der Tatsache bestätigt, daß dies die einzige Macht war, die von den Hethitern ernst genommen wurde.

Es bleibt festzustellen, daß sich bis zum Ende des dreizehnten Jahrhunderts, bedingt durch das Auftreten der »Seevölker«, im östlichen Mittelmeer ein grundlegender Wandel vollzog. Neue Völker wurden in diesem Raum seßhaft; der mykenische Handel war nach Osten hin abgeschnitten und orientierte sich zunehmend nach Westen, wo auch weiterhin blühende Siedlungen in der nordwestlichen Peleponnes, den ionischen Inseln und Italien bestanden. Der Zusammenbruch des Handels im östlichen Mittelmeer und die Umorientierung nach Westen hin minderte die Bedeutung der ägäischen Inseln und brachte das Ende ihrer Blüte. Es sollten mehrere Jahrhunderte vergehen, ehe diese Inseln in der archaischen Zeit wieder zum Ausgangspunkt für eine weitere und noch bedeutendere Expansion der Griechen nach Osten wurden.

Im folgenden Abbildungsteil wurden Fundstücke zusammengestellt, die mit ihrem Reichtum an Formen und Dekors noch einmal handwerkliche Fähigkeiten, schöpferische Phantasie und ästhetisches Empfinden ihrer Hersteller vor Augen führen.

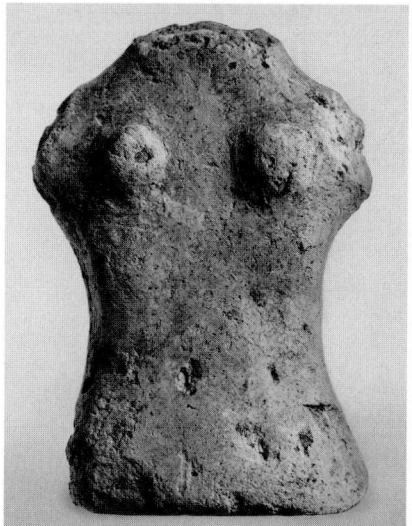
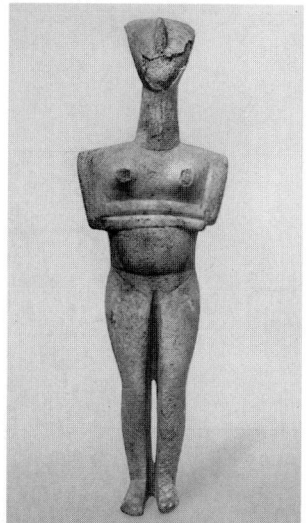

96 Frühkykladischer weiblicher
   Marmortorso
99 Tierfigur
101 Tönernes Rhyton in Form
   eines Eberkopfes

97 Mittelkykladische menschliche Figur aus Ton

98 Mittelkykladische menschliche Figur aus Marmor
100 Tönernes Rhyton in Form
   eines Löwenkopfes

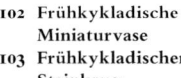

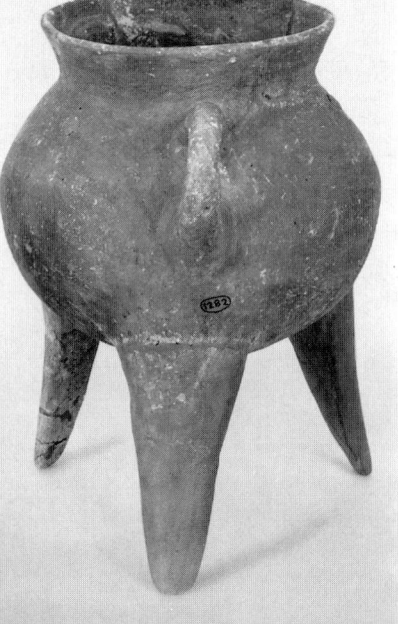

112 Vorratskrug mit linearem Muster
   aus einheimischer Werkstatt
115 Einheimisches Vorratsgefäß mit
   aufgemaltem Linien- und Pflanzendekor.

113 Keramikbienenstock oder
   Pflanzentrockner aus einheimischer
   Werkstatt
116 Importiertes Vorratsgefäß mit aufgemaltem Liniendekor

114 Einheimisches Vorratsgefäß mit
   aufgemaltem Linien- und Pflanzendekor
117 Seihgefäß oder Pflanzentrockner
   mit aufgemaltem Liniendekor

118 Importierte Kanne mit aufgemal-
    tem Linien- und Pflanzendekor
121 Kanne mit aufgemaltem Linien-
    dekor aus einheimischer Werkstatt

119 Importiertes Bügelgefäß mit aufge-
    maltem Liniendekor
122 Importiertes tönernes Rhyton in
    Form eines Straußeneis mit Linien-
    dekor
124 Einheimische Trinkschale mit auf-
    gemaltem Liniendekor

120 Importierte Kanne mit aufgemal-
    tem Liniendekor
123 Importierte Kanne mit aufgemal-
    tem Liniendekor
125 Importierte Trinkschale des Keftiu-
    Typs mit aufgemaltem Liniendekor

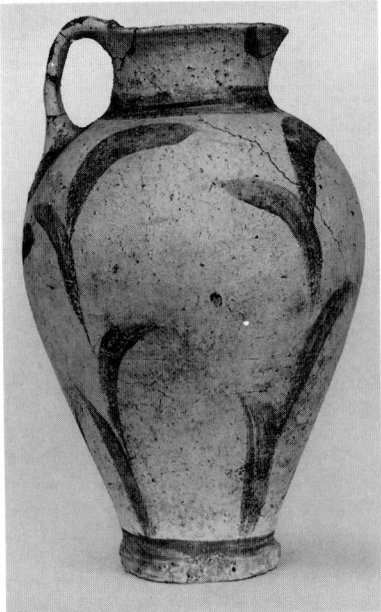

126 Großes Gefäß mit Pflanzendekor
   aus einheimischer Werkstatt
129 Kanne mit Pflanzendekor aus
   einheimischer Werkstatt

127 Pflanzentopf mit Pflanzendekor aus
   einheimischer Werkstatt
130 Großer Pithos mit Pflanzendekor
   aus einheimischer Werkstatt

128 Großes Gefäß mit Pflanzendekor
   aus einheimischer Werkstatt
131 Tüllenpithos mit Pflanzendekor
   (Kombination mehrerer Motive)
   aus einheimischer Werkstatt

132 Tüllenamphora mit Pflanzendekor

135 Augenkrug mit Pflanzendekor aus
einheimischer Werkstatt

133 Vierhenkliger Pithos mit Pflanzendekor aus einheimischer Werkstatt

136 Vase mit Blütendekor aus
einheimischer Werkstatt

138 Schale mit Pflanzendekor aus
einheimischer Werkstatt

134 Gefäß mit Pflanzendekor aus
einheimischer Werkstatt

137 Augenkrug mit Pflanzendekor aus
einheimischer Werkstatt

139 Schale mit Pflanzendekor aus
einheimischer Werkstatt

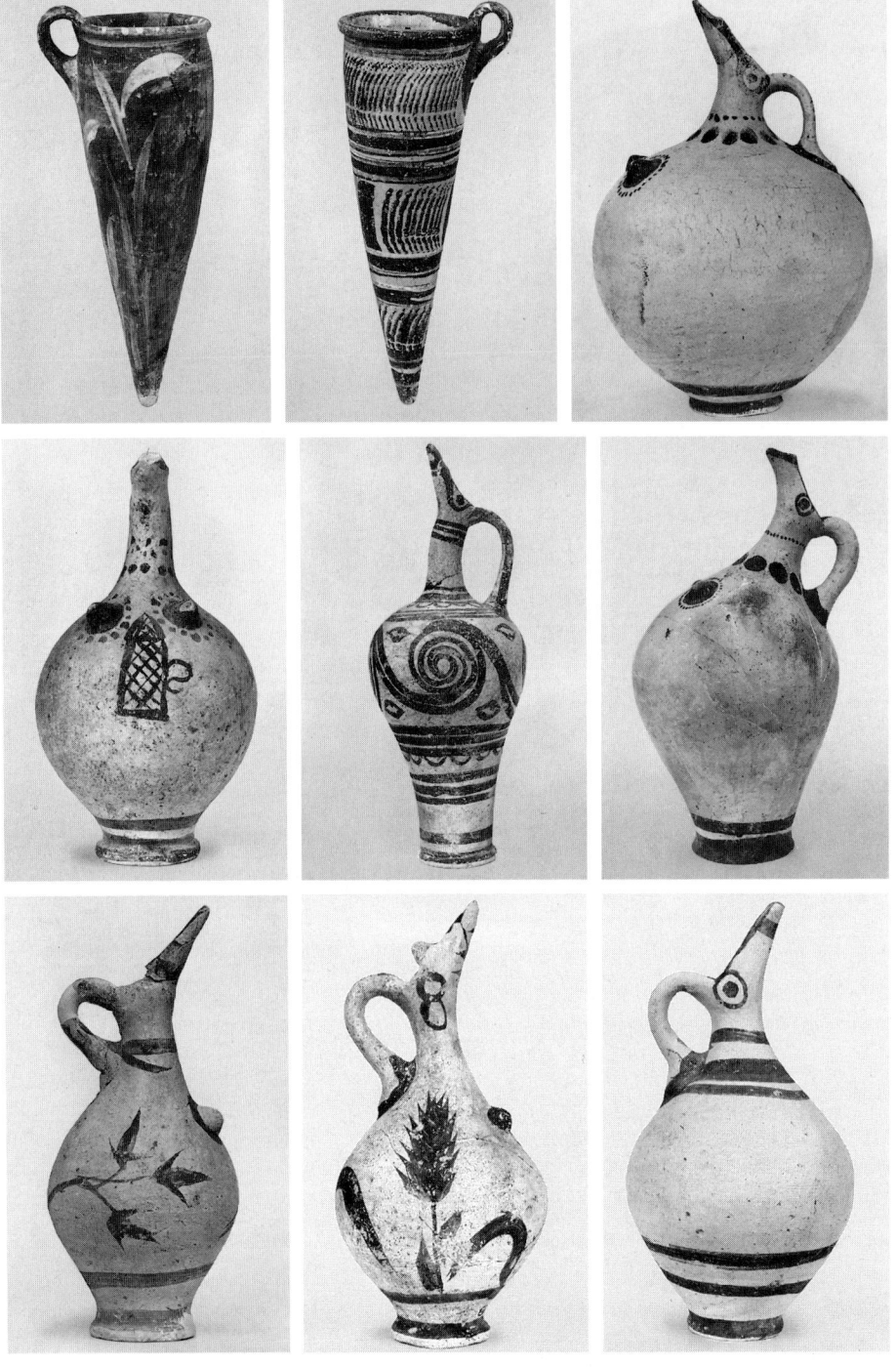

140 Konisches Rhyton
mit Pflanzendekor
aus einheimischer
Werkstatt

141 Konisches Rhyton
mit aufgemaltem
Liniendekor

142–148 Verschiedene
Kannen, als Büsten
geformt

149 Großes Gefäß, deko-
riert mit Delphinen,
aus einheimischer
Werkstatt
150 Dreihenkliger Pithos
mit Schwalbendekor
aus einheimischer
Werkstatt
151 Einheimischer Pithos
zum Aufbewahren
von Flüssigkeiten

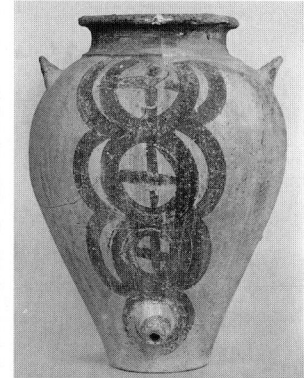

152 Importiertes Vorrats-
gefäß mit aufge-
maltem Linien-
und Pflanzendekor
153 Importiertes Vor-
ratsgefäß mit aufge-
maltem Linien-
dekor
154 Schankgefäß mit
Pflanzendekor aus
einheimischer
Werkstatt

155 Dreihenklige Tüllenamphora
mit Pflanzendekor (Kombination von Wicken, Gersten-
körnern und Reben)

156 Importierte Tüllenkanne mit aufgemaltem Linien- und Pflanzendekor

157 Importierte Tüllenkanne, dekoriert mit
doppeltem Axt- und Linienmotiv

158 Augenkanne, geschmückt mit Büstenkanne, von Pflanzen flankiert,
aus einheimischer Werkstatt
161 Schnabelkanne mit Delphindekor
aus einheimischer Werkstatt
164 Tüllengefäß mit Pflanzendekor

159 Augenkanne mit Pflanzendekor (Kombination von Wicken
und Gerstenkörnern) aus einheimischer Werkstatt
162 Schnabelkanne mit Pflanzendekor
aus einheimischer Werkstatt
165 Tüllengefäß mit Pflanzendekor

160 Mittelkykladische Kanne mit
Schwalbendekor
163 Schnabelkanne mit aufgemaltem
Liniendekor aus einheimischer
Werkstatt
166 Schnabelkanne mit schwarzem und
rotem Pflanzendekor

167–170 Importierte
Trinkflaschen mit
aufgemalten linearen
(169, 170), floralen
(167) und kombinier-
ten Motiven

171 »Kykladenschale«
mit Pflanzendekor
aus einheimischer
Werkstatt
172 Schale mit Pflanzen-
dekor aus einheimi-
scher Werkstatt

173 Schale mit Pflanzen-
dekor aus einheimi-
scher Werkstatt
174 Tüllengefäß mit auf-
gemaltem Linien-
dekor aus einheimi-
scher Werkstatt

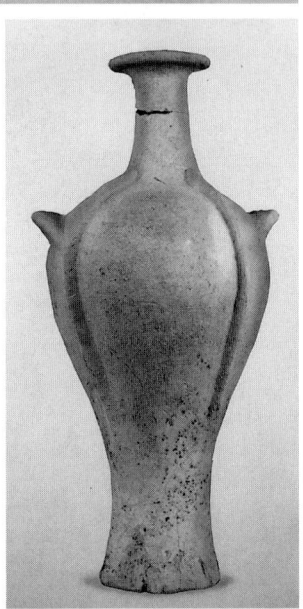

175 Tüllenamphora mit aufgemaltem Linien-
    dekor aus einheimischer Werkstatt
178 Rhyton in Form eines Bienenkorbes aus
    einheimischer Werkstatt
181 Vase (Kymbe) aus einheimischer Werkstatt

176 Augenkanne mit Pflanzendekor aus
    einheimischer Werkstatt
179 Vase mit reliefierten Rippen aus
    einheimischer Werkstatt
182 Vase (Kymbe) mit Schwalbendekor
    aus einheimischer Werkstatt

177 Trinkflasche mit Pflanzen-
    dekor aus einheimischer
    Werkstatt
180 Vase mit reliefierten Rippen
    aus einheimischer Werkstatt

189, 190 Dreifüßige
Steinmörser

191 Mahlstein

192 Dreifüßiges Stein-
becken

193 Tönerne tragbare
Öllampe

194 Steinerne tragbare
Öllampe
195 Steinmörser

196 Steinmörser
197 Bleierne Gewichte

198 Bronzene Ahle mit
   Knochengriff
199 Röhren aus Knochen
200 Bronzene Pfanne
   zum Backen

201 Bronzene Kanne
202 Bronzene Kanne mit
   Spiralrelief

203 Abdruck eines ge-
   flochtenen Weiden-
   korbes
204 Reste eines Strohkor-
   bes mit Getreide

ZEITTAFEL

v. Chr.	Ägypten (Dynastien)	Kreta	Griechisches Festland	Nordost-Ägäis	Kykladen	Thera
	19. Dynastie			Troja Stadt VII		Spätkykladikum IIIB
1300		Spät-minoikum	Spät-helladikum		Spät-kykladikum	Lücke
1400	Amarna					Eruption
1500	18. Dynastie					Spätkykladikum IA
1600	Hyksos			Troja Stadt VI		
1700	13. u. 14. Dynastie	Mittel-minoikum	Mittel-helladikum		Mittel-kykladikum	Mittel-kykladikum
1800	12. Dynastie					
1900						
2000				Troja Stadt V		
2100	11. Dynastie			Troja Stadt IV		Früh-kykladikum III
2200	1. Zwischenzeit	Früh-minoikum	Früh-helladikum	Troja Stadt III		
2300	6. Dynastie					
2400				Troja Stadt II		Früh-kykladikum II
2500	5. Dynastie				Früh-kykladikum	
2600						?
2700	4. Dynastie	Neolithikum		Troja Stadt I		
2800	3. Dynastie		Neolithikum	Poliochni III/IV		
2900	2. Dynastie					
3000	1. Dynastie					
3100	Prädynastische Zeit			Poliochni II/III		
3200				Thermi I/II		
3300						

Ausgewählte Literatur

ACTA of the First International Scientific Congress on the Volcano of Thera, Athen 1971

BOCKISCH, G., GEISS, H., Beginn und Entwicklung der mykenischen Staaten, in: Beiträge zur Entstehung des Staates, hrsg. v. G. Herrmann und G. Sellnow, Berlin 1973, 104-122

COLLIER, J., The Heretic Pharaoh, New York 1972

DOUMAS, C. (Hrsg.), Thera and the Aegean World, Papers presented at the Second International Scientific Congress, Santorini, Greece, Aug. 1978, Bd. I und II, London 1978 und 1980

DOUMAS, C., Santorini, Athen 1979

FRIEDRICH, W. L., PICHLER, H., KUSSMAUL, L., Quaternary Pyroclastics from Santorini, Greece and their Significance for the Mediterranean Palaeoclimate, Bulletin of the Geological Society of Denmark 26 (1977), 27-39

FURUMARK, A. The Settlement at Ialysos and Aegean History c. 1550-1400 B. C., Opuscula Archaelogica VI (1950), 150-271

GALANOPOULOS, A. G., BACON, E., Atlantis, London und New York 1969

GEISS, H., Reise in das alte Knossos, Leipzig 1981

HOOD, S., The Arts in Prehistoric Greece, Harmondsworth 1978, New York 1979

IAKOVIDES, S., Thera and Mycenaean Greece, American Journal of Archaeology 83 (1979), 101-102

IMMERWAHR, S., Mycenaeans at Thera. Some Reflections on the Paintings from the West House, in: K. H. KINZL (Hrsg.), Greece and the Eastern Mediterranean in Ancient History and Prehistory. Studies Presented to Fritz Schachermeyr on the Occasion of his Eightieth Birthday, Berlin 1977, 173-191

LUCE, J. V., The End of Atlantis, London und New York 1969

MARINATOS, S., The Volcanic Destruction of Minoan Crete, Antiquity XIII (1939), 425-439

DERS., The volcanic Origin of Linear B, Europa (Grumach-Festschrift), Berlin 1967, 204-210

DERS., Excavations at Thera, Bd. I-VII, Athen 1967-1973

DERS., Life and Art in Prehistoric Thera, London 1971

DERS., Kreta, Thera und das Mykenische Hellas, München 1973

MORGAN, L., The Miniature Wall Paintings of Thera, Cambridge University Press 1988

NINNKOVICH, D., HEEZEN, B., Santorini Tephra, in: Submarine Geology and Geophysics, Colston Papers, Bd. 17, Bristol 1965

PAGE, SIR D., History and the Homeric Iliad, London 1963

DERS., The Santorini volcano and the Destruction of Minoan Crete, Soc. Prom. Hell. Stud. Supp. Paper 12, London 1970

PALYVOU, K., Akrotiri Thera: Building Art and Morphological Elements in Late Cycladic Architecture, Diss. Athen 1988

PLATON, N., Zakros, the Discovery of a Lost Palace of Ancient Crete, New York 1971

PICHLER, H., SCHIERING, W., The Thera eruption and Late Minoan Destructions on Crete, Nature 267 (1977), 819 bis 822

POMERANCE, L., The Final Collapse of Thera (Santorini), Studies in Mediterranean Archaeology Bd. 25 (1970)

RAMAGE, E. S. (Hrsg.), Atlantis: Fact or Fiction? Bloomington (Indiana) 1978

SARPAKI, A., Palaeoethnobotany of the West House, Akrotiri, Thera: a case study, Diss. Sheffield 1988

TELEVANTOU, C., Akrotiri Thera: The Wall Paintings of the West House, Diss. Athen 1989

VERMEULE, E., The Art of the Shaft Graves of Mycenae, Lectures in Memory of Louise Taft Semple, Cincinnati 1975

VITALIANO, D. B., Legends of the Earth, Bloomington und London 1973

WARREN, P., Minoan Stone Vases, Cambridge 1969

DERS., The stone vessels from the Bronze Age Settlement at Akrotiri, Thera, Archaeologiké Ephemeris 1979, 82 bis 113

WATKINS, N. D. u. a., Volume and extent of the Minoan tephra from the Santorini Volcano, Nature 271 (1978), 122-126

Verzeichnis der Abbildungen

Die Mehrzahl der fotografischen Aufnahmen der Funde wurde von C. Constantopoulos gemacht, dem der Autor zu tiefem Dank verpflichtet ist. Herzlicher Dank gebührt ferner dem Deutschen Archäologischen Institut, Abt. Athen, für Abb. 17 sowie Hannibal Publications für Fotos von den laufenden Ausgrabungsarbeiten und den Wandmalereien.

auf-Hell-Malerei aus Delta 2; einheimische Werkstatt; Katalognummer AKR 1248, Höhe 15 cm

61 Spätkykladische Importkanne mit Blumendekor in Dunkel-auf-Hell-Malerei aus Delta 1; Katalognummer AKR 1253, Höhe 40,8 cm

62 Spätkykladische Büstenkanne mit Schwalbendekor aus Delta 9.1; einheimische Werkstatt; Katalognummer AKR 1516, Höhe 43,5 cm

63 Spätkykladisches Gefäß mit Delphindekor aus Beta 2; einheimische Werkstatt; Katalognummer AKR 112, Höhe 18,4 cm

64 Spätkykladische Vase mit Rebendekor aus Delta 4; einheimische Werkstatt; Katalognummer AKR 623, Höhe 50,1 cm

65 Spätkykladische Büstenkanne aus Delta 4; Katalognummer AKR 877, Höhe 54,9 cm

66 Spätkykladische tönerne Öllampe aus Delta 2; Katalognummer AKR 1186, Höhe 5,3 cm

67 Spätkykladischer tönerner »Bratrost« aus Delta 2; Katalognummer AKR 1463-64, Länge 38,2 cm

68 Spätkykladische Vase mit Pflanzendekor in Hell-auf-Dunkel-Malerei aus Delta 8; einheimische Werkstatt; Katalognummer AKR 1279, Höhe 25,5 cm

69 Spätkykladisches Seihgefäß mit Pflanzendekor in Hell-auf-Dunkel-Malerei aus Alpha 2; einheimische Werkstatt; Katalognummer AKR 562, Höhe 23,9 cm

70 Spätkykladische Vase (Kymbe) mit Delphindekor aus Beta 2; einheimische Werkstatt; Katalognummer AKR 100, Länge 43,2 cm

71 Spätkykladisches tönernes Rhyton in Form einer Tritonmuschel vom Eingang des Westhauses; Katalognummer AKR 1856, Länge 22,4 cm

72 Spätkykladisches tönernes Löwenkopfrhyton aus Raum 4 im Westhaus; Katalognummer AKR 1855, Höhe 11,4 cm

73 Spätkykladisches tönernes Stierrhyton aus Alpha 2; Katalognummer AKR 563, Länge 24,6 cm

74 Dekorationen auf Keramik aus Akrotiri

75 Spätkykladische Marmorvase aus Delta 16; Katalognummer AKR 1831, Durchmesser 16,2 cm

76 Spätkykladisches Steinsiegel mit Greif aus Delta 16

77 Spätkykladisches Trinkgefäß aus Marmor aus Delta 16; Katalognummer AKR 1829, Höhe 20,3 cm

78 Spätkykladischer Abrißstein; ursprünglicher Anbringungsort war der Mühlenplatz; Katalognummer AKR 479, Länge 31,6 cm

79 Spätkykladischer Steinmörser aus Delta 2; Katalognummer AKR 882, Höhe 14,2 cm

80 Spätkykladische steinerne Öllampe aus Delta 1; Katalognummer AKR 1420, Höhe 12,1 cm

81 Frühkykladisches Steingefäß aus Akrotiri

82 Werkzeuge und Waffen aus Bronze

83 Waagschalen aus Bronze

84 Bronzene Schnabeltasse aus Delta 3; Katalognummer 1974, 2, Höhe 8 cm

85 Spätkykladischer Stuck»opfertisch« mit Delphindekor aus dem Westhaus 4; Katalognummer NAM 1974, 23, Höhe 30 cm

86 Rekonstruktion eines Dreifußtisches aus Delta 1

87 Abguß eines Dreifußtisches aus Delta 1 a

88 Abdrücke textiler Geflechte auf Resten mittelkykladischer Keramik

89 Bodenstück eines Gefäßes mit Schneckenschalen aus Alpha 2; Katalognummer NAM BE 1974, 25, Höhe 13,7 cm

90 Ausschnitt aus dem »Flottenfresko« im Raum 5 des Westhauses

91 Keramikbienenstock oder Pflanzentrockner aus Raum Delta 17

92 Schnitt durch die Bimssteinschichten

93 Weiterer Ausschnitt aus dem »Flottenfresko« im Raum 5 des Westhauses (Mittelabschnitt)

94 Darstellung der geologischen Entwicklung Theras zwischen etwa 1700 v. Chr. und der Gegenwart

95 Winkel der ostwärtigen Aschestreuung nach der Eruption von Thera

96 Frühkykladischer weiblicher Marmortorso

97 Mittelkykladische menschliche Figur aus Ton

98 Mittelkykladische menschliche Figur aus Marmor

99 Tierfigur

100 Tönernes Rhyton in Form eines Löwenkopfes

101 Tönernes Rhyton in Form eines Eberkopfes

102 Frühkykladische Miniaturvase

103 Frühkykladischer Steinkrug

104 Tönernes Räuchergefäß

105, 106 Tönerne dreifüßige Kochkessel

107, 108 Mittelkykladische Keramikscherben mit Darstellungen menschlicher Köpfe

109 Mittelkykladische Keramikscherbe mit Darstellung eines Tierkopfes

110 Mittelkykladische Keramikscherbe mit Darstellung eines Fischkopfes

111 Mittelkykladische Keramikscherbe mit Darstellung eines Vogelkopfes

112 Vorratskrug mit linearem Muster aus einheimischer Werkstatt

113 Keramikbienenstock oder Pflanzentrockner aus einheimischer Werkstatt

114, 115 Vorratsgefäße mit aufgemaltem Linien- und Pflanzendekor aus einheimischer Werkstatt

Register

**Topographischer Plan der bisher freigelegten
Gebäude des antiken Akrotiri**

Gebäude mit Fresken:

Komplex Alpha
Pförtnerhaus : Der Afrikaner

Haus der Damen
Raum 1 a : Papyrusfresko
      b : Damenfresko

Westhaus
Raum 4 a : Banner
      b : Junge Priesterin
Raum 5 a : Seeschlacht
      b : Flußlandschaft
      c : Flottenfries
      d : Der Fischer

Komplex Delta
Raum 2 a : Lilien

Gebäude Beta
Raum 1 a : Antilopen
      b : Boxende Kinder
Raum 6 a : Blaue Affen

Xesté 3
Reinigungsbecken 3 a : Krokuspflückerinnen
Raum 9 : Rhombenreliefbänder

34. *Burchard Brentjes:* **Die Söhne Ismaels.** Geschichte und Kultur der Araber
   1. Auflage 1971; 2. Auflage 1973; 3. Auflage 1977

35. *Hans Bauer:* **Wenn einer eine Reise tat.** Eine Kulturgeschichte des Reisens von Homer bis Baedeker
   1. Auflage 1971; 2. Auflage 1973

36. *Renate Krüger:* **Das Zeitalter der Empfindsamkeit.** Kunst und Kultur des späten 18. Jahrhunderts in Deutschland
   1. Auflage 1972; 2. Auflage 1975

37. *Hans Giesecke:* **Das alte Erfurt.** Mit Bildern von *Klaus G. Beyer*
   1. Auflage 1972

38. *Herbert Plaeschke:* **Buddhistische Kunst.** Das Erbe Indiens
   1. Auflage 1972; 2. Auflage 1974

39. *Wilhelm Neef:* **Das Chanson.** Eine Monographie
   1. Auflage 1972

40. *G. A. Fedorow-Dawydow:* **Die Goldene Horde und ihre Vorgänger.** Übersetzung aus dem Russischen von *Alexander Häusler*
   1. Auflage 1972

41. *Margarete Riemschneider:* **Ruhmreiches Rhodos**
   1. Auflage 1973

42. *Burchard Brentjes:* **Drei Jahrtausende Armenien**
   1. Auflage 1973; 2. Auflage 1976; 3., durchgesehene Auflage 1984

43. *Hans-Dieter Döpmann:* **Das alte Bulgarien.** Eine kulturgeschichtlicher Abriß bis zum Ende der Türkenherrschaft im Jahre 1878
   1. Auflage 1973

44. *Hanns-Ulrich Haedeke:* **Zinn.** Zentren der Zinngießerkunst von der Antike bis zum Jugendstil
   1. Auflage 1973; 2. Auflage 1974

45. *Burchard Brentjes:* **Chane, Sultane, Emire.** Der Islam vom Zusammenbruch des Timuridenreiches bis zur europäischen Okkupation. 1. Auflage 1974

46. *Günter Schade:* **Deutsche Goldschmiedekunst.** Ein Überblick über die kunst- und kulturgeschichtliche Entwicklung der deutschen Gold- und Silberschmiedekunst vom Mittelalter bis zum beginnenden 19. Jahrhundert
   1. und 2. Auflage 1974

47. *D. P. Kallistow:* **Antikes Theater.** Übersetzung aus dem Russischen von *Bernd Funck*
   1. Auflage 1974

48./49. **Japanische Kunst.** Aus dem Japanischen übersetzt, bearbeitet und herausgegeben von *Jürgen Berndt.* 2 Bände
   1. Auflage 1975

50. *Ursula Czeczot:* **Die Meißner Albrechtsburg.** Wegweisende Bauleistung an der Wende vom Mittelalter zur Neuzeit. Fotos von *Helmut Seifert*
   1. Auflage 1975

51. *Werner Becker:* **Von Kardinaltugenden, Todsünden und etlichen Lastern.** Bilder und Plastiken zur Kultur- und Sittengeschichte des 12. bis 19. Jahrhunderts. 1. Auflage 1975

52. *Peter Gülke:* **Mönche, Bürger, Minnesänger.** Musik in der Gesellschaft des europäischen Mittelalters
   1. Auflage 1975; 2., erweiterte Auflage 1980

53. *Arne Effenberger:* **Koptische Kunst.** Ägypten in spätantiker, byzantinischer und frühislamischer Zeit
   1. Auflage 1975

54. *Manfred Taube* und *Günter Nerlich:* **Nepal.** Land zwischen Tarai und Himalaja
   1. Auflage 1975

55. *Edith Neubauer:* **Altgeorgische Baukunst.** Felsenstädte, Kirchen, Höhlenklöster
   1. Auflage 1976

56. *Erich Donnert:* **Das Moskauer Rußland.** Kultur und Geistesleben im 15. und 16. Jahrhundert
   1. Auflage 1976

57. *Karl-Heinz Bernhardt:* **Der alte Libanon**
   1. Auflage 1976

58. *Helmut Zeraschi:* **Drehorgeln**
   1. Auflage 1976; 2. Auflage 1978

59. *Burchard Brentjes:* **Mittelasien.** Eine Kulturgeschichte der Völker zwischen Kaspischem Meer und Tien-Schan
   1. Auflage 1977

60. *Thomas Thilo:* **Klassische chinesische Baukunst.** Strukturprinzipien und soziale Funktion
   1. Auflage 1977

61. *Joachim Menzhausen:* **Dresdener Kunstkammer und Grünes Gewölbe.** Fotos von *Klaus G. Beyer*
   1. Auflage 1977

62. *Horst Prignitz:* **Vom Badekarren zum Strandkorb.** Zur Geschichte des Badewesens an der Ostseeküste
   1. Auflage 1977

63. *Günter Schade:* **Berliner Porzellan.** Zur Kunst- und Kulturgeschichte der Berliner Porzellanmanufakturen im 18. und 19. Jahrhundert
   1. Auflage 1978; 2., erweiterte Auflage 1986

64. *Karl Czok:* **Das alte Leipzig.** Mit Fotos von *Volkmar Herre*
   1. Auflage 1978

65. *Swetlana Alexandrowna Pletnjowa:* **Die Chasaren.** Mittelalterliches Reich an Don und Wolga. Übersetzung aus dem Russischen von *Alexander Häusler*
   1. Auflage 1978

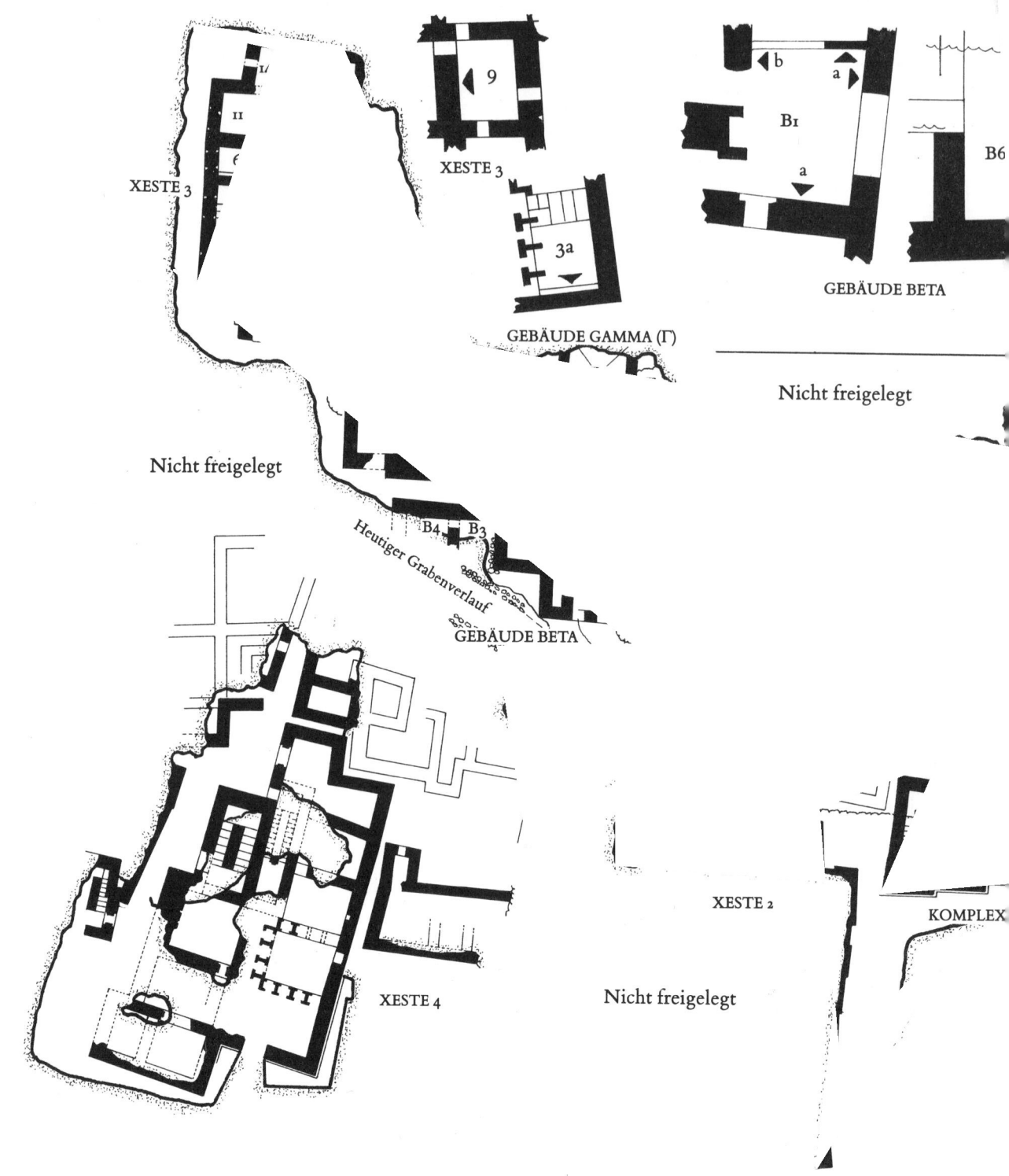

XESTE 3

II

6

XESTE 3

9

XESTE 3

3a

GEBÄUDE GAMMA (Γ)

B1

b

a

a

B6

GEBÄUDE BETA

Nicht freigelegt

Nicht freigelegt

Heutiger Grabenverlauf

B4   B3

GEBÄUDE BETA

XESTE 4

XESTE 2

Nicht freigelegt

KOMPLEX

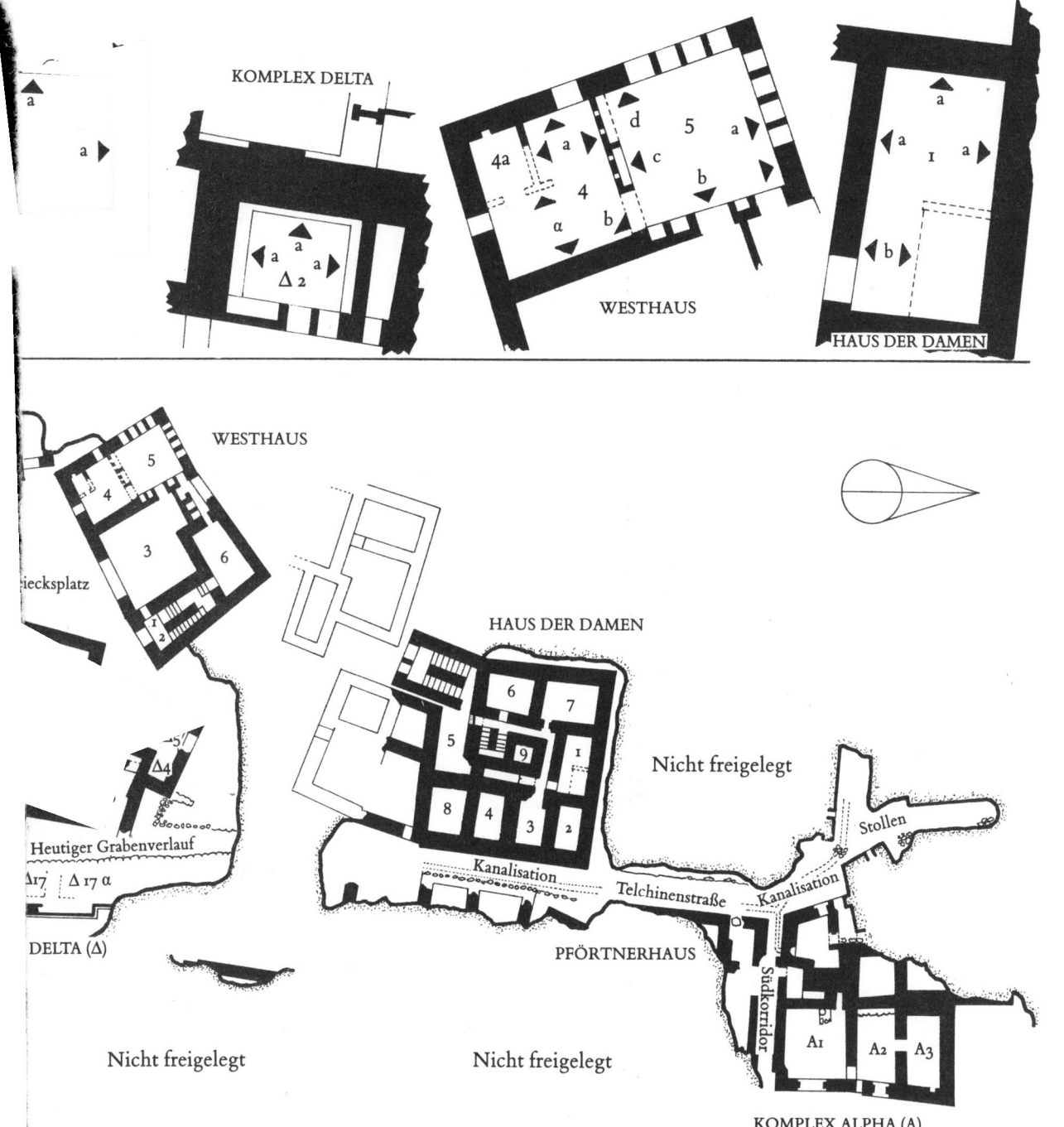

KOMPLEX DELTA

WESTHAUS

HAUS DER DAMEN

WESTHAUS

HAUS DER DAMEN

Nicht freigelegt

Stollen

Heutiger Grabenverlauf

Kanalisation

Telchinenstraße

Kanalisation

DELTA (Δ)

Nicht freigelegt

Nicht freigelegt

PFÖRTNERHAUS

Südkorridor

KOMPLEX ALPHA (A)

1. *Wilhelm Schubart:* **Das Buch bei den Griechen und Römern.** Herausgegeben von *Eberhard Paul* 1. Auflage 1961

2. *Werner Krenkel:* **Pompejanische Inschriften** 1. Auflage 1961; 2. Auflage 1963

3. *Heinrich Alexander Stoll:* **Griechische Tempel** 1. Auflage 1961; 2. Auflage 1963

4. *Eberhard Paul:* **Die falsche Göttin.** Geschichte der Antikenfälschung 1. Auflage 1962

5. *Otto-Wilhelm von Vacano:* **Die Etrusker in der Welt der Antike** 1. Auflage 1962

6. *Otto Walcha:* **Porzellan** 1. Auflage 1963; 2. Auflage 1964

7. *Burchard Brentjes:* **Land zwischen den Strömen.** Eine Kulturgeschichte des alten Zweistromlandes Irak 1. Auflage 1963

8. *Margarete Riemschneider:* **Von Olympia bis Ninive im Zeitalter Homers** 1. Auflage 1963

9. *Hannelore Sachs:* **Mittelalterliches Chorgestühl** 1. Auflage 1964

10. *Heinrich L. Nickel:* **Byzantinische Kunst** 1. Auflage 1964

11. *Eberhard Hempel:* **Der Dresdner Zwinger.** Ein Denkmal festlicher Kultur in der sächsischen Residenz 1. Auflage 1964; 2. Auflage 1965

12. *Siegfried Morenz:* **Gott und Mensch im alten Ägypten** 1. Auflage 1964; 2., erweiterte Auflage 1984

13. *Burchard Brentjes:* **Fels- und Höhlenbilder Afrikas** 1. Auflage 1965

14. **Das alte Halle.** Aus den Schriften von *Siegmar von Schultze-Galléra.* Zusammengestellt und herausgegeben von *Erich Neuß* 1. Auflage 1965; 2. Auflage 1968

15. *Margarete Riemschneider:* **Das Reich am Ararat** 1. Auflage 1965

16. *Günter Schade:* **Deutsche Möbel aus sieben Jahrhunderten** 1. Auflage 1966; 2. Auflage 1971

17. *Renate Krüger:* **Die Kunst der Synagoge.** Eine Einführung in die Probleme von Kunst und Kult des Judentums 1. Auflage 1966; 2. Auflage 1968

18. *Waldemar Fietz:* **Vom Aquädukt zum Staudamm.** Eine Geschichte der Wasserversorgung 1. Auflage 1966

19. *Werner Noth:* **Die Wartburg** 1. Auflage 1967; 2. Auflage 1970; 3. Auflage 1971; 4. Auflage 1974; 5. Auflage 1975

20. *Burchard Brentjes:* **Die iranische Welt vor Mohammed** 1. Auflage 1967; 2., verbesserte Auflage 1978

21. *Horst Klengel:* **Geschichte und Kultur Altsyriens** 1. Auflage 1967; 2., überarbeitete und erweiterte Auflage 1979

22. *Werner Forman* und *Yöngsiyebu Rintschen:* **Lamaistische Tanzmasken.** Der Erlik-Tsam in der Mongolei 1. Auflage 1967

23. *Hans Bauer:* **Tisch und Tafel in alten Zeiten.** Aus der Kulturgeschichte der Gastronomie 1. Auflage 1967

24. *Heinz Mode* und *Siegfried Wölffling:* **Zigeuner.** Der Weg eines Volkes in Deutschland 1. Auflage 1968

25. *Nikolaus Zaske:* **Gotische Backsteinkirchen Norddeutschlands** zwischen Elbe und Oder 1. Auflage 1968; 2. Auflage 1970

26. *Günter Schade:* **Deutsches Glas.** Von den Anfängen bis zum Biedermeier 1. Auflage 1968

27. *Konrad Onasch:* **Groß-Nowgorod und das Reich der heiligen Sophia.** Kirchen- und Kulturgeschichte einer alten russischen Stadt und ihres Hinterlandes. 1. Auflage 1969

28. *Werner Becker:* **Vom alten Bild der Welt.** Alte Landkarten und Stadtansichten 1. Auflage 1969; 2. Auflage 1971

29. *Arthur Suhle:* **Die Münze.** Von den Anfängen bis zur europäischen Neuzeit 1. Auflage 1969; 2. Auflage 1970; 3. Auflage 1971

30. *Frederick Rose:* **Die Ureinwohner Australiens.** Gesellschaft und Kunst 1. Auflage 1969

31. *Eberhard Paul:* **Antikes Rom** 1. Auflage 1970; 2. Auflage 1972

32. *Evelyn* und *Horst Klengel:* **Die Hethiter und ihre Nachbarn.** Eine Kulturgeschichte Kleinasiens von Catal Hüyük bis zu Alexander dem Großen 1. Auflage 1970; 2. Auflage 1975

33. *Hannelore Sachs:* **Sammler und Mäzene.** Zur Entwicklung des Kunstsammelns von der Antike bis zur Gegenwart 1. Auflage 1971

66. *Herbert* und *Ingeborg Plaeschke:* **Hinduistische Kunst.** Das indische Mittelalter
1. Auflage 1978

67. *Burchard Brentjes:* **Völker beiderseits des Jordans**
1. Auflage 1979

68. *Werner Gaude:* **Die alte Apotheke.** Eine tausendjährige Kulturgeschichte
1. Auflage 1979; 2., durchges. Auflage 1981; 3. Auflage 1985

69. *Renate Krüger:* **Biedermeier:** Eine Lebenshaltung zwischen 1815 und 1848
1. Auflage 1979; 2. Auflage 1982

70. *Peter Musiolek* und *Wolfgang Schindler:* **Klassisches Athen**
1. Auflage 1980

71. *Rudolf Drößler:* **Kunst der Eiszeit.** Von Spanien bis Sibirien
1. Auflage 1980

72. *Josef Janáček:* **Das alte Prag.** Mit Bildern von *Josef Ehm*, Übersetzung aus dem Tschechischen von *Wolf B. Oerter.*
1. Auflage 1980; 2. Auflage 1983

73. *Maria Bogucka:* **Das alte Danzig.** Alltagsleben vom 15. bis 17. Jahrhundert. Übersetzung aus dem Polnischen von *Eduard Merian*
1. Auflage 1980; 2. Auflage 1987

74. **Olympia.** Von den Anfängen bis zu Coubertin. Von einem Autorenkollektiv unter Leitung von *Joachim Ebert*
1. Auflage 1980

75. *Burchard Brentjes:* **Völker an Euphrat und Tigris**
1. Auflage 1981

76. *Antonina Jelicz:* **Das alte Krakau.** Alltagsleben vom 13. bis zum 15. Jahrhundert. Übersetzung aus dem Polnischen von *Eduard Merian.* 1. Auflage 1981

77. *Eberhard Paul:* **Gefälschte Antike.** Von der Renaissance bis zur Gegenwart. 1. Auflage 1981

78. *Werner Piechocki:* **Die Halloren.** Geschichte und Tradition der »Salzwirkerbrüderschaft im Thale zu Halle«. Mit Fotos von *Walter Danz*
1. Auflage 1981

79. *Evelyn Klengel-Brandt:* **Der Turm von Babylon.** Legende und Geschichte eines Bauwerks
1. Auflage 1982

80. *Herbert* und *Ingeborg Plaeschke:* **Indische Felsentempel und Höhlenklöster.** Ajanta und Elura. Mit Fotos von *Günter Nerlich*
1. Auflage 1982

81. *Eberhard Paul:* **Antike Keramik.** Entdeckung und Erforschung bemalter Tongefäße in Griechenland und Italien
1. Auflage 1982

82. *Werner Noth:* **Die Wartburg.** Denkmal und Museum. Mit Aufnahmen von *Klaus G. Beyer*
1. Auflage 1983; 2. Auflage 1985; 3. Auflage 1989

83. *Erika* und *Manfred Taube:* **Schamanen und Rhapsoden.** Die geistige Kultur der alten Mongolei
1. Auflage 1983

84. *Burchard Brentjes:* **Völkerschicksale am Hindukusch.** Afghanen, Belutschen, Tadshiken
1. Auflage 1983

85. *Elfriede Rehbein:* **Zu Wasser und zu Lande.** Eine Geschichte des Verkehrswesens von den Anfängen bis zum Ende des 19. Jahrhunderts
1. Auflage 1984

86. *Ernst Badstübner:* **Kirchen der Mönche.** Die Baukunst der Reformorden im Mittelalter. Mit Aufnahmen von *Klaus G. Beyer*
1. Auflage 1984

87. *Erhard Hirsch:* **Dessau-Wörlitz.** Aufklärung und Frühklassik
1. Auflage 1985; 2. Auflage 1987

88. *Hermann* und *Alida Fabini:* **Kirchenburgen in Siebenbürgen.** Abbild und Selbstdarstellung siebenbürgisch-sächsischer Dorfgemeinschaften. Mit Aufnahmen von *Karin Wieckhorst*
1. Auflage 1985; 2. Auflage 1991

89. *Wolfgang Schindler:* **Römische Kaiser.** Herrscherbild und Imperium. 1. Auflage 1985

90. *Arne Effenberger: Frühchristliche Kunst und Kultur.* Von den Anfängen bis zum 7. Jahrhundert
1. Auflage 1986

91. *Horst Prignitz:* **Wasserkur und Badelust.** Eine Badereise in die Vergangenheit. 1. Auflage 1986

92. *L. Bretanizki, B. Weimarn* und *Burchard Brentjes:* **Die Kunst Aserbaidshans vom 4. bis zum 18. Jahrhundert.** Übersetzung aus dem Russischen von *Helga Hauffe.* 1. Auflage 1988

93. *Herbert* und *Ingeborg Plaeschke:* **Frühe indische Plastik**
1. Auflage 1988

94. *Burchard Brentjes:* **Die Mauren.** Der Islam in Nordafrika und Spanien (642–1800)
1. Auflage 1989

95. *Werner Müller:* **Architekten in der Welt der Antike**
1. Auflage 1989

96. *Ernst Badstübner:* **Das alte Mühlhausen.** Kunstgeschichte einer mittelalterlichen Stadt. Mit Aufnahmen von *Constantin Beyer*
1. Auflage 1989

97. *Harald Olbrich* und *Helga Möbius:* **Holländische Malerei des 17. Jahrhunderts**
1. Auflage 1990

98. *Eberhard Czaya:* **Der Silberbergbau.** Aus Geschichte und Brauchtum der Bergleute
1. Auflage 1990

99. *Gerhard König:* **Die Uhr.** Geschichte — Technik — Stil
1. Auflage 1991